应用语言学视阈下的当代英语教学新探

陶春香 等 著

中国原子能出版社

图书在版编目（C I P）数据

应用语言学视阈下的当代英语教学新探 / 陶春香等著. -- 2版. -- 北京 : 中国原子能出版社, 2022.12
ISBN 978-7-5221-2636-4

Ⅰ. ①应… Ⅱ. ①陶… Ⅲ. ①英语－教学研究 Ⅳ. ①H319.3

中国版本图书馆 CIP 数据核字(2022)第 253577号

应用语言学视阈下的当代英语教学新探

出版发行 中国原子能出版社（北京市海淀区阜成路 43 号 100048）
责任编辑 付 凯
责任校对 冯莲凤
印　　刷 长春市华远印务有限公司
经　　销 全国新华书店
开　　本 787 mm×1092 mm 1/16
印　　张 12.875
字　　数 231 千字
版　　次 2023年 12 月第 1 版　　2023 年 12 月第 1 次印刷
书　　号 ISBN 978-7-5221-2636-4　　**定价** 42.00 元

前　言

应用语言学是语言学的重要分支，是运用语言学的知识来解决其他科学领域与语言相关的问题的学科，主要关注以下三个层面的研究。从学习者的层面来讲，主要研究学习者的学习特征、学习规律及个性差异；从实践的层面上讲，主要研究教学过程中所采用的方法；从方法论的层面上讲，主要研究教学方法及教学手段。

近年来，应用语言学研究将教学实践活动与其他学科有机结合在一起，显示出多元化、多层次研究的趋势，为各学科发展提供了新的研究方向。而高校作为为学校教育的最终环节，其所开展的英语教学活动会对学生的英语知识综合素养产生直接的影响。因此，高校尤为重视对英语教学实践活动方方面面进行完善及调整。鉴于此，作者编写了《应用语言学视阈下的当代英语教学新探》一书，以期为我国英语教学的深入发展提供相关理论支持，从而培养出更加适合社会发展的实用性英语人才。

本书的题材新颖，结构严谨，内容涵盖面较广，为高校英语教学实践提供了新的研究视角及研究方向，具有一定的学术价值。本书共分九个章节。其中，绪论部分主要从语言应用研究的重要性、应用语言学的性质与发展历程、应用语言学与当代英语教学三个方面展开论述；第一章为应用语言学与英语教学的科学整合，主要从英语教学的内涵、对学习者的关注、英语学习策略、应用语言学与英语教学整合的意义四个方面展开论述；第二章为词汇教学，主要从词汇的性质与英语核心词汇、词汇教学的内容与原则、语义场对词汇习得的作用、词块对词汇习得的促进四个方面展开论述；第三章为语法教学，主要从语法的性质与语法体系、语法教学的现状与原则、语法教学的创新方法三个方面展开论述；第四章为听力教学，主要从语言迁移与听力理解、图式理论与英语听力课、以听促写提高学生思辨能力、多维模式的形成性评估促进听力教学四个方面展开论述；第五章为口语教学，主要从说的性质与心理机制、口语教学的现状与原则、口语话语标记语使用特点三个方面展开论述；第六章为翻译教学，主要从以“翻译过程”

为核心的翻译教学模式、翻译工作坊模式下的翻译教学、翻译导向的文本分析模式下的翻译教学设计三个方面展开论述；第七章为写作教学，主要从写作的性质与写作的心理机制、写作教学的现状与原则、语料库检索工具在写作教学中的应用三个方面展开论述；第八章为阅读教学，主要从阅读性质与阅读模式、阅读教学的现状与原则、应用语言学视域下阅读教学的创新三个方面展开论述；第九章为网络测试，主要从四级网考对学生英语学习反拨效应的影响、测试与训练系统在四级网考培训中的应用、基于四级网考和笔考的对比研究、四级网考学生适应性与焦虑情况四个方面展开论述。

本书在编写的过程中，参考和借鉴了许多英语教学相关的书籍与资料，在此对相关学者表示感谢。除此之外，由于时间与精力有限，本书中难免会出现不当与粗疏之处，恳请各方学者批评指正。

目 录

绪　论

第一节　语言应用研究的重要性

语言是人类最重要的交际工具。在语言的作用下人类得以沟通，社会得以不断进步。在语言出现后，人类对语言的研究也十分关注。由于语言涉及的方面很多，因此不同时代、不同民族、不同交际目的、不同观察角度下的语言研究也不尽相同，从而形成了不同的语言学科。应用语言学就是从语言应用的角度进行语言研究的学科。

对语言应用的研究需要结合语言理论与具体的语言使用现象进行。语言最大的特性就是其工具性，语言研究也应该研究这种特性，从而更好地为人类交际服务。人类语言最初是通过口头交流的，随着文字的产生，书面语言应运而生，从而扩大了语言的使用范围，满足人类不同语境下的表达需求。在科技的作用下，语言还能够以语音的形式得以保留。而现如今，随着计算机科学的快速发展，语言的发展也进入了一个崭新的阶段。网络语言的出现为语言使用注入了新的活力。

从上面的总结可以看出，随着时代的发展，语言的应用范围也在不断变化。语言范围的扩大，提升了语言的交际功能，相应地，人类进行语言研究的问题和切入点也变得更加丰富。当代科学技术的发展，对于语言研究也提出了新的需求。信息化社会的到来使得人类利用电子计算机等工具对语言进行处理，从而建立现代语言信息系统，使语言文字得到最佳利用，更加有效地为人类的交际服务。语言研究中也应该正视时代发展对语言应用的影响，从而推进语言研究的进程。

除此之外，社会一体化进程更是需要对语言的应用展开分析。众所周知，语言是在一定的语言使用规则的指导下使用的，带有一定的规范性和标准性。但是，人类是如何制定语言标准的？什么样的语言标准是可行的？这些问题都需要语言学家进行研究与分析，从而使语言在规范化的前提下更加符合语言的发展规律，更加便于人类之间的沟通与交流。将应用语言学作为一门独立的学科进行研究的历史并不长，随着社会与时代的发展，对应用语言学的研究成了提升人类交际有效性的重要方式，需要引起相关研究者的重视。

第二节 应用语言学的性质与发展历程

一、应用语言学的性质

（一）应用语言学的定义

长期以来，人们对于应用语言学的范围众说纷纭，并无统一的定论。为了对应用语言学有清楚的认识，下面就结合几种比较有代表性的观点进行分析。

在《朗曼应用语言学词典》中，对应用语言学所关涉的两个方面进行了分析，其一是第二语言教学与外语教学；其二是语言学习与语言学相关的应用。然而，在很多美国和西欧的学者看来，应用语言学通常仅能够被看作语言学习或者语言教学。

斯波尔斯基（Spolsky）则认为，应直接将应用语言学改称“教育语言学”。俄罗斯学者则通常将机器翻译、情报检索等语言信息处理的研究看作应用语言学的研究内容。他们都将自身的需要作为出发点，将应用语言学的研究限制在非常狭窄的范围内。

卡普兰（Kaplan）在《牛津应用语言学手册》中强调，应用语言学不仅仅是语言学的一个分支，应用语言学解决的实际问题涉及方方面面，如人类学、教育学、历史学、经济学、政治学、语言与学习、词典编撰学、心理学等。应用语言学研究者除了具备以上相关知识和语言学知识外，还应精通计算机使用，能够利用计算机中的相关软件对数据进行分析。

施密特（Schmidt）认为，应用语言学是利用语言学的知识来解决其他学科问题的一门学科。而广义的应用语言学除了研究在语言教学中对语言学知识的应用外，还研究与科技相关的语言问题，甚至包括了社会语言学和心理语言学的研究。狭义的应用语言学重点研究语言学知识在语言教学中的应用，即如何利用语言学知识进行第一语言和第二语言的教学。

（二）应用语言学的特点

1. 独立性

首先，应用语言学有明确的研究目的与对象，即主要研究的是各个领域的运用。其次，应用语言学具有一套完整的研究方法与理论。再次，应用语言学领域有从事研究的专门人员。最后，应用语言学具有专门的研究组织，甚至是国际性组织。

2. 实用性

应用语言学是对语言使用展开的研究学科，因此带有很强的实用性。除此之外，这种实用性还表现在应用语言学研究的根本目标上。应用语言学虽然通过一定的理论与方法对语言使用展开分析，但是其最终目标并不是追求研究的理论性，而是试图通过语言研究更好地指导语言使用。此外，应用语言学又是一个分支学科，这些学科无不是为了社会的实际需要服务的。

3. 实验性

实验性也是应用语言学的一个特征。同其他自然科学一样，应用语言学也需要通过科学的实验得出准确的结论。统计的手段在应用语言学的研究中是很常见的，统计的方法有利于使研究的结论达到定量和定性的统一，以确保结论的科学性与可靠性。应用语言学要想成为一门独立的学科，必须具有一定的理论和方法为指导。没有理论和方法以及研究手段的更新和发展，应用语言学也就谈不上发展和进步。然而，与理论语言学或普通语言学相比，应用语言学的实用性和实验性的特点更加突出一些。

4. 综合性

综合性是由应用语言学的学科性质决定的。齐沪扬、冯志伟和陈昌来等学者都认为研究应用语言学，既要研究语言学知识，还要研究相关学科的知识。正因为应用语言学在不同的领域中要与不同学科相结合，才出现了应用语言学的下位学科，如社会语言学、心理语言学、人类语言学、病理语言学、神经语言学、计算语言学等。因此，学习和研究应用语言学，除了要研究语言学的知识和理论方法外，还需要研究其他学科中的知识。可见，应用语言学是一门多边缘的跨学科的综合性学科。

二、应用语言学的发展历程

作为一门学科，应用语言学兴起于20世纪中期，自产生之日起，其发展速度迅猛，已经形成了很多与之相关的下位领域。这里主要对国内外应用语言学的发展历程展开分析。

（一）国外应用语言学的发展

1. 早期应用语言学

古希腊时期就存在关于语言和语言教学的历史。就英语而言，语言学产生于 18 世纪下半叶。1755 年，塞缪尔 • 约翰逊（Samuel Johnson）出版的《英语词典》使英语词汇意义的解释更具有权威性，并且规范了英文的拼写。在这之前，英文的拼写并没有规范性。1762 年，罗伯特 • 罗斯（Robert Rose）又出版了《英语语法简介》。塞缪尔 • 约翰逊（Samuel Johnson）试图通过收集大量英语词汇的实际用例对英语词汇进行描写，而罗伯特 • 罗斯（Robert Rose）则对什么是正确的语法进行了规定。但是，由于专业的语言学背景的缺乏，以及英语语法是建构于古典拉丁语的模型上，且这两种语言的组织形式存在差异，结果是使创造出的英语语法规则很难被运用到英语语言中。虽然这些规则并无多大的意义，但随着社会的发展与进步，教师与学生开始厌烦模糊的表达，所以罗斯的语法被认为是一种规则，受到人们的青睐。

2. 现代应用语言学

20 世纪是应用语言学的重要发展阶段，具体表现包括以下几个方面。20 世纪，语言描写与方法论得到了迅速的发展。在这一过程中，一些语言教学方法诞生，如语法一翻译法、直接法、听说法等。同时，很多学者也提出自己的观点和看法，如乔姆斯基（Chomsky）提出儿童语言习得、海姆斯（Hymes）提出交际能力等。在这一时期，对语言测试的研究也达到了一定的程度，人们试图通过不同的测试类型对所有情况进行适应。常见的测试类型有学习档案、课堂观察、自我评价、他人评价等。同时，由于计算机普及，对应用语言学的研究领域也在扩展，即计算机开始应用到应用语言学研究中，尤其是语言实验室的诞生。在语言教学上，出现了计算机辅助教学。如今，随着新型学习项目的诞生，计算机辅助教学已成为一个必然的趋势，也必然是应用语言学研究的重要手段。

（二）我国应用语言学的发展

20 世纪五六十年代，应用语言学在我国得到了长足发展，在 20 世纪七八十年代形成学科。1984 年，语言文字应用研究所成立，这标志着我国应用语言学学科正式形成。成立初期，语言文字应用研究所是在中国社会科学院与文改委的隶属下。1988 年，语言文字应用研究所归属于国家语言文字工作委员会。后来，语言文字工作委员会与教育部合并，这时语言文字应用研究所成了教育部的下属机构。2001 年 4 月，国家政策给予语言文字应用研究所支持，并设立《语言文字应用》编辑部和普通话培训测试中心，这使得我国建立了第一个专门对应用语言学进行研究的机构。此后，语言文字应用研究所先后设立了辞书研究中心、计算语言学研究室等，规模越来越大，任务越来越广泛。1992 年，《语言文字应用》杂志正式创刊，根据国家对于语言文字的政策，为了实现语言文字的规范化与标准化，通过对应用语言学的学术成果进行发表，使国内外应用语言学的队伍不断壮大起来。同样，到了当代，应用语言学的研究领域不断扩大，应用语言学与心理学、神经学、人类学、文化学、计算机等的结合是最好的体现。其发展的趋势前景广阔，中国的研究者也在致力于应用语言学的多领域研究中。

第三节 应用语言学与当代英语教学

当前，应用语言学已经成为语言学的一种重要组成部分。应用语言学是运用语言学的理论知识来解决具体的实际问题。学习语言的最终目标是运用语言维持人际关系，提高自身的交际能力，但语言的基础性知识并不是交际能力好坏的决定性评判依据，交际能力的好坏更依赖于人们对语言技巧使用的熟练度。换言之，语言知识是语言学的基础，技巧是语言学的媒介，而最终的目标是提高自身的交际能力。所以，学生在掌握一定语言学知识的同时还应当加强语言使用能力的培训力度，主要强调听、说、读、写等方面的技能训练。尽管英语教学在国内的推广范围已经很大，但从目前的教学情况上来看，大部分学生的英语水平都不高，基本都属于“哑巴英语”。而应用语言学在英语教学中的有效应用，能够在很大程度上改变这种不良的学习现状，调动学生学习英语的积极性及主动性，提升他们的自主学习能力，最终助推英语教学的顺利开展。

一、应用语言学对当代英语教学的作用

（一）明确教学方法

无论处于何种教育层次，学生始终是课堂教学的主体，当代英语教学也不例外。在当代英语教学中，如果能从学生的视角出发来明确相应的英语教学方式和方法，那么在实际的教学过程中就起到事半功倍的作用。英语教学中的语言学应用方法比较独特，就是确定口语和书面语两者之间的比例。从我国目前的英语教学内容来看，主要分基础和加强两部分，基础是指听说读写，加强是指英语翻译。其中听说读写之间属于协调关系，都是互相扶持的，但同时又有自身的特色和难点，需要不同的教学手段和教学方式来实施教学。在进行英语课程设置时，一定要明确教学的最终目的和根本任务，再按照一定比例安排课时。譬如，由于实时翻译和文学翻译在培养目标方面存在一定的差异，因而二者在课时设置的要求上也应该有所不同。

所有英语学习者均渴望具有较高的英语交流能力及语法应用能力。应用语言学中的重要原则之一就是以学生的具体目标为基础，制定切实可行教学方案。

如果学生对基础性知识的了解不多，就应当强化其口语的教育力度，使学生积极主动地开口练习英语。除此之外，提高应用语言学的教学效果还可以通过广播、杂志等媒介形式，激发学生的语言学习兴趣，鼓励他们主动参加到英语实践活动中去，活跃英语学习氛围，进一步提高学生英语口语表达能力和技巧应用能力。换言之，在当代英语教学方面应该从学生的角度出发，明晰教学方式及教学方法，继而增强当代英语教学灵活性。

（二）了解教学内容

通过比对西方国家和我国的应用语言学教育，我们可以发现我国高校英语在应用语言学的运用方面存在两个方面的问题。

第一，我国当代英语教学过度强调语法的运用方式，忽视了语言在情感方面的表达。教师在进行英语授课时，过于注重学生对语法、发音、理解和整理语句的能力，从而忽视了对学生英语情感表现力的教育。英语教师在对课文进行分析和讲解时，对语法使用和句子结构组成进行的分析几乎占用了大部分的授课时间，这在很大程度上减弱了教学效果，使学生忽略了英语运用的实际环境，只注重语法使用的正确性以及意思表达的完整性。

第二，如果教师在英语授课或者学生练习的过程中发现有问题的地方，通常会立刻指出或者纠正，并不会对学生存在的错误进行深入的观察及解析。而事实上，教师应当针对学生出现错误的地方进行分析和总结，了解学生在学习方法和知识层面上存在的不足，有针对性地指导和帮助学生，从根本上使学生避免错误的再次产生，帮助学生选择恰当的学习方法。比如，为了达到强化英语课堂学习的学习效果，首先指导学生针对英语教学内容中的某个学习过程进行方案规划，教师按照教学内容对学生的方案规划布置相应的学习任务，通过对学习任务和教学目标的确认，对学生进行全面的指导和教育，确保英语教学质量以及应用语言学在英语教学中的运用效果。我们有理由相信，通过对以上两个教学内容短板的补充，学生便能够在英语学习过程中受益匪浅。

二、应用语言学在当代英语教学中的应用

为使应用语言学相关理论在当代英语教学中得到充分利用，我们应该采取以下几个措施。

（一）应用语言学理论学指导当代英语教学改革

虽然我国当代英语教学理论已经有所改进，但从整体的角度来看，理论水平仍旧较低，相关研究工作尚未完备。这是开展教学改革的不利因素，对此我们

应该有足够的认识。任何一种改革运动，都必须有一定的理论指导，这是一条已被无数事实证明的真理，当代英语教学改革当然也不例外。为了能够有效提升应用语言学在我国当代英语教学中的应用水平，必须要在当代英语教学改革的过程中，进一步提高对应用语言学的学习重视程度。我国有一千多所高校，大学英语教师有数以万计。大学英语教学改革绝不是少数人的事，必须有广大教师的积极参与，改革才能成功。从现在的情况来看，大多数教师都具有一定的教学经验，但理论素养还比较欠缺。英语教师在研究应用语言学理论时，需要掌握更多地语言心理学、教育学和心理学方面的知识和技巧；同时还要能将应用语言学理论同实际的英语课堂教学结合起来，根据本班级学生的英语掌握水平来制定出更为合适的英语教学方案，帮助学生掌握英语的学习规律。在提升英语教师的应用语言教学能力的同时，还需要重点增强他们在应用英语专业理论方面的知识储备。无论是理论能力还是实践教学经验都很重要，都是提升英语教学水平的关键。只有将二者有效结合起来，才能够更好地总结实践英语教学过程中发现的各种问题，满足学生的不同英语学习需求。

除此之外，在当代英语教学改革的过程中，我国各高校应该大力开展应用语言学及相关学科的理论学习，如普通语言学、心理语言学、社会语言学、教育心理学等。在理论学习的基础上，总结教学经验，提出比较科学的、符合外语教学规律的改革方案，用理论指导教学改革。当然，我们也应该认识到理论也有正确和错误之分，这就要求我们在实践的过程中对正确的理论进行验证，对错误的理论进行修正。通过这种方法，应用语言学的相关理论便能够与我国当代英语教学的实践有机结合，得到持续的发展。

（二）应用语言学理论培养学生的口语与写作能力

从整体上看，我国当代英语教学长期以来均以“阅读型”教学模式为主导。课程以精读为主，辅之以泛读和快速阅读，再加上每周 1 ～ 2 节的听力课。这种教学模式是适应我国改革开放前的实际情况的。当时我国在科技、经济、文化等各个领域中对外交往较少，大学生毕业后除了阅读外文资料外，基本上没有用外语进行交际的机会。因此“阅读型”教学模式满足了那个时代大学生的需要。但是现在时代不同了，随着对外交往的不断发展，我国的国际交往日益频繁，国内的独资企业和三资企业也越来越多，各行各业都需要一批具有较强外语交际能力的管理人员和工作人员。而大学毕业生往往是他们招聘的首选对象。这样对大学生的外语水平尤其是交际能力就有了较高的要求，也就是说，对高校的大学英语教学提出了新的更高的要求。而“阅读型”教学模式满足不了这种需求，这一状况许多毕业生都有切身的体会，原国家教委高教司公布的一项调查结果也证实了这一点。为了迎合社会发展的需求，满足用人单位对人才外语能力的要求，我国各大高校在英语教学过程中应该重点培养学生的对外交际能力，具体而言，就是要提升学生的口语能力及写作能力。

从语言学习理论的角度来看，人类的语言行为按照交际方式及交际方向会出现一定的差异，可以分为“听”（listening）、“说”（speaking）、“读”（reading）、“写”（writing）四种形式。“听”和“读”对学习者来说，是语言理解（language comprehension），也是语言输入（linguistic input）；“说”和“写”是语言生产（language production），也是语言输出（linguistic output）。语言学习的过程一般分为三步，即语言输入（input）→语言吸收（intake）→语言输出（output）。由此可见，语言输出是语言学习过程中的最后一步，也是语言学习的最终目标。如果高校在英语教学过程中不重视语言输出，也就是不重视口语及写作能力的培养，那么便与语言学习规律不相吻合，也就不能从真正意义上实现语言教学的目标。

通过上述论证，我们认为高校英语的教学模式应该尽快从以往的“阅读型”转变成“听说型＋读写型”，并重点培养学生的口语能力及写作能力。清华大学早在1996年就已经把大学英语课程改成了“听说课”和“读写课”，他们所取得的经验很值得其他学校学习和借鉴。通过应用语言学理论的正确指引和帮助，在实际的英语教学中，注重培养学生的“听说读写”能力，特别是说英语、写英语的能力，进一步强化了学生的英语综合应用能力，使学生勇敢地用英语来表达自己、展现自己，帮助学生更好地掌握英语思维方式，完成对“说写”英语学习的教学改革，转变了过去那种“只看不说”的英语学习方式，使学生将课堂学习到的英语知识有效地应用于实际的生活交流当中。

（三）应用语言学理论完善当代英语教学系统

我们应该认识到英语的学习及应用是一个缓慢的渐进过程。为此，英语教师对学生英语应用能力的培养也应该经过一个循序渐进的过程。从应用语言学在英语教学中的应用效果来看，需要英语教师在今后的英语教学当中，能够采取循序渐进、因材施教的教学原则，逐渐完善整套英语教学系统。随着全球经济一体化的进程加快，英语的全球普及将会是大势所趋，那么对学生英语能力的培养需要从小抓起，打牢学生的英语学习基础，更重要的是在日常的学习和生活中，要有意识地去培养学生的英语应用能力，为学生创造更为舒适、和谐的英语学习环境，强化学校中各级教育阶段的双语教学意识；聘请水平较高的专职外教人员对学生进行专业性指导，使学生增强与英语母语者的沟通及交流能力。

一个学生从小学到中学再到大学，学习英语的时间少则7～8年，多则10

多年，但学习的效果似乎很不理想，许多人大学毕业了，仍然是说不出，听不懂，被称之为“哑巴英语”。我们认为，“费时低效”的现象在许多学生身上确实存在。但是，我们对“费时低效”要有一个客观的分析。同时也不能以偏概全，一概而论。我们应当看到，许多重点大学学生的英语水平还是很不错的，他们在大学英语四六级考试中连续多年获得好成绩，在全国或地区性英语竞赛中经常获得好名次，不少毕业生在就业面试时所表现出的英语口语能力，受到用人单位的好评。再从 TOEFL 和 GRE 考试来看，获得高分的也大有人在。除此之外，许多大学生在校期间就能听懂外国专家的学术报告，并能用外语同专家进行比较浅近的讨论。有的还担任专家陪同，参与接待工作。这些均证实，我国英语教育，包含高校英语教育，已经取得了突破性的进展，并为我国社会的发展做出了突出的贡献。但这种发展尚不均衡，各个学校之间、各个学生之间仍旧存在较大的差距。

从语言学的角度来讲，英语学习中出现“费时低效”的现象在一定范围内具有普遍性，但这个问题并不能立即解决，这主要是因为以下几个原因。第一，语言是一种十分复杂的社会存在，人类对它的本质还缺乏深刻的认识，语言学家对语言是什么这个问题至今还没有找到令人满意的答案。对于一个还不很了解的事物，人们是很难去掌握和驾驭它的。第二，语言是一种社会现象，一种语言是在一定的社会背景和环境中产生和发展的，要在本族语的社会背景和环境中去学习一种外国语，的确是一件旷日累时的事情，不可能速成高效。第三，语言与思维是紧密相连又相互制约的，一种思维模式决定一种语言模式，要在不改变思维模式的情况下去改变语言模式，很难做到。而要学会一种新的思维模式，也不是一朝一夕所能成功的；第四，年龄因素在外语学习中起着重要作用，小学和中学阶段相对来说是学习外语的最佳时期，但往往因为师资条件、教学设备和学习环境等诸多原因，使不少学生没能在这一阶段为外语学习打下扎实的基础。而到了大学阶段之后再进行补课，为时晚矣，只能够收到事倍功半的成效。

以上我国之所以论述造成“费时低效”的原因，目的并不是让大家放弃学习英语，或者不去努力提升教学效率，而是希望通过这一点证实当代英语教学应该采取实事求是的态度，既不能要求过高，也不能操之过急。我们的教学目标是培养大学生具有一定的听说读写能力，为毕业后要做的外语工作打下一个比较扎实的语言基础。如果要求非外语专业毕业的大学生一走上工作岗位，就能用外语发表演说，就能在国际会议上担任翻译，就能与外国人自由交谈，就能用外语起草文件，这显然是脱离现实的。即便是英语专业的毕业生，也不是所有人均能达到这个要求。从这个意义上讲，当代英语教学更应该坚持实事求是的理念，以现实状况为指导，采取切实可行的措施。

总而言之，应用语言学和当代英语教学之间存在着紧密的联系。在当代英语教学的过程中，应该将应用语言学的研究及应用视为一项系统性的工程，认清这项工程的开展具有复杂、灵活多变等特征。有鉴于此，高等院校在进行应用语言学的研究和应用时，必须要结合自身的教学特点开展教学活动，只有这样才能发挥应用语言学的真正力量，提高我国的英语教学水平。教师要进一步明确英语教学方式，找到英语教学中的误区所在，健全英语教学系统，让更多的学生愿意主动参与到英语知识的技能学习和应用当中，提高英语课堂的教学质量。将应用语言学应用于当代英语教学中，在助推当代英语教学改革方面也发挥着重要的作用。

第一章 应用语言学与英语教学的科学整合

第一节 英语教学的内涵

一、教学

在教育中，教学是一个较为复杂的因素。对于教师而言，教学是一种教育活动；而对于学生而言，教学则是一种学习活动。教学是一个师生互动的过程，是教师教的过程，也是学生学习并在学习过程中全面发展的过程，是学生在教师引导下掌握知识和技能、发展能力、发展身心和形成相关的情感态度及价值观的过程。

教学活动是教和学的统一，离不开师生的共同参与，需要教师有计划地教与学生积极地学。在师生互动的过程中，学生处于主导地位，而教师则对互动活动进行引导。作为学校教育最主要的教育活动，教学具有明确的目的性。

教学目的在不同的学习阶段通常表现为学习目标。在共同的教育目的下，不同的学科具有不同的教学目标，教学目标有领域和层次之分。

教学过程中要对一定的知识和技能进行传递，这些传递的具体内容一般表现为教学内容和课程内容。

从总体上来看，教学活动具有系统性和计划性，通常表现为教学计划和课程计划。教学活动中的教学计划和课程计划通常由教育行政机构制订，有些计划也可以由学校或教师自行制订。

二、语言教学

语言教学是指运用特定的方法，将语言知识和相关的理论通过教育者有目的、有计划地传授给学习者，以达到使学习者掌握一门具体语言并用于交际目的的教学活动，它是教育工作的重要组成部分。

语言教学由本族语教学和外语教学，即第一语言教学和第二语言教学组成。

关于第一语言教学的内容，不同学者有不同的看法。一些学者认为，第一语言教学包括儿童语言的习得和学习两部分。还有一些学者认为儿童的第一语言习得活动不属于语言教学的范围，原因是语言教学是一种有计划、有目的、有特定方法的教学活动，而儿童第一语言的习得活动不具备这种特性。

第二语言教学是在第一语言教学的基础上进行的，是对第一语言能力的一种扩大。第二语言教学主要指对外国语言的教学，既包括中国内地对英语等外语的教学，也包括我国对外国学生进行的汉语教学。

除了本族语教学和外语教学，语言教学还包括双语教学和多语教学。在多民族聚集区有些人从小就习得了至少两种语言，并用这些语言进行交际，双语教学和多语教学就是针对这种特殊情况而展开的教学活动。

语言教学作为一门独立的学科，有其独立的理论体系。语言教学不仅仅局限于整个教学活动，它还对语言教学的原则、方法等理论进行研究。语言教学的开展离不开教育学、教育技术学、学科教学论以及语言习得和语言认知等理论的支持，也离不开心理学、文化比较、语言对比等学科知识。因此，作为语言教学的教学工作者和研究人员，应具备这些理论知识。

第二节 对学习者的关注

一、语言潜能

语言潜能是指学习外语的一种能力倾向。学生外语素质的提高最重要的一点就是学生综合语言运用能力的培养，而语言潜能正是就学生的认知素质来对其学习外语的潜在能力作出预测。不同的学生具有不同的语言潜能。在语言教学中，教师应了解学生的语言潜能，进行因材施教，使之结合不同的学习任务在不同场合发挥各自的优势，提高学习效果。相反，如果忽略学生语言潜能的差异性，采取统一的教材、教法，并以同样的要求对待学生的语言潜能，就会挫伤学生学习的积极性、主动性，降低学生的学习效率。

二、学习动机

（一）学习动机的定义

对于学习动机，不同的学者有不同的观点。加德纳和麦金太尔认为，学习动机主要包含三部分，即达到目标的愿望、朝着目标方向的努力以及对任务的满意度。布朗认为，学习动机是指选择所追求的目标并为之所付出的努力。埃利斯认为，学习动机是学习者出于自身的愿望和需要，在学习外语时所付出的努力。约翰斯顿认为，学习动机是指向目标的驱动力。文秋芳认为，学习动机可以简单地理解为学习英语的原因和目的。综合上述观点，可以将学习动机定义为：一种激发学生学习的活动以及学生朝着一定的学习目标前进的心理状态。

（二）学习动机的类型

学习动机的类型多种多样，至今对其尚未形成一个统一的分类，下面就其中常见的分类进行分析。

1. 融入动机与工具动机

融入动机是指学习者对英语国家的社团文化非常感兴趣，因此想融入该社团的社会生活。工具动机是指学习者学习英语是为了某一特殊的目的，如奖学金或工作的获得、考试的顺利通过或者职位的晋升等。根据上述定义可以将二者进行区分，融入动机是主动的，因此会根据自身的需要制订英语学习的目标，达到英语的全面发展；而工具动机是被动的，因此学习者会根据应用的不同而有所偏重，如学习者为了确保考试的顺利通过，就会注重读写能力，但培养的方式并不全面。需要注意的是，在语言学习过程中，两种动机是有可能同时存在的。对学习的影响作用，主要看哪种动机在学习中占据主导作用。

2. 内在动机与外在动机

内在动机是指英语学习本身激发出学习者对其的兴趣，从而保持英语学习的独立性。外在动机是指英语学习是位于学习活动之外的，是由于外在的原因导致学习者不得不学习的英语。需要注意的是，内在动机和外在动机的划分也并不是十分绝对的，两种动机同时起作用的情况也是存在的。

3. 深层动机与表层动机

深层动机是指深层次的非物质刺激（兴趣或者增加知识等）产生的动力。

表层动机是指为了表面的物质刺激（如文凭、高薪金、好工作等）产生的动力。动机不同对学生的影响作用也就不同。具有深层动机的学习者的目的是提高英语的知识和运用水平，因此他们对英语的要求相对就高，学习英语的热情也相对较高且持久。表层动机的时间一般是有限定的，随着刺激的停止，动机也就相应停止了，因此持有表层动机的学习者懒惰性比较强，对英语学习的要求也并不是很高。但是，由于深层动机和学习者的兴趣关系密切，当学习者的学习兴趣减弱时，他们的深层动机就会自然地转化成表层动机。

（三）学习动机对语言教学的启示

1. 激发学习兴趣

心理学家布鲁纳认为，学习者学习的内部动机是学习过程中的真正动力。在学习动机中，学习兴趣是最为活跃和最为现实的心理成分，它对学习者大脑这部“机器”的工作效率起着决定作用。对学习感兴趣的学生往往喜欢学习，将学习看作一种愉快的体验，这种体验会增加学习动机的强度。反之，对学习不感兴趣的学生通常厌烦学习，认为学习是一件苦差事，这种情绪会降低学习动机的强度。

因此，语言教学中，教师要注意激发学生的学习兴趣，就是要竭尽全力使学习者对所学对象产生强烈的兴趣，从而吸引他们去认识它、接近它、获得它，并对它产生愉快的情绪体验。学习兴趣具有定向性和动力性的特点，学习者愿意学习的兴趣决定了其定向性，而学习者的兴趣直接转换为一种驱动力则是其动力性的表现。动机与兴趣具有密切的关系，二者相互依赖、相互促进，兴趣是动机的保证。

2. 创设语言情境

杜威认为，为了激发学生思维，必须给学生一个实际的经验情境。语言情境对运用语言交流而言是一个不可或缺的因素。在语言教学中，教师应尽量创造一个良好的学习氛围或情境，使学生在语言情境中逐渐积累语言知识。对于英语学习而言，适合的语言环境有很多，如英文网站、英语演讲、英语广播、电影、夏令营、英语角等。教师应引导学生充分利用这些环境，置身其中，在潜移默化中受到环境的影响，更多地认识英语，并习惯英语思维方式。长期下来，学生会乐于接触英语，并决心学好它，只有这样才能使学生学习英语的动机得到最大限度的激发，从而积极主动地学习。

3. 正确对待成败

一般而言，成功的体验往往使人增加自信，给人带来成就感，增加学习动机的强度；失败的体验容易使人产生焦虑的情绪，引发自卑感，降低学习动机的强度。对于语言学习而言，失败是难以避免的，关键时遇到失败要以正确的态度对待，认真分析失败的原因，找出改进方法，而不以暂时的失败而灰心，学会克服学习中的困难和因失败产生的不良情绪。

4. 充分发挥学习反馈的作用

在语言教学中，教师应注意提供学习反馈。反馈主要有以下两个方面的作用。

激励作用。学生了解了自己学习的进步，可以增强自信；发现自己学习中的不足，可以鞭策自己更加努力地学习。

提供信息。反馈可以帮助学生证实其正确或错误的认识，澄清模糊的认识。反馈也可以使学生对哪些部分已掌握，哪些部分还要为掌握做出区分，使今后的学习更有针对性，从而促进学习效率的提高。

需要注意的是，反馈应做到及时、充分，以便有效地促进学生的学习。学生应及时并积极地面对反馈信息，这对学习动机的增强十分有利。研究表明，可以得到学习结果反馈的学生，其学习动机能量大于不能得到学习结果反馈的学生，前者的进步也快一些。通过阶段性的检查，及时得到自己学习情况反馈信息的学生，其学习更有针对性，学习动机就会不断增强；相反那些在学习很长一段时间之后仍不知道学习进展情况和所取得的成绩的学生，其学习热情就会减弱，学习动机的强度也会随之降低。

三、学习风格

（一）学习风格的定义

关于学习风格的定义，不同学者有着不同的观点和看法，下面主要对其中比较有代表性的定义进行分析。

斯滕伯格（Sternberg）认为，学习风格其实并不是一种能力，而是一种差异，是个人运用能力的偏好形式。他对风格的特征进行了如下总结。

• 一个人可以具有多种学习风格。

• 学习者的学习风格可以进行适当的变通。

• 风格并不是一种能力，而是能力使用的偏好方式。

• 风格与能力可以构造出一个整体并相互配合。

• 对于同一类型的风格的偏好也存在着差异性。

• 学习风格没有好坏之分，时间、场合不一样，评价也就不一样。

凯特·肯塞拉（Kate Kensella）认为，学习风格是指在接受、加工并储存信息的过程中，学习者所采取的习惯或者自然的一种偏爱方式，具有独特性和持久性的特征。它不仅能够反映出个体的生理特征，还能凸显环境对个体所造成的影响。

虽然各学者从不同角度对学习风格的界定存在差异，但是这些定义都具有一定的共同之处，可以总结为以下几点。

- 学习风格是个人经验与环境交互作用的结果。
- 学习风格是个人学习能力的偏好。
- 学习风格具有稳定性、独特性以及一致性。
- 学习风格在一定的条件下是可以发生变化的。
- 学习风格的种类丰富多样，并且没有好坏、优劣之分。

（二）学习风格的类型

1. 认知方式

认知方式是指人们组织、分析和回忆新的信息和经验的方式。

根据认知方式的不同，学习风格也可以分为三种类型：整体型与细节型、场依赖型与场独立型、左脑主导型与右脑主导型。

（1）整体型与细节型

从接受信息的方式进行划分，可以将学习风格分成整体型和细节型两大类。整体型的学习者善于整体、全面地看待并解决问题。通常这样的学习者的准确性、深刻性相对较低，然而模糊性和直觉性却相对较高。当遇到不懂的概念或者不熟悉的词汇时，学习者也能顺利地与其他人进行交流。细节型的学习者善于对具体信息进行记忆、逻辑分析以及理解，在分析的过程中，学习者善于将整体的信息划分成若干的小节来进行学习，这样的学习使学习者能够发现不同实体的差异。

（2）场依赖型与场独立型

场依赖与场独立是指学习者对自身的依赖程度，这其实是两种截然不同的处理信息的倾向。场依赖型学习者一般会受外界的干扰，因此主要依靠教师或者同学提供的信息从整体进行思考，并不善于独立思考和解决问题。场独立型学习者一般不会受到外界的干扰，他们习惯运用自己独立的思维去理解和分析问题，能够从一个个细节去考虑问题。通常来说，场依赖型学习者比较善于社交，而场独立型学习者比较善于分析。需要注意的是，二者并不是不可联系的，大多数学习者还是介于二者之间。

（3）左脑主导型和右脑主导型

根据人们对左右脑信息处理的偏好，学习者可以分为左脑主导型和右脑主导型两类。左脑主导型的学习者喜欢关注信息或者事物的细节，这种学习者比较擅长逻辑分析，并能够收到较好的学习效果。右脑主导型的学习者喜欢抓关键、大意，并且十分相信自己的直觉，常具有很强的灵活性。这样的学习者往往会对音乐、绘画等艺术充满兴趣。

2. 感知方式

感官是学习者在学习过程中总会用到的，而且每一位学习者都有其自身偏好的感官及学习方式。按照感知方式，可以将学习风格分为听觉型、视觉型、动觉型三类。

（1）听觉型

听觉型是指用耳朵进行学习，通过“听”就可以了解信息，因此教师的口头教学和听力教学对于他们来说都可以获得较好的学习效果。一般情况下，这一类型的学生喜欢听录音、广播、对话以及报告等。听觉型的学习风格存在着一定的局限性，他们习惯并能轻松地理解教师口头讲授的内容，但是他们却不善于书面写作。听觉型的学习者喜欢在有声的环境中参加小组活动或学习。

（2）视觉型

视觉型是指用眼睛进行学习，通过“看”就可以了解信息，直观形象的视觉材料能够在学习者的脑海中形成清晰的视觉形象。这种视觉型风格主要是通过看书、看黑板、看影像等就能获知信息从而达到良好的学习效果。视觉型的学习者具有很强的学习独立性，在学习过程中，他们不习惯教师单纯地以口头传授知识的方式，他们更倾向于教师利用板书或多媒体工具进行教学，给他们一个自我感知并自由想象的学习空间。

（3）动觉型

动觉型是指用实践进行学习，在实践的过程中获取新的知识，也就是说他们习惯于去尝试富于挑战性的活动，并愿意去执行计划，在亲身的实践中体会到无比的快乐。这种类型的学习者更喜欢参加课外活动，如角色扮演、实习等，在参加这些活动的过程中实现良好的学习效果。

3. 个性特点

从学习者的个性差异来进行分析，学习风格又可以分为三种：外向型与内向型、开放型与封闭型、随机直觉型与具体程序型。

（1）外向型与内向型

外向型的学习者一般性格开朗、善于交流、兴趣广泛。在英语课堂之上，他们也是非常积极的，愿意参与提问、回答、小组活动、讨论、角色扮演等活动。他们能够运用一切可以接触英语的机会来使用英语，并且善于表达自己的思想，不惧怕任何英语学习的困难，因此外向型的学习者具有较高的口语表达能力。内向型的学习者一般情况下比较喜欢独处，兴趣并不是很多，也不善于与人进行交流。在英语课堂之上，他们总是习惯于独立地思考问题，不愿意参加小组的活动，而是自行解决与实践。一般情况下，这样的学习者比较害怕出现错误，因此内向型的学习者在语言结构或语法学习方面具有很强的学习和理解能力。

（2）开放型和封闭型

从接受信息的方式来说，学习者的学习风格有开放型和封闭型两种。

开放型学习者一般情况下善于收集外部信息，对信息进行总结，但是并不急于作出结论，只有具备了充足的材料他们才会下结论。他们更习惯于顺其自然，并且容忍歧义的存在，不受规则与实践的界定，喜欢发现式学习。封闭型学习者一般善于作出结论或者决策，通过制订计划以及期限来完成特定的任务。他们不能容忍歧义，不能接受模糊，总是希望得到明确的指令以及详尽的讲解。

（3）随机直觉型与具体程序型

根据加工信息的方式，学习者的学习风格可以分为随机直觉型与具体程序型两种。随机直觉型学习者比较偏爱推测，善于发现事物或者任务的规律，善于抽象思维方式。具体程序型学习者习惯于按部就班，通过使用各种记忆策略来严格按照指令做事，善于追求真理。

（三）学习风格对语言教学的启示

通过上面的内容可知，学生在学习风格上有着很大的差异。教师必须注意这一点，并根据学生的学习风格采取相应的教学策略，帮助学生扬长避短，从而提高语言教学的质量。具体来说，教师应该做到以下几个方面。

1. 尊重学生的学习风格

在语言教学中，尊重学生的学习风格要求教师要做以下两点。

（1）树立学习风格的性别差异教学观念

既然学生的学习风格具有独特性和稳定性，教师就要让学生尽可能地按照自己的风格进行学习，让他们学得更轻松，使他们更多地体会到成功的喜悦，增强学习的动力和学习热情，而不是企图改变他们的学习风格。

（2）给予学生更多的人文关注

由于学习风格具有多维性，所以教师要辩证地看待自己的教学风格和学生的学习风格之间的关系，树立公平、公正的教学观念，平等对待每一种学习风格的学生。

2. 采用多元化的教学策略

为充分发挥学生学习风格的优势，教师可根据学生们不同的学习风格，灵活地调整课堂活动，提高学生参与课堂活动的积极性。例如，对于视觉型的学生，教师可鼓励他们多阅读，并将语言材料以实物、图形、书写符号等形式呈现出来；

对于听觉型的学生，教师可多选择一些视频、音频材料，并注意口头传授知识；对于动觉型的学生，教师可多设计一些情境，让学生参与其中，同时展示有关的语言材料，增进他们对语言材料的理解和吸收。

3. 丰富学生的学习风格

任何一种学习风格都无法适用于所有知识的学习。学生若固定地只使用一种学习风格，必然会在某些方面失败。尽管学习风格具有一定的稳定性，但同时具有一定的可塑性。后天的经验和训练对学习风格的形成起着很大的作用。

在语言教学实践中，教师一方面要实施与学习者学习风格一致的教学策略，另一方面也要注意实施与学习者学习风格不一致的教学策略，通过这种方式来拓展学习者的学习风格。例如•场独立型学习者习惯使用元认知策略，自学能力较强；场依赖型学习者习惯使用社交策略，交际能力较强。根据这种差异，教师可有针对性地采用失配的教学策略，即用社交策略训练场独立型学生，用元认知策略训练场依赖型学生，弥补学生学习风格的不足，拓宽学生信息接收的方式和渠道，增强学习的动力。

四、语言学习策略

（一）语言学习策略的定义

语言学习策略是学习者为了更好地达成学习第二语言的目的，所进行的计划—安排—监控—执行—评价自己在英语学习过程中的听说读写译等活动，并做出相应补救措施的一系列步骤。语言学习策略既包括内隐的学习规则系统，又包括外显的学习技能和方法。它不仅是对信息进行获取、储存、提取、使用的一系列加工过程，而且也是这一具体的信息加工过程的监控以及调节的过程。

（二）语言学习策略的分类

结合我国的英语教学实际，将语言学习策略具体分为四类：认知策略、元认知策略、情感策略以及交际策略。

1. 认知策略

这一策略主要是根据具体情况进行预习、在学习过程中集中注意力，记要点并进行积极思考等，或者利用图画等非言语信息理解主题。同时，还要注意学会在语言学习的过程中发现语言规律并运用规律举一反三，让自己在语言运用的过程中能对所犯的错误有充分的认识，能进行适当的纠正。

2. 元认知策略

元认知策略主要包括在学习中借助于图表等非语言策略来理解、表达，明确自己在英语学习时的目标、需求等，并制订相应的学习计划，明确自己在英语学习过程中的进步和不足，积极探索适合自己的英语学习方法，让学生养成主动拓宽英语学习的渠道，知道在学习过程中如果遇到问题如何获得帮助等。

3. 情感策略

情感策略主要包括有意识地培养学生英语学习的兴趣、对待英语和英语学习的态度，监控并调整英语学习中的情绪、在交际中善于表达他人的情感并善于理解他人的情感等。

4. 交际策略

交际策略主要包括在具体的交际过程中将注意力集中在思想表达上，善于利用各种机会用英语进行交际，在课外活动中积极用英语与同学交流和沟通。

（三）语言学习策略与自主学习

近年来，在外语教学中教师对培养学习者的自主学习能力给予了极大的关注。自主学习是指学习者制订学习目标、自我监控、自我评估的主动性学习。自主学习与学习策略存在紧密的联系。

自主学习模式包括四个环节：自我评价与监控、目标设置和策略计划、策略执行与监控、对策略使用的效果进行监控。这四个环节均与学习策略有密切的关系，具体涉及认知策略和元认知策略。因此，个体要做到自主学习，就需要掌握一定的学习策略，并且在学习过程中可以对这些策略进行有效的运用。

有研究表明语言学习策略培训对外语自主学习能力的培养至关重要。通过掌握和运用学习策略，语言学习者能更独立、更自主。学习策略，作为自主学习能力的一部分，其能力的形成使真正意义上的自主学习成为可能。

研究学习策略的目的在于探索如何使学生成为自主、有效的学习者。只有学习者形成和具备运用学习策略的能力，才能做到真正意义上的自主学习，学习者使用学习策略的意识越强，自主学习的过程就越完整，学习效果就越好。

需要指出的是，学习策略是过程，不是目的，培养自主学习能力才是最终目的，所以学习策略的培训主要是为了内化自主学习能力。因此，在外语教学实践中，教师应该有意识地把学习者学习策略的训练与强化其自主学习的能力结合起来，促使学习者尽快地实现真正意义上的自主学习。

五、焦虑

焦虑是指个体因担心自己不能克服障碍或达成目标而使内疚感和失败感增加，自信心与自尊心受挫而产生紧张不安情绪的一种心理状态。

学习焦虑是学生对学习结果产生担忧的一种情绪体验和情绪反应，主要表现为害怕课堂上被提问、对考试的担心与恐惧、惧怕老师或家长的否定评价，严重的甚至会出现失眠、做噩梦等现象。

学习焦虑会对学生的行为、认知、身体状况乃至精神状态产生明显的影响，关乎学生的学业成就。

具体而言，焦虑会对学生的学习活动产生以下危害。

• 焦虑会使学生的注意力分散，严重影响学生对有关信息的掌握。

• 焦虑会影响学生对学习策略的有效使用。

• 焦虑会影响学生对考试策略的有效运用，学生在焦虑的情绪状态下不能很好地应用已掌握的内容解答问题。

外语学习中的焦虑主要是指学习者在学习或使用外语时所产生的恐惧心理。焦虑既是一种心理状态，也是一种心理素质，这种心理素质会直接影响外语学习。焦虑在外语学习中通常表现为课堂焦虑、测试焦虑以及交际焦虑。

• 课堂焦虑是指学习者在课堂上会担心自己的语言水平和能力落后于其他同学，担心自己会完不成学习任务。

• 测试焦虑是指学习者由于自身语言能力不足或曾受失败经历影响而担心自己会在考试中失利所产生的紧张情绪。

• 交际焦虑是指学习者在使用目的语进行交际时会担心自己不能很好地表达自己的意思，因而产生的恐惧心理。

外语学习的焦虑对于学习者的自尊心、自信心、外语交际能力、外语学习过程与学习成绩都会产生负面的影响。学习者一旦产生焦虑心理就会在外语学习中表现出退缩与逃避，这对学习者外语水平与外语能力的提高极其不利。

因此，教师在设计教学内容时应充分考虑到每一位学生的个性和特点，组织好课堂的每一个环节，学习内容要有针对性和条理性。对学生要多鼓励，宽容对待学生的错误，让学生有体验成功的机会，从而提高外语学习效率。同时，教师应合理安排考试、测验以及作业的时间和内容，把握好难度和效度。

六、自我效能

自我效能是社会学习理论的创始人班杜拉提出的一种动机理论。自我效能是指“个体在执行某一行为操作之前对自己能够在什么水平上完成该行为活动所具有的信念、判断或主体的自我把握与感受”。自我效能具有以下功能。

自我效能会对个体的行为选择以及对所选行为的努力程度与坚持性产生影响甚至是决定作用。自我效能高的学习者在学习过程中一般能够勇敢地面对困难和挑战，在困难面前能够坚持自己的行为，并努力战胜困难；而自我效能感弱的学习者则具有相反的表现。

自我效能会对个体的情感反应模式和思维模式产生影响，从而影响个体对新行为的习得。通常而言，自我效能感强的学习者在学习过程中往往更加自信，能够很好地把握环境，解决各种问题和困难；而自我效能感弱的学习者则相反，甚至会产生焦虑和恐惧等情绪。

自我效能会影响学习者对学习策略的使用。这是因为只有学习者认为自己能够有效地使用学习策略时，他才会将学习策略运用到学习过程中；反之，则不会。自我效能会影响学习者对具体学习策略的选择。这是因为个体往往倾向于选择自己所能掌控的环境，而对于自己无法掌控的环境和活动通常都是回避的。当学习者在进行一项学习任务时，一般会选择自己熟悉并能有效运用的学习策略。

自我效能对学习者自主学习具有重要的影响。自我效能感强的学习者会为自己设置较高的学习目标，对学习过程的调节能力较强，他们会在不断地学习挑战中提高语言水平和语言能力。

七、自我概念

自我概念是指个体对自身的态度、情感以及观念所组成的混合体。简而言之，自我概念就是个体对自己的综合看法。自我概念是个体身心发展的重要标志，会对个体的行为进行自我调节和定向。

积极的自我概念能够促进个体从各个角度对自己进行了解、认识、接受和评价；能够帮助个体产生自信心和自尊感，认识到努力的重要性；能够激发个体的求知欲；有利于个体建立良好的人际关系，树立积极的人生态度。

自我概念对于语言教学来说同样有着不可忽视的作用。因此，教师要充分重视自我概念的重要作用，在语言教学过程中，及时了解学生的不同需求，因材施教，引导学生形成稳定的、正确的自我概念，使外语教学顺利进行。

第三节 英语学习策略

一、思维导图辅助英语学习的策略

思维导图（The Mind Map）又被称作心智导图，是表达发散性思维的一种有效图形思维工具。其不仅操作简单，而且十分有效，是一种实用性较强的思维工具。作为构建、扩展认知图式和激活认识内部机制的一种可视化手段，思维导图辅助外语教学设计有助于改善学生认知能力、促进有意义的学习及记忆。与此同时，培养学生认知、社交以及记忆策略，减缓语言焦虑感，使学习效率达到最大化。以下我们重点探究思维导图在高校英语教学实践活动中的应用，及其对学习学习策略培养所发挥的辅助作用。

（一）思维导图概述

思维导图的理念是在“友善用脑”教育理念基础上而产生。该理念注重人的学习能力、创新能力的培养和学习策略的研究与应用。在友善用脑的环境下，学生成为教学的焦点。他们能够有目的地制定计划，有效轻松的学习。思维导图既是友善用脑教育理念中重要的一部分，更是一种有效的学习辅助方法。把它运用到英语语言教学中，既能减缓学生语言学习的焦虑感，又能够有效地培养学生学习策略使用能力，从而提升学生综合运用语言的能力。语言学习策略是学习者所取的特殊行动，这种行动使学习更加轻松愉快、更加高效、更加自主。融合学习策略的语言学习过程将会是有意义的学习过程。思维导图在语言学习策略目标构建中起着不容忽视的作用。作为知识和思维过程的图形化表现形式，思维导图的广泛应用不仅为学生主动拓展并构建认知图式、调动学生认识发展过程中的内部机制等提供了一种可视化的方法，还为从事语言教学的教师提供了一种可操作性较强的教育技术。

思维导图是用图表的方式来组织及揭示、表述知识的一种工具。其通过图文并茂的表现技巧，将各级主题之间的内在联系用相互隶属、相互联系的层级图表现出来。思维导图具有人类思维的强大功能，充分利用记忆、阅读、思维的规律，为人们提供了一个正确而快速的学习方法与工具，促使人们提升自身的思考技巧，大幅增进人们的记忆力、组织力与创造力。思维导图是创新思维的核心，其作用是允许学习者产生无限制的联想，使发散思维更具创造性。在学习中引入思维导图，能够有效提升学习者的学习效率，增进他们的理解能力及记忆能力。思维导图具有极大的可伸缩性，它顺应了我们大脑的自然思维模式。它能够将新旧知识结合起来。学习的过程是一个渐进的过程。在学习及理解新知识的时候，要将新知识和原有的认知结构融合在一起，转变原有的认知结构，促使新旧知识或者概念之间建立起紧密的内在联系，助推思维的迁移。而能否在新旧知识之间建立联系是学习取得成功的关键。

思维导图作为“友善用脑”教育理念的有效方式，不单单是一种学习工具，还被应用于教育领域的各方各面。在教学中，尤其是语言教学中有助于启发发散性思维，引导学生进行有效语言输出训练，加深理解所学或所感悟的东西。思维导图可以测查学生的认知结构，了解某知识领域的概念在学生头脑中组织的方式。在外语教学过程中，其能够在很大程度上改进学生的思维方式，加速语言学习策略的使用能力，继而改进并提升外语学习者的外语学习能力，缓解他们的学习焦虑感，培养他们的学习兴趣，提升他们的语言综合运用能力。

伴随着信息技术的迅速提升及工具软件的推陈出新，思维导图软件已经成为信息技术和高校课程教学相结合的一种有效方式。思维导图软件使友善用脑的新理念真正走进了课堂。Mindmaper、Mindmanager、Inspiration 等软件具备对任意两个节点创建层次以外其他类型关系的功能，能够可视化地把概念之间的各种关系清晰地展现在学生面前，为外语教学提供了有效的技术支持和手段。思维导图软件所具备的导入导出功能、各种文本图片插入功能、现场演示功能、超链接功能等凭借其可视化手段促进灵感的产生和发散性思维的形成，转变了以往的用脑方式，间接对英语学习过程中各种策略的培养起到一定的辅助作用，调动了学生的学习兴趣，改进了高校英语教学模式。

（二）思维导图对英语学习策略的辅助作用

在 Oxford 的“语言学习策略测量量表”（SILL）的基础上，对部分大学新生就英语学习策略问题进行了问卷调查及个人访谈，结果发现这一组学生的英语高考入学平均成绩小于 80 分，英语听说水平较差，其中有一部分学生在高中阶段从未做过听说训练。该调查旨在了解学生学习策略情况以及课堂教学对其策略能力的影响，进而希望通过构建新理念下的教学模式改善学生策略能力，同时为其他语言教师外语教学提供有益的参考。

从学者对学生英语学习策略的总体统计来看，学生整体使用策略的能力相对较低。其中，使用补偿策略的学生比例最高，学生认知策略、社交策略使用频率较低。这说明学生在英语学习过程中，学习效率不尽人意。而使用调控策略即元认知策略的学生比例最低，这一点显示出学生在语言学习上缺乏确立目标、制订计划、策略选择、自我监控、自我评价、自我调整等意识和能力，究其根源是由于认知方式盲目、单一。由此可见，这些学生学习过程中缺乏主动性，学习策略知识贫乏，外语课堂焦虑，对外语失去兴趣，学习效率极低，很难在有限的时间内很好地掌握所学知识并提高语言的综合能力。除此之外，调查结果还显示学生使用记忆策略的比例相对较低，可知学生欠缺改善记忆的科学方法，以往单一的重复记忆法在大学阶段并未产生较大的成效。从这个层面上讲，学生应该学习一些新方法，提升自身的学习信心，不断提升自身的学习能力。

通过个人访谈和跟踪观察，我们发现学生的学习积极性整体较低，这主要是因为学生并不掌握科学的学习方法，学习了多年的外语却未取得理想中的效果，这导致部分学生对英语学习产生焦虑感，进而丧失了学习的兴趣。而焦虑、无兴趣的最主要因素是课堂的语言输出不足。与此同时，大多数同学认为降低外语学习焦虑、提高兴趣，教师起着至关重要的作用，因而自身并不会主动进行改进。

1. 有利于完善认知能力

思维导图辅助下的高校英语教学就是英语教师指导学生通过思维导图绘制出现有知识结构，归入新概念及整合知识体，拓宽认知图式。在构造思维导图过程中，思维导图节点及层级的多少都体现了学生构建知识及信息加工的过程，也是学生了解世界、接收信息过程的反映。语言是人类认知能力的一种体现，是一种有意识、有意义的活动和过程；语言学习是通过感觉、知觉、思维、想象、注意、记忆等一系列心理活动来完成的，是人们在学习过程中对信息的加工，以及对信息的感知、记忆和思维过程，这是一个复杂的认知过程。这一过程是人类思维对语言的一种特殊反映。认知策略是指学习者用于具体学习任务和活动的方法、行为，包括对语言材料的分析、转换、综合。认知策略包括练习、接收和传送信息、分析和推理、为输入输出信息建立规则等。在高校英语课堂教学中运用思维导图，在一定程度上改善了学生的认知方式，促使学生对各种学习策略进行整合，提升了学习效率。如在讲解《新视野大学英语读写教程》中 Face to Face with Guns 这一课时，为了深化学生对“gun”的认知，深入理解文章主题内容，同时借助思维导图引入如何归类、演绎、利用关键词、拓展等认知策略，在课前导入部分，教师要求学生以小组形式就他们对有关枪的概念所能联想到的知识，通过思维导图表达出来。关于思维导图从同一层次的节点数目能看到学生思维的广度，从一个分支的长度能看到思维的深度，离中心节点近的是概括性认知，离中心节点远的图式反映的是认知的深度，表达的概念比较具体。在各组思维导图中，学生导图的相同点是在一级节点中均出现“police、criminal”的概念，这证实了学生对“gun”这个概念具有相同的基本认知。

教师应该指引学生主动构建并拓展与“gun”这个基本概念相关的认知图式，鼓励学生从认知发展内部机制的广度及深度上来解析这个概念。把新知识纳入或同化到学生原有的认知结构中，从而修正、丰富学生针对相应主题的认知图式。而学生通过教师的启发、引导会进行发散性联想，有意识确定新知识中的关键概念，并与自己头脑中的概念联系在一起。形成广泛联系的知识组块，完成知识建构。与此同时学生会把该认知策略不断地应用到以后的外语学习中，直至该策略进入程序性高级阶段，其使用成为潜意识活动。

2. 有利于培养学生的社交策略

教师以思维导图为指导性材料，通过图式的方式调动学生认知结构的已有知识，为学生学习新知识提供一定的概念架构，帮助学生认清所论述内容和已有知识结构之间的内在关系，引发学习者能积极主动地把符号所代表的新知识与学习者认知结构中原有的适当知识加以联系的倾向性，为最终有意义地习得新的内容铺垫。因此，有意义的学习务必要具备两个基本条件，一是学生表现出在新知识及自身原有知识之间构建内在联系的趋向；二是学习内容能够和学生原有的知识结构连接起来。

在英语教师的指导下，学生通过小组合作的方式来绘制思维导图。小组成员按照各自的思维（节点及连线代表的概念关系）来给同组同学讲述自己所联想到的相关故事，开展主题讨论，这在很大程度上提升了学生的社交策略。学生借助思维导图一起进行归纳、总结，进行协作式学习。这里需要指出的是，合作过程中所产生的积极情感是高校英语课堂学习产生最佳成效的有力保证。学习者相互之间以及学习者与教师之间的情感因素，尤其是课堂交流中的消极情感会影响学生学习潜力的发挥，而积极情感能创造有利的心理状态。认知主义心理学家 Bruner 认为内在动机是维持学习的基本动力；学生所具有的 3 种最基本的内在动机之一是互惠内驱力（即与人和睦共处的需要），它具有自我激励作用，并且效应持久，协调同学关系，及时解除不良情绪的干扰。教学中利用思维导图设计小组合作任务，绘制出相关主题的思维导图，利用小组内融洽的关系，促使小组成员积极主动地进行交流。与当着全班学生的面回答问题，小组合作过程中所产生的焦虑程度更小，这大大提升了学习者用英语进行表达的能力，不仅保障了轻松的学习环境，还确保了语言输出的质量。

3. 有利于培养学生的记忆策略

大量的实践证实，思维导图有助于利益，能够在一定程度上提升学生的记忆策略。认知心理学信息加工观点主张语言的感知、识别、加工及被提取的过程是一个信息的处理过程。感觉到的信息进入工作记忆，经新信息与已知信息的结合转换过程保存在长时记忆里。思维导图借助概念意义之间的联系成为一种有效的记忆工具。相关研究证实，人们能够记住 20% 肉眼所看到的事物及 40% 所听到的内容，而针对那些不仅能够看到又能够听到、直接动手做的事情，人们通常能够记住至少 75%。

词汇在大脑中并不是孤立存在的，而是以语义网络形式而存在。有鉴于此，高校英语课堂教学中可以利用思维导图描绘出各个词汇之间的内在联系，指导学生重视记忆策略，并有目的性地将其运用到语言实践之中。构建记忆策略包括建立联系网络、运用形象和声音、认真复习等。思维导图在语言教学中可以通过建立词汇之间关系概念图式，激活学生关于某一特定主题的心理词汇网，绘制思维导图把词汇间的关系直观的表现出来，进行有效记忆。语篇是通过词汇间的语义关系而连贯起来的。借助思维导图，运用语篇中所包含的主题词汇，对语篇进行详细分析，这能够使学生更加直观、清晰地理清语篇的内在逻辑结构，掌握语篇的主题理念，构建各个词汇概念的内在关系，有效地记忆主题词汇并了解全文的内容。

总而言之，与传统的学习方式相比，思维导图对高校英语教学发挥着一定的辅助作用，促使学生有实际意义的语言输出范围更加广泛。学生的思路变得更宽泛，思想更活跃，学生对学习策略有了更明确地认识。思维导图作为一个可以提高我们学习效率，促进我们思维扩展的工具，可以运用到越来越多的教学实践中。在高校英语教学中，教师应该在学生已有的认知结构与新的概念之间建立连接，把思维导图引入教学设计中，使学生实现从现有的语言认知发展水平提升到另一个更高的发展水平；同时在轻松的环境下友善用脑，提高了学生对英语的学习兴趣，减缓甚至消除了学生的英语学习焦虑感，改进并提升了学生的学习能力，增强了学生的策略意识，提高学生的语言综合运用能力，进而提升了学生在未来工作中的整体职业能力。

二、学生认知、元认知策略调查分析

以弗拉维尔（Flavell）的元认知策略理论为基础，围绕学生认知、元认知策略进行调查研究，试图在认知策略与外语应用能力及职业能力之间寻找一个切入点，把认知策略、元认知策略引入外语教学实践中，旨在提高学生计划、监控和评估自己学习的认知、元认知能力，帮助学生管理、计划自己的学习；同时构建新的教学方法和手段，培养学生的创新思维能力、观察问题、思考问题和解决问题的能力，加强自我监控、自我评价意识，从而培养、提升学生的未来职业能力。研究发现，这批新生在英语学习中总体使用认知、元认知策略比例偏低，沿袭了高中的学习模式，缺乏认知、元认知策略意识，策略能力较低，影响到未来职业能力。有鉴于此，研究者通过研究指出策略能力的练习及培养有利于提升学生的未来职业能力。

（一）认知和元认知策略概述

当前，学习策略仍旧是教育学及心理学的研究热点，这主要是因为其具有一定的社会意义。语言学习策略是第二语言习得研究的一个重要方面，它是指学习者在学习活动中有效学习的程序、规则、方法、技巧及调控方式，是能促进学习的任何外显行为和内隐的心理活动的综合。认知策略（cognitive strategy）

和元认知策略（metacognitive strategies）是第二语言学习策略（learning strategies）最重要的组成部分，也是对语言学习产生最直接影响的两大策略。其中，认知策略是指学习者在对学习材料进行分析归纳或转变过程中所运用的策略。元认知策略指学习者用一些策略去评估自己的理解、预计学习时间、选择有效的计划来完成学习任务。元认知策略的发展与学生自我调控、自主学习、自我管理能力及未来职业能力息息相关。1984年，本杰明•布卢姆(Benjamin S.Bloom)提出了一个大胆的设想，即找到一种教学手段，既比个别教学经济，又能达到最佳效果。而要达到这一点，就必须改善学生的学习策略，不仅提高学生的学习效果，而且将使学生终身受益。以往的研究者大部分关注到认知策略和学习之间的内在联系，而极少关注到认知策略对学生未来职业能力所产生的影响。

美国儿童心理学家弗拉维尔于20世纪70年代提出了元认知理论，这个概念囊括了元认知知识、元认知体验、元认知监控三个方面的内容；元认知三个方面的内容紧密相连，相互影响，共同制约着人的认知活动。他认为：“元认知是个人关于自己的认知过程及结果或其他相关事情的知识，以及为完成某一个具体目标或人们依据认知对象对认知过程进行主动的监控以及连续的调节和协调”。弗拉维尔将元认知知识分为主体知识、目标任务以及监控（即策略的使用），而元认知策略分为计划、自我监控和自我评估三个步骤来实施；并进一步指出主体知识、目标任务将影响认知过程，元认知策略是调节和控制认知活动的主因，是保证认知活动完成的重要因素。其理论核心是强调学习者个体的自我意识、自我调控，要求个体对自身认知过程的意识进行监控、调整，从而达到自动化的程。纽约州立大学教授安妮塔•温登（Anita Wenden）成功地把弗拉维尔的元认知理论运用于二语习得。她认为元认知的最重要的组成部分就是学习者的自我效能感，即学习者个人对自己作为学习者所表现出的学习能力和学习效率的总体看法。元认知策略对人们的思维活动及智力发挥着调节、监控的功能，因而其发展水平对人们思维及智力的发展水平起着直接的制约作用，继而对学生的未来职业能力产生一定影响。

在英语学习过程中，学生首先对学习任务进行系统性的分析，按照学习任务的内容、需要实现的学习目标、学习任务对自身的难易程度等各方面因素，来制定与自身实际情况相吻合的学习计划，这便是认知策略、元认知策略的应用过程。除此之外，学生要有一定的英语学科基础知识，才可能有效地制定学习策略。英语学习策略的模型包含认知策略、元认知策略和英语学科知识。元认知策略总是和认知策略一道起作用，如果学生没有使用认知策略的技能和愿望，他就不可能成功地进行计划、监视和自我调节。认知策略是学习英语过程中不可获缺的一种工具，但元认知策略在认知策略的运用过程中发挥着监控及指导的作用。这也就是说，教师可以指导学生使用各种不同形式的策略，然而若是学生本身所具有的无价值的元认知技能决定了其在某种状况下运用何种策略或者改变策略，那么学生便不会成为成功的学习者，也就谈不上未来职业能力的提升。因而，教师应该对学生学习策略的使用进行引导，从而帮助学生学习。

（二）学生认知、元认知策略的实证研究

通过调查，主要探讨了非英语专业学生群体在二语学习过程中的认知、元认知策略使用情况，有目的性地开展高校英语基础环节的教学设计，构建学生语言学习策略和未来职业能力之间的内在联系。问卷设计依据 Oxford 的“语言学习策略测量量表”（SILL）（略有改动）。问题回答设计为多项选择形式，一是从不（never or almost never true of me）；二是有时（somewhat true of me）；三是总是（always or almost always true of me）。

学习策略问卷调查开展于新生入学的第一学期，所发放的问卷全部回收。调查之前向学生介绍认知、元认知策略方面的基本知识，鼓励学生遇到不明白的问题时，进行提问，并告诉学生答卷不影响任何期末成绩，因此选择对自己的描述要真实。最后，对调查问卷进行统计，得出下述几个结论。

1. 认知策略和元认知策略的使用情况

调查结果显示新生在英语学习中整体使用认知策略的比重较低，学生对学习策略的认识尚不充分，欠缺必要的学习策略意识，学习策略能力相对较低，即在三个选择项中，“有时”占 51%，“从不”占 36%，而“总是”仅占 13%。可见学习策略及学习成效之间存在着必然的联系。

在所有的策略中，“我尽可能学习英语国家的文化”及“力争寻找各种学好英语的办法”这两项元认知策略的使用能力相对较低。由此可见，学生未认识到学习策略在大学学习中的重要性。这一点说明学生在高中阶段更注重知识的获得，忽视知识运用技能及学习方法的培养，仍然遵循应付大学入学考试的传统学习模式，被动地跟着老师，了解老师要做什么，而不会主动地考虑自己在语言学习中的角色。学生缺乏为自己的学习负责意识，不重视自我评估这一环节，也不知道如何评价学习过程的有效性和结果的显著性，出现困难时往往不会自我调整。而大学阶段内的学习策略，特别是认知、元认知策略，在学生未来的学习及工作中发挥着至关重要的作用，因而学生应该深入了解并熟练运用认知策略和元认知策略。但需要指出的是，学习者仍旧需要一定的时间才能够真正熟练掌握某种学习策略。

2. 常用和不常用的认知、元认知策略

在分析调查结果的时候，调查者将所有的策略按照“从不”及“总是”所占比例由高至低的顺序进行排列，得出学生常用和不常用的认知、元认知策略的具体使用情况。“英语信息归纳策略”及“计划充足时间学英语策略”是能够加强学生应用语言能力的有效策略，而根据统计这两个认知策略使用率很低，学生不经常性利用此策略，即“总是”仅占 5.5% 和 4.5%。究其原因，主要是因为高中阶段的教学仍然以教师传授、学生记忆、训练为主，仍有一些学校未进行教学改革，应试教育仍占主要地位，因而导致学生进入大学以后，仍然沿袭高中的学习方法；由于长期注重记忆、强化训练，这些学校对于第二语言学习也沿用同样的方法，结果是不能为学生提供使用英语的环境，导致学生认为除了考试，英语别无用处。除此之外，调查结果还显示“用英语提问问题策略”和“有明确的提高英语技能的目标策略”这两项认知策略的使用比例相对较低，表明学生习惯以外控为主的学习方式。这种方式在很大程度上降低了学生主动学习的能力，抑制了学生的自我监控能力及创造性思维的形成，对学生的整体素质产生不良的影响，这已经成为目前我国各大高校需要关注的一个普遍性问题。

在常用策略中，使用频率较高的是“避免逐词对应翻译策略”和“先略读后细读策略”，这两个策略是学生经常使用的认知策略。在英语教学中，教师对翻译及阅读的重视日渐增强，侧重于为学生传输此方面的知识。由此也能看出，教师在培养学生学习策略方面起着不可忽视的作用。

3. 认知、元认知策略的培养与职业能力的提高

目前，大学生往往仅关注学习结果，而忽略了学习过程，不重视自身各方面能力的提升，出现眼高手低的不良现象；在大学毕业以后，缺乏职业要求所必须具备的策略能力、语言能力、逻辑思维能力及管理能力，在未来工作中困难重重。因此，大学阶段尤其是大学初始阶段应该重视教学中的策略能力及职业能力培养，加强认知、元认知策略能力。从这个意义上讲，英语教师应该以培养学生的语言尝试能力、学习策略能力、逻辑思维能力及其他职业能力为教学活动的基本思路，帮助学生树立自主学习的意识，提升学生的认知及元认知，培养并改进学生的学习策略，特别是认知策略和元认知策略，使学生渐渐完善自身的学习策略，为未来的职业生涯奠定基础。

在教学过程中，重视学生认知加工过程的同时，还要高度重视元认知能力的培养，让学生逐步学会采用适当的信息加工策略，促使学生更好更快地从外部控制为主向内部控制为主转化，培养学生对认知活动的自我意识与自我调节，使学生在学习过程中能不断评价学习过程，自我反思，并能适时地调整计划、选用恰当的方法，以保证任务的有效完成。现有的研究证实，在一定的基础知识上，

学生对学习的自我监控水平已经成为影响其学习成效及未来职业能力的主要缘由。因而，在高校英语教学过程中，教师应该从以下几个方面出发来提升学生的策略能力。

第一，在英语教学设计中添加策略相关的内容。调查结果说明，多数学生缺乏语言学习基本方法的训练，需要教师通过课堂教学循序渐进地训练学生。大量的研究表明，训练认知、元认知的主要方法是对学生进行专门的集中认知、元认知训练。例如，在学习中善于记笔记；在学习中善于利用图画、思维导图等非语言信息理解主题；能主动复习并加以整理和归纳；能主动规划、评价学习等。这些训练可提高学生认知、元认知的水平。在部分学者的调查中发现，大多数教师认为绝大多数学生没有足够的能力对自己的学习负责，教师在教学过程中引导学生为自己的学习负责，重视自我评估这一环节尤为重要。现在许多国外教材已经开始直接或间接地将学习策略融入课堂活动当中（strategies inserted into language textbooks），进而使对学习策略的训练进入语言课程。教师在教学过程中结合英语教学目标来设置具体的学习任务，将策略教学融入每一节课程中，提升学生的策略能力，这一点对普通院校的非英语专业学生群体的意义更加重大。

第二，提升学生使用认知策略和元认知策略的意识性。教师对学生进行培训，通过小组讨论或者集中研讨等分散方式，帮助学生分析并了解自身的学习需求。英语认知、元认知策略训练的目标就是要清楚地告诉他们如何使用，何时使用，为什么要使用策略，来帮助他们学习和使用一门外语。学习策略训练旨在通过明确地告诉学生如何发展他们的个性化学习策略系统（individualized strategy systems），来帮助他们探索更有效地学习目的语的途径，鼓励学生进行自我评估和自我指导。与此同时，强调策略与未来职业能力之间的关系。经过策略训练，学生更能意识到他们的个人学习需求；对他们自己的语言学习负起更多的责任；在课外更多地使用目的语，从而成为更加成功的学习者；通过增强学生的策略意识，促使学生更加重视策略和未来职业能力之间的内在联系，进而更加重视观察问题、思索问题、解决问题、创新思维能力在未来职业生涯中的重要作用。

第三，运用在线学习（E-Learning）的方式进行引导，关注反思和评估。由于课堂教学的时间相对有限，教师应该设计在线学习的教学方法，以提高学生的策略意识，这不仅能够使学生具有利用英语获取、传输、处理和应用信息的能力，还能使学生实践各种策略方法，加强自我反思与评价能力，把策略方法作为支持终身学习和合作学习、工作的手段，为适应信息社会的学习、未来工作和生活打下必要的基础。我国部分学者在调查传统与非传统学习方法时发现，对学习成绩起关键作用的变量之一是学生的自我管理策略，而该策略的核心是自我反思与评价能力。通过教师指导、监控下的在线学习，培养学生的策略能力、创新能力，尤其是培养学生的思维能力和实践能力，使学生从被动学习的外控为主转变为积极求异、敏锐地观察、创造性地思考的内控为主，提升自己的实践能力、组织管理能力和捕捉和处理信息的能力等。

总而言之，高校英语教育应该成为为学生未来从事相关工作而做准备的一个重要环节。不管传授何种知识，不管开展何种活动，均应该将培养学生的未来职业能力、提升学生的整体素质视为其最终目标，高校英语教学也应如此。在培养学生的认知、元认知策略，如果能够从以上几个方面真正实施，通过各种渠道共同发挥效用，将会产生意料之外的成效。

第四节 应用语言学与英语教学整合的意义

一、明确教学问题

应用语言学的产生和传播使很多学者与教育者意识到语言教学的真正意义，同时对我国英语教学中的一些问题开始给予关注。

我国的英语教学活动已有了一段较长的历史，且逐渐形成体系。然而，受应试教育思想的影响，我国英语教学的现状依然不容乐观，存在一些问题，主要可归纳为以下两个方面。

对语法的正确性太过重视。我国很多英语教学的内容都是刻板的标准英语，过于重视语法的准确性，从而对语言本身的灵活性与沟通性产生了一定的削弱作用。

忽视对学生英语语言应用能力的培养。传统英语教学往往忽视口语教学，相当多的学生在卷面考试中可以取得不错的成绩，但缺乏应用能力，不能用英语展开交流。

这两个问题在过去的英语教学中一直存在，即使是在现在的教学中也依然留存着这些问题带来的影响。而应用语言学与语言教学进行整合，使很多教育者明确了英语教学中存在的问题，意识到英语教学改革的必要性。

二、指导教学改革方向

我国的英语教学需要改革，但是改革并非盲目进行的。改革若没有方向，将会降低教学的效率。结合我国教育发展的现状，应找到更加合适的教学改革方向。

应用语言学对此给出了一些有价值的答案。应用语言学并不是单方面地强调语言的“应用性”，也强调语言的“学科性”，灵活地应用应建立在坚实的基础上。所以，英语基础知识的教学必不可少，但是在此基础上，还需要对教学内容进行适当的修改与调整，且改革重点应放在英语教学的方式上。英语教学的内容应该更加重视“听、说、读、写”的综合，教师在教学时不仅仅只注重语法。在教学方法上，教师应尽可能地使用更灵活的教学方式，为语言课程增添活力。

应用语言学的教学思想为我国的英语教学改革指明了方向，在此基础上，对一些教育教学措施的制定产生了一定的影响，从政策与教学方法两个层面逐渐开始了英语教学的改革。

应用语言学研究日新月异、迅速发展，无论在国际上还是在国内，从事应用语言学研究的人数逐渐增多，有关的科研成果层出不穷。应用语言学研究的进一步深入，对我国的外语教学将大有裨益。

第二章 词汇教学

第一节 词汇的性质与英语核心词汇

一、词汇的性质

“词汇”并不是一个具体的词或固定词组，而是一个集合概念，即语言中全部“词”和“语”的总和。因此，英语词汇就是指英语中全部的词和固定词组，既包括本族词又包含外来词。如果人们对“词”和“词汇”的概念不是很了解，那么就很容易将二者混淆。事实上，词与词汇的关系是个体与整体的关系，如某种语言包含很多词，但仅有一个词汇系统。这仅是对词汇定义的大致解释，其实关于“词汇”一词的定义还有很多其他的说法。“词汇”不仅可以指某一门语言的全部词汇，又可以指某一特定历史时期的全部词语，如古英语词汇、中古英语词汇和现代英语词汇等。另外，“词汇”也可以指某一种方言、某一本书甚至某一学科的词汇。此外，“词汇”也可以指某个人所掌握的词汇量。综上所述，词汇并不是指个体的词语，而是指一个类别或范围的词语。

二、英语核心词汇

（一）核心词汇的定义

高频词汇的重要性毋庸置疑，核心词汇在某种程度上与高频词汇相当，但又不完全等同，因为词汇出现的频率只是确定核心词汇的重要依据之一。但我们又无法否认，就是因为某些词是核心词，它的使用频率就比较高，因此这两者之间应该是“约等于”的关系。

然而，正如高频词的确定具有很大的难度，核心词汇的命名与界定同样也有不同的方法和有不确定因素。用来表达“核心词汇”这个概念的术语也有不同，如斯特恩（Stein）用 nuclear vocabulary 来命名核心词汇，而卡特（Carter）用的是 core vocabulary。詹姆斯·莫里（James Murray）提出的术语是“普通词汇”（common vocabulary）。目前还没有客观的实验标准来给这些术语以明确的区分。有学者认为，核心词汇就是“最基本和最简单的词汇”。“最基本”，主要因为这些核心词汇可以基本满足日常生活的一般语言交际。“最简单”，主要因为这些核心词汇的形态简单，是最容易学、最容易懂、最容易记忆的短词。更重要的是，这些词汇都具有原型特征。

（二）核心词汇的原型特点

我们每天身处的世界千姿百态。大脑为了充分认识这个纷繁复杂的客观世界，就必须采取最有效和有序的方式对其进行分析、判断和归类，并储存和记忆。这个过程就是范畴化。这个范畴化的过程让我们具有形成概念的能力，并赋予语言符号以意义。容斯（Rosch）认为范畴化有两个基本原则：一是功能上达到认知经济性，范畴系统必须以最小的认知投入提供最大量的信息；二是在结构上，范畴系统提供的最大量的信息必须反映出感知世界的结构。核心词汇就是基本范畴词汇，是茫茫词海中的原型。在结构上，它们是人类经验的结晶，反映的是人类对客观世界结构的感知。在认知经济上，核心词汇能帮助我们有效地扩大词汇量。有学者指出，作为人类认知客观世界的成果，基本范畴词具有以下几个原型特征。

1. 历史稳定性

基本范畴词比语言词汇范围窄小得多，可它们的生命却长久得多。它们在历史长河中长期生存着，生命力强，变化缓慢，并成为构成新词的基础。现代英语中的大部分词汇早已被法语和拉丁语代替，而仅剩的一小部分核心词汇在英语运用中的分量远远超过它们在整个英语词汇中的比重。这些核心词汇，如 hand，bed，cloudy，cloth，daughter 等，可以追溯到 1000 多年前盎格鲁 - 撒克逊（Anglo-Saxon）的语言，仍然占英语最常用的 1000 个单词的 80% 左右。

2. 使用全民性

基本范畴词表达的概念都是人们在日常生活中反复接触的，它们的使用不受人们的阶层、地域、行业、文化水平、年龄、经历的限制。基本范畴词的全民性特点是它历史稳固性的基础，反过来，基本范畴词的历史稳固性也为现实的全民性奠定了历史根基。

3. 功能的基本性

词的基本功能，主要是给事物以称谓，给概括事物的概念以形式。基本范畴词汇称谓的事物、表达的概念都是人们日常交际中最必要的东西，因此它们的使用范围广，运用频率高。也正因为如此，它们才具有强大的稳固性和使用的全民性。基本范畴词汇承担了词汇称谓功能的基本内容和基本任务。

4. 强大的构词能力

虽然基本范畴词具有稳固性，但随着社会的发展，词汇系统必须也必定会不断补充新词，丰富词汇的内容，才能保证其旺盛的生命力。新词的创造总是以现有的语词为材料。基本范畴词，包括所有的词根，具有很强的构词能力，成了词汇增长的基点。新词最常见的构词法合成法（compounding）就是把两个或两个以上的独立的简单词结合在一起构成的，如 spacewalk，website，blackhole，walkman，homepage，photoscan，Watergate，keyboard，audiovisuals 等。另外，基本范畴词还可以通过拼缀法（blending）组合两个或几个词的部分音节构成新词。

（三）核心词汇的句法、语义特征

核心词汇作为人类发展史上主要的交流媒介，不可避免地带有人类认知的原型特征。同时，在语言的使用过程中，核心词汇还具有鲜明的句法和语义上的特征。卡特通过测试来告诉我们相比于其他词汇，核心词汇在语法和语义上更紧密地整合在语言系统中，同时在语用环境中呈现出中性与非标记性特征。

1. 核心词汇在句法上的可替代性

在一组语义相近的词汇中，核心词汇可以替代或解释其他非核心词汇，而非核心词汇可以通过“核心词汇 + 修饰短语”来实现。卡特要求被试描述下列一组词，guffaw，chuckle，giggle，laugh，jeer，snigger，结果发现 80% 被试用“laugh+ 修饰语”形式来定义同组其他词汇。可见，laugh 是核心词汇，更常用、更普遍，而其他词是非核心词汇。同时，对于其他词性的非核心词的定义，卡特认为通常的方法是 noun=adjective+core noun，verb=core verb+adverb/adverbial phrase，adjective=core adjective+adverb。

2. 核心词汇容易找到其反义词

通常，一个词越接近核心词汇就越容易找到其反义词，而非核心词却不然。例如，fat-thin，laugh-cry 可以看作两组正反义词，然而像 obese，corpulent，guffaw 等非核心词就很难找到确切的反义词。

3. 核心词汇具有更强的搭配能力

核心词汇具有更强的搭配能力，而非核心词汇更容易受到句法和语义上的限制。例如，一组同义词 bright，radiant，gaudy 中，bright 可修饰 sun， light，boy，prospects，future，red，color，idea，sky 等，radiant 能修饰 light，sun，smile，performance 等，而 gaudy 的搭配能力更是次之，只能与 colors，dress 搭配。因此，bright 是核心词，radiant 离核心词稍远些，gaudy 是较边缘词。

4. 核心词汇有更多的词义延伸

核心词汇在词典里通常有更多的义项。词典中与 well 搭配的词超过 150 个，与 run 搭配的超过 50 个。核心词 bright 在下列短语中有不同的意义：a bright spark（活泼的，精明的），bright and early（一大早），bright and breezy（又高兴又有信心），（a house，a mood，an appearance）brighten up（明亮起来，心情好起来），（look）on the bright side（积极乐观的），the brighter moments in one's life（欢乐的，幸福的）。

5. 核心词汇具有上义词和下义词

核心词往往是更具有类别性的、更具有概括意义的上义词。例如，flower 是 rose，tulip，carnation 等的上义词，因此更接近核心词。但不是所有的上义词都是核心词。有时，核心词更具标记性，人们在日常会话中则会使用更具体的下义词。例如，在句子“I am pulling my car a way.”和“I bought a bed.”中，我们会使用有具体特征的下义词，而不是较为抽象的 vehicle 或 furniture。

6. 核心词较为中性化

中性化是指该词汇传达的含义比较客观而中立。它不受文化差异的影响，一般不带有强烈的感情色彩，通常没有伴随意义，更适合用于中性体裁，尤其是用于客观的总结陈述。

第二节　词汇教学的内容与原则

一、词汇教学的主要内容

词汇作为语言的最小意义单位在人际交流中起到至关重要的作用，而人类思维活动和思想交流首先是依靠词汇来进行的。一般来说，词汇教学主要包括以下几方面的内容。

（一）词的结构

1. 词素

一般人认为，词语是语言中表达意义的最基本单位，因为词语是代表意义的一个独立的单位，我们可以查词典（或词表），把词语找出来，了解和表达其意思。所以人们相信，只要把这些词语记下来，外语学习就能事半功倍。事实上，语言中还有表示意义的更小的单位，例如，“自发”“自觉”“自费”“自行车”“自动化”等词语中的“自”大多表示“自己，自行的”；另外一些词语，如“自流”“大自然”“自然规律”，“自”则表示“天然，非人为的”；而“自由职业”又有所不同，它由“自由”和“职业”组成，表示一些知识分子凭个人知识从事的职业。这都说明还有更小的意义单位，这些单位我们称之为词素。

例如英语中的 gen 是一个词素，其基本意思是 source“本源”，它又可以分为两种不同的意思：一为 origin“起源”；一为 tribe“部落”、nation“民族”、type“类型”。从 origin 可以产生 genetic“遗传的”和 genital“生殖器的”，甚至 gender“性别”，ingenuity“机灵、精巧”、oxygen“氧气”、hydrogen“氢气”；从 tribe 可以产生 gentile“异教徒”；从 nation 可以产生 genius“天才”、genial“友好的”、gentle“斯文”；从 type 可以产生 general“一般的”，generalization“概括”，generationl“生成”，等等。既然词素是最小的意义载体，所以每一个词起码要有一个词素。morpheme 这个词本身就包括两个词素：morph 表示“词态、语素”，而 -eme 表示“有意义的”，moipheme 就是“一个有意义的语素”，它不能被分割成更小的意义单位，但是它可被分割成更小的声音单位，如 morph 由〈m〉、〈o〉、〈r〉、〈ph〉（=〈f〉）几个声音（或拼音）单位组成。

词素有下列几个特征：

首先，一个词素是一个和意义有关联的最小单位。

例如下面的几个词都有〈car〉的拼音：

car（车） cardigan（羊毛衫） cargo（货物） scare（害怕）

care（小心） carrot（胡萝卜） caramel（焦糖） discard（抛弃）

carpet（地毯） caress（抚爱） vicar（牧师） placard（布告）

它们是否都共享一个词素？这就要看这些词的〈car〉的形式有没有一些共通的意义。car 的意义是“车”，它和 care（小心、关心）、caress（爱抚）无任何共同之处。carpet 好像有些联系，但是它本身就是一个不能分割的词素。其实，除了 discard、placard 以外，其他的都是词素。discard 和 placard 不是一个词素，但它们共享的词素是 -ard。

其次，词素是一些可以循环使用的单位。

词素的一个特点是它可以反复使用构成很多词。如词素 care 可以构成

uncaring（不关心）、careful（小心）、careless（粗心大意）、carefree（无忧无虑）、caregiver（护理工）等等。如果你不知道cardigan（羊毛衫）和caramel（焦糖）的意思，而又以为它们是由词素car组成的，可以看去掉这个词素后剩下来的那一部分能否用在别的词里。-digan和-amel并不符合第一个特征，它们没有独立的意义，也不能反复使用。

最后，不能把词素和音节混为一谈。

一个词素可以表示为任何数目的音节，但是一般来说，是一到两个，有时也可以是三或四个。音节和意义无关，音节仅是发音的单位。在很多词典里，连字号（-）表示在一行末可以把词分开的地方，连字号也可以用来把词分为音节。一个音节是可以把词分开的最小的独立发音单位。一个词的词素数目很可能和音节数目有所不同，词素的长度也可以少于一个音节。但是，一般说来，词素是可以独立发音的，起码有一个音节。

2. 词根

首先，自由词根词素。每一个词起码要有一个词根，词根处于词的派生过程的中心，它们表示基本意义，以此为基础而派生出的词则表示另外意思。像chair（椅子）、green（绿色）、bullet（子弹）、father（父亲）、cardigan（羊毛衫）A America（美洲）A Mississippi（密西西比）都是词根，而这些词根刚好又是自由形式，即独立词语，叫作自由词根词素。

其次，黏附词根词素。在更多的场合里，词根不是独立的，它们是黏附在别的词素上面的，因此称为黏附词根词素，像segment（片段）中的seg-（剪开）、genetics（遗传学）中的gen-（拿，装载）和brevity（简明）中的brev-（短）。多数英语黏附词根都有古典的词源，它们在文艺复兴时期借用自拉丁语、希腊语或间接通过法语借用。但是也有这种情况：一些借用的黏附词根会走进自由词根的行列，例如词素-graph原本来自希腊语，表示written（写成），所以派生出autograph（亲笔签名）、photograph（照片）、ideograph（表意文字）、phonograph（唱机）这样的词，最后graph自己也成为自由词根，有了独立的意思一“图形”。同样，词素-phone表示“声音”，派生出gramophone（留声机），microphone（话筒），Anglophone（说盎格鲁语的人），最后它也成为自由词素，表示“音素”。graph和phone都是出现在19世纪英国，可以肯定地说，它们在这以前都是借用的黏附词素。还有一种相反的情况，有些黏附词根最早是整个被借用到英语中来的，如happ（运气、幸运）源于日耳曼语，构成hapless（不幸）、happy（快乐），但是词汇发展的历史淘汰了happ，却保留了hapless和happy。总之，黏附词根词素要求有另一个词素黏附在它上面，这个词素可以是词根，也可以是词缀。如果另外的词素也是词根，其结果就是产生一个复合词，如airship（飞船），birdcage（鸟笼）、hemisphere（半球）telephone（电话）等。如果另一个词素不是自由词素，那它一定就是带有词缀的黏附词素，如 brevity（简明）、capable（能够）、gentile（异教徒），等等。

3. 词缀

所有不属于词根的词素，都是词缀。词缀和词根的不同之处有下列三点：

第一，它们本身并不能构成词语，它们必须加在词干上面。

第二，在很多场合中它们的意义并不像词根的意义那么清楚和固定，有一些词缀几乎毫无意义。

第三，和词根的数量（在任何语言里都是成千上万的）相比，词缀的数量相对少一点，顶多只有几百个。

对英语而言，所有能产性最高的词缀不是放在词干的后面（叫作后缀），就是放在它的前面（叫作前缀）。

下面是几个意义比较清楚的前缀：

co+occur（occur together）[一起发生]

mid+night（middle of the night）[半夜]

re+turn（turn back）[归还]

下面是几个意义比较清楚的后缀：

act+ion（state of acting）[动作]

act+or（person who acts）[行动者，演员]

act+ive（pertaining to being in action）[积极]

然而，大部分的词缀并非像所列的那么清楚。

这些词缀都可以说是黏附词素。从历史上看，自由词素丧失其独立性，而变为“黏附”是比较正常的。例如 less 本为形容词，意为“缺乏，没有”，可加在很多词后面，意义也十分明确。同样，后缀 -hood、-ship 原来也都是名词，有独立的意义。英语的数目字多数来自希腊语和拉丁语，它们提供了很多黏附词素，如 penta（表示“5”）构成 pentagon“五角”，sept-（表示“7”）构成 septet“七重唱”，oct-（表示“8”）构成 octagonal“八角”，uni-（表示“1”）构成 unilateral“单边”。

但是往相反方向的发展，即黏附词素，特别是词缀，变为自由词素却很少见。倒是有一种倾向，把词缀提高到自由语素的地位，如 anti-（反对），例如：He is so stubborn, he' s bound to be anti.“他是那么死硬，肯定是个反对派”。不过它们仍然具有黏附词缀的功能，没有脱离这个阵营，相同的情况还有 hyper

（超）、mini（迷你）、maxi（特大），stereo（立体声）等。

词缀有两种功能：其一，是参与新词的建造，这些词缀可称为派生性词缀。派生的核心是词根。而词缀则像卫星，它们以不同的距离围绕着核心转，就像太阳系那样。其二，是参与屈折变化，而与新词建造无关，这可以叫作屈折变化词缀。和古英语、拉丁语、希腊语相比，高校英语词汇的屈折变化词缀数量不多，基本上是句法的一部分。它们表示的是语法意义。所以可把屈折变化词缀看作句子结构和组织的一些标记，它们并不参与新词的派生。不过这也有些例外，屈折变化词缀有时可以滋生出新的意义，例如，custom（习俗）、new（新的）后面加了 -s，就成为 customs（海关）、news（新闻）。同样，现在和过去分词，既可以表示屈折变化，如 They were building the new dorm（他们正在建造新宿舍）、They painted the wall（他们粉刷墙壁）；也可以像派生性词汇那样产生新的词类，如 The building on the comer（在拐角处的建筑物）、the painted wall（粉刷好的墙）。

（二）词的特征

1. 形式特征

每一个词都有读音形式与书写形式。词的读音有原型音与变型音之分。原型音通常指我们所说的标准音。

有些词会因为词性的不同而有不同的读音。例如，contract 一词既可以做名词也可以做动词，做名词与做动词时的读音不同。还有的词是同形异义词，这类词形相同，但由于意义不同而发音不同。

词不但发音形式有变化，少量词的拼写形式也会有变化，例如，behaviour 可以拼写成 behavior，urbanize 可以拼写成 urbanise。

2. 形态特征

每一个词都有其内在的结构。尽管所有的词都是由字母组成，但有的词作为一个整体不能够被分解成任何更小的意义单位，有的词却可以进一步分解成更小的意义单位。例如，instruct一词不可以被分解成任何更小的意义单位。但是 instructs 可以分解成 instruct 与 -s 两个有意义的部分，instructor 也可以分成 instruct 与 -or 两个有意义的部分。这就是前面提到过的词有屈折变化形式与派生变化形式。词的屈折变化给词添加一些特定的后缀，使词可以表示“时间、人称、数”或“更加、比较”等概念。例如，动词加上 -s 表示“现在、他（她、它）、在做某事”；加上 -ed 表示“过去做某事”，或者与 have 一起，表示“一段时间里做某事”；加上 -mg 与 be 一起表示“正在做某事”。名词加上 -s 则表示“不止一个”。形容词或副词加上 -er，表示“更、更加、比较”的意思。

举例说明：

（1）He enjoyed and still enjoys reading classic works.

他过去喜爱，现在依然喜爱阅读经典作品。

（2）The professor is answering the questions that the students have asked.

那位教授现在正在回答学生们提出的一些问题。

（3）More and more people in the cities want to lead a slower and easier life.

越来越多的城里人希望过一种比较慢悠和比较轻松的生活。

第一句中的 enjoy 一词有两个形态变化，第一个加了 -ed，表示“过去喜爱”，第二个加了 -s，则表示“现在喜爱”。第二句中 be 的形态是 is，表示“现在”；answer 一词加了 -ing，与 is 一起表示“现在正在回答”。第二句中的 question 与 student 都加了 -s，表示“不止一个”，所以 questions 译成“一些问题”，students 译成“学生们”。第三句中的 slow 与 easy 加了 -er，表示“比较慢悠”与“比较轻松”的意思。

词的派生变化则是给词添加一些特定的前缀或者后缀，生成具有“人、事物、行为、状态”等概念的词。此外，派生变化还会改变一些词的语法属性。

3. 语义特征

每一个词都有意义，而且词的意义丰富多样。词的意义可以是词指代的现实世界中的人、物、行为、事件，也可以是人们脑中的抽象概念。一个词可以指代多个人、多个事物、多个行为或者多个概念。因此，一词可以有多个意义。例如，school 一词有“学校、学院、上学、求学、学会、学派、流派、教育、训练”等多个意思，甚至还有“鱼群”的意思。

词的一些意义成为约定俗成、人人皆知、长久与普遍使用的词义。在这种情况下，词有其固定代表的人、物或概念，形成了人们所说的字面义。即使在没有任何语境的情况下，人们也知道词的这些意思。词的另一些意义可能是在特定的时期里、特定的情况下、特定的语境中、对特定的说话人与听话人来说才有的意义，而非人人皆知、长久与普遍使用的意义。这些词义有很强的语境依赖性，只有在特定的语境中或者与特定的人或事物联系起来才能得以确定。词的这类意义往往是人们所说的词的非字面义。

词所代表的现实世界中的人、物、行为、事件以及心理世界中的概念，被称为词的外延意义。词还有内涵意义，指词所附带的人们的态度或情感，反映人们的态度是肯定还是否定，喜欢还是厌恶，即词表现的是褒义还是贬义。例如，

determined 是褒义词，obstinate 则是贬义词。有些词可以因人因事而异，既可以用于褒义，也可以用于贬义。例如，ambitious 对有的人来说是“雄心勃勃”，对另一些人来说则是“野心勃勃”。

除了自身所具有的各种意义之外，词与词之间可以存在某种语义关系，如同义关系、反义关系与包含关系。

首先，同义关系。同义关系指两个词之间有着相同或者相近的意义，往往可以用一个词替代或者解释另一个词。具有相同或者相近意义的两个词称为同义词。有一类同义词，它们的基本意义几乎相同，只是存在一些细微的差异，例如 hide、conceal、cache 等。有些词典会把这些同义词列在一起，专门说明它们共同的含义和它们之间的细微差别。这些词即使在脱离语境的情况下，人们也会认为它们是同义词。可以称这类同义词为纯同义词。还有一类同义词，它们的基本意义不相同，但是在某个意义上可能相同或者相近。可以称这类词为部分同义词。对于这类词。词典不会像前一类同义词那样，将它们专门列在一起加以说明。在脱离语境的情况下，人们甚至会不把这些词作为同义词看待。但是，这些词可以在特定的话语或语篇中一起出现，用于表达相同或者相近的意思。这类同义词称为话语 / 篇章同义词。

举例说明：

（1）He likes to hide（conceal）his money in a book.

（2）Fm going to buy some sugar in the supermarket.Do you want me to get something for you?

（3）I went to China with a travel organization.It was a trip that included some kungfu and taichi lessons.It was an international group，so there were people from all over the world.

第一句中的 hide 与 conceal 属于纯同义词，因此可以用 conceal 替换 hide，说成 He likes to conceal his money in a book。第二句中的 buy 与 get 的基本意思不同，但是在句子中都表示“买”的意思，所以是篇章同义词。第三句中的 organization 与 group 也属于篇章同义词，都用于指“旅行团”。

其次，反义关系。反义关系指两个词的意义完全相反或几乎完全相反，这样的两个词称为反义词。反义现象是词形之间的关系而不是词义之间的关系。例如，rise 和 ascend 都是“升”的意思，fall 和 descend 都是“降”的意思，在概念上是对立的。因此，rise/fall 和 ascend/descend 都可以说是反义词。然而，对于 rise 和 descend　fall 和 ascend 是不是反义词，很多人都会表示犹豫，因为从词形上看，它们不像是对立的。因此必须把词形之间的语义关系和词义之间的语义关系区分开来。

根据 Lyons 的分析，这种词汇对立有几种不同的情况。

情况一，词汇对立有可分级和不可分级的差别。可分级的反义词有程度上的差别，所以 cold 虽然是 hot 的反义词，但是 not cold 却不等于 hot。不可分级的反义词则不同，所以 male 可以等于 not female。但是有意思的是，英语有些表示相反的前缀，如 un- 和 in-，如 friendly 和 unfriendly 在形态上是对立的，但是 friendly 在意思上是可分级的，而其对立的反义词 unfriendly 却是不可分级的，相当于 hostile。而 married 和 unmarried 则不同，两者都是不可分级的，所以 unmarried 相当于 single。这说明形态上相关的对立是独立于语义上的分级和不分级的关系的。

情况二，互补反义词。有些反义词是互补的，它们不能分级，如 boy 和 girl、brother 和 sister。它们不是对立的，而是对照关系。

情况三，换位反义词。最典型的换位反义词是 husband 和 wife，如“X is the husband of Y”=“Y is the wife of X”，他们是互相依存的。这包括 doctor 和 patient、buy 和 sell、killed 和 was killed，等等。

情况四，方向性的对立。方向性的对立，指向相反的方向移动。如 come 和 go、up 和 down、left 和 right、front 和 back，等等。

此外，并非所有的语义都是两分法的，即不是所有的词都有反义词。有些集合，如一个星期有 7 天，一年有 12 个月，都很难明确哪一天或哪一个月的反义词是什么。

最后，包含关系。包含关系有两种类型。一种类型是语义特征包含关系，即一个词含有另一个词所表达的语义特征。例如，sister 一词含有 female 的语义特征；brother 一词含有 male 的语义特征；kill 含有 dead 的语义特征。第二种类型是语义场或词场关系。语义场或词场指在语义上有重叠的一组词。

举例说明：

（1）色彩词场：包括 red、yellow、blue、green、black、white、purple、orange 等表示颜色的词汇。

（2）亲属词场：包括 father、mother、brother、sister、cousin、nephew、sister-in-law 等一类的词汇。

（3）烹饪词场：包括 boil、fry、bake、broil、steam、stew、roast、barbeque 等一些做饭烧菜的词汇。

实际上，任何在语义上重叠，可以用一个统称词组合在一起的词，都可以称为语义场或词场。这样就有车辆词场、动物词场、植物词场等各种词场。

词场的统称词与具体类别词构成上下义关系。统称词 vehicle 包含 bus、car、lorry、van 等具体类别车辆词；animal 包含 dog、cat、elephant、panda 等具体类别动物词。vehicle 和 animal 这些统称词称为上义词，具体类别词称为下义词。

掌握词汇之间的语义关系非常有利于听、读的正确理解，也有助于说、写表达词汇的丰富性与意义的多样性，还有助于翻译的准确性。

4. 语用特征

词的使用会受到交际对象、时间、场合、地域、情景、社会、功能、文体等因素的影响。有些词可以用于一般的场合，用于所有的人。有些词只能用于特定的场合与特定的人，却不能用于其他一些场合与其他一些人。例如，英语的 a looking glass 属于维多利亚时代的词，mirror 属于现代的词；tap 是英国英语词，faucet 是美国英语词；decease 用于正式场合，而 kick the bucket 用于非正式场合；英国中产阶级喜欢用 home 称呼 house，用 lady 称呼 woman；Hi、Good morning 一类的词具有交际功能。

Read 的例子可以更生动地说明词的语用特征。Read 上初中时，他的一位同学看完一场电影后告诉妈妈说，那部电影“deadly”。那个时候的初中生们用 deadly 表示“很棒”的意思。但是，他的妈妈对 deadly 的理解却是“terribly boring”。这个例子说明，同一个词对于不同语言群体的人来说，具有不同的语用含义。

词的使用还具有频率特征。有些词的使用频率非常高，有些词的使用频率中等，有的词则属于低频词甚至是罕见词。例如，book、manual、directory、thesaurus 这几个词中，book 属于高频词，manual 与 directory 属于中频词，thesaurus 则属于低频词。

词的另一个语用特征是共现性。大多数情况下，词并非单个与孤立地使用，而是与其他词一起使用。在大量的语言使用中，不少词之间形成了一定的共现关系。有些词之间有很高的共现率，而且形成了相对固定的共现关系，构成多字词语。比伯（Biber）等人对多字词语按习语、搭配、词汇语法关系和词块四个类别进行了简要讨论。习语的意义是相对固定的，习语的整体意思不是组成习语的每个单词意义的叠加。学习者需把习语作为一个整体来学习和记忆。搭配是词与词之间的一种共现关系，它们经常而不是偶然一起出现。例如，little 经常和 baby、kid、kitten、while 等词一起出现，small 则经常和 amount、letters、proportion 等词一起出现。词的搭配可以是变化的，一个词可以和多个词进行搭配。词还可以同各种语法结构一起使用，形成词汇语法关系。例如，动词

think 和 know 后面经常跟 that 从句。词块为扩展化搭配，是在语料中出现的词组合。它们可以是两词组合、三词组合、四词组合或者四词以上组合。这些词组合在结构、意义上可以是完整的，也可以是不完整的。

以往很少有人将词的频率与搭配视为词的语用特征。由于频率与搭配显然不属于词的其他特征的范畴，而是属于使用的特征，所以应该将它们视为语用特征。从以往文献中关于词汇知识的论述中可以发现，频率与搭配是词汇知识的重要组成部分，将它们纳入词汇特征的描述体系中，有助于使词的理论体系与词的知识体系更完善、更系统。

5. 句法特征

人们根据词的意义与句法作用，将词分为不同的类。英语词类一般包括八类：名词、动词、形容词、副词、介词、代词、连词、限定词。名词、动词、形容词与副词又称为实词，介词、代词、连词与限定词又称为虚词。一个词可以有不同的词性，例如，train 既可以做名词表示“火车”的意思，也可以做动词表示“训练、培训”的意思。

词作为可以单独用来构成句子或话语的最小单位，它们的线性排列组合构成了有意义的句子或者话语。每一个词在句子中都会有其确定的位置与作用。例如，名词主要用于做主语与宾语，动词主要用于做谓语，形容词主要用于修饰名词，介词与名词一起构成各类短语，连词用于词与词、句与句或段与段之间的连接。

在传统英语教学中，实词属于词汇教学的范畴，虚词属于语法教学的范畴。

（三）词义

词义是随着社会的变化而变化的，并不是固定不变的。一些词汇在不同时期其词义有不同意义。因此，在词汇教学中，教师的首要任务就是让学生清楚地知道所学单词的含义。而一个单词的含义在很多情况下是受语境制约的，这就要求教师在教学中要根据词汇特点和具体语境采取合适的教学手段，使学生了解词汇及其词义的演变，明白词义是随时间的变迁、社会的发展而不断变化着的。词义的演变主要表现在以下几个方面。

1. 词义的扩大

凡是词义从特定的意义扩大为普遍的意义，或者从指“种”的概念扩大为指“类”的概念，结果新义大于旧义，这种演变都叫作词义的扩大，也叫作词义的一般化。例如：lady 这个词以前仅仅指“女主人”。随着社会的发展，这个词的词义逐渐扩大了，先是指贵族太太，后来指有教养的妇女。现在，lady 可以用于指任何“女人”，是一种礼貌的用法。在提到老妇人的时候，几乎总是说 old lady 或 elderly lady。在对一群女士说话的时候也总是说 ladies，而不用 women，如 Good evening，ladies and gentlemen。现在 lady 几乎已经成为 woman（女人）的同义词，如 saleslady（女售货员），cleaning lady（清扫女工）、ladies' room（公共女厕所），等等；甚至可以用作定语，如 a lady novelist（女小说家）、lady traffic wardens（女交警）、lady guests（女客人）。

一般来说，词义的扩大可以分为以下几种类型。

首先，从特指到泛指。

例如，arrive 最初的词义是“登陆”，逐步演变为泛指“到达”，又如 bird（幼鸟→鸟）Journal（日报→一切期刊）、barn（储存大麦的地方→谷仓）、cookbook（烹调书→详尽的说明书）、picture（彩色图片→图片）、butcher（宰羊的人→屠夫）等。

其次，从具体到抽象。

例如，bend（上弓弦→弯曲）、pain（罚款→惩罚→痛苦）、arrive（靠岸→到达）等。

再次，从术语到一般词语。

随着科学知识的普及，很多科学术语进入日常生活，它们的词义也得到扩大。例如，近年来“精神分析”在西方盛行，一些心理学术语进入日常生活，词义也有所扩大，如 complex 在心理学上专指“情结”“复合”，现在用来指任何的变态心理。

最后，从专有名词到普通名词。

例如，newton（牛顿）、ampere（安培）、farad（法拉）、joule（焦耳）pascal（帕斯卡）、watt（瓦特）、ohm（欧姆）、volt（伏特）等原来都是科学家的名字，现已成了各种物理学单位。

2. 词义的缩小

凡是词义从普通的意义缩小为特定的意义，结果新义从指“类”的概念缩小为指“种”的概念，都称为词义的缩小，也叫作词义的特殊化。以 deer 一词为例，这个词过去的意义是“野生动物”，可以指从鹿到老鼠的各种动物。例如，莎士比亚在《李尔王》一剧中写道：

Rats and mice and such small deer have been Tom's food for seven long days.

现在 deer 这个词的词义已经缩小到只指一种动物（鹿），而原来的意义则分别由拉丁词 animal 和法语词 beast 所取代了。

一般来说，词义的缩小也可以分为以下几种类型。

第一，从泛指到特指。一个指有类似之处的不同事物的词，随时都可以用来专指其中的一种事物。如果这种用法在语言中通用起来，这个词就算获得了新的特指的词义。例如，pill(药片)一词原指各种药片，但有时可特指一种药片——“避孕药片”，pill 的词义就缩小了。在“He got life”（他被判处无期徒刑）这个句子中，life 用来特指 life sentence（无期徒刑）。meat（食用肉类）一词原指各种食物，在 sweetmeat（甜食）、green-meat（蔬菜）和 to be meat and drink to somebody（对某些人是无上的乐趣）等词或短语中还有其痕迹，而现在这个词的意义只是 flesh meat（肉食）。

第二，从抽象到具体。例如，room 一词从前的意义是“空间”“地方”，这些是它的抽象的普遍意义，这个意义现在还保留着。如 There is still room for improvement（还有改进的余地）。而在指具体东西的时候，词义就缩小了，现在常指具体的有限空间“房间”，如 This is my room（这是我的房间）。又如，probe 从“调查，检验”这样的词义引申出“宇宙探测器”这一缩小了的具体意义；side 的原义是“旁边，侧面”，在应用到人体部分的时候，就获得了“肋部”这一具体意义。

第三，从普通名词到专有名词。从普通名词变为专有名词的现象也有所见。如 city 一词原指城市，但 the City 常专指伦敦的商业区，等于 the City of London。又如 prophet（预言者，先知）写成 the Prophet 时，伊斯兰教徒都知道是指（伊斯兰教祖）穆罕默德；peninsula（半岛）写成 the Peninsula 时，在历史上指的是伊比亚半岛；cape（海角）写成 the Cape 时，指的是好望角。

第四，从一般词语到术语。许多科学术语都来自一般词语，例如，memory 的含义是“记忆”，而在计算机里就成了“存储器”；recovery 的含义是“恢复”，而在宇航技术中却成了个术语，表示“（航天器的）回收”；pack 的原义是“包裹”，而在摄影技术中成了“软片暗包”，在医学中成了“包裹疗法”；形容词 soft 一般是“柔软的”的意思，而在语音学中成了“浊音的”，在化学中成了“（酸、碱）易极化的”，在经济学中成了“（市场）疲软的”。

第五，外来语的词义缩小。许多外来语（借词）一进入英语词汇，往往在指物范围方面有缩小的现象。例如，拉丁词 liquor 的意义是“液体”，但是在英语中经常用来指“烈酒”，这个拉丁词的法语的变体 liqueur 在英语中的词义更缩小为一种“甜酒”。又如，法语词 garage 的原义是“任何储藏东西的地方”，现在缩小为“存放汽车的地方（车库）”；进入英语的拉丁词 capsule 原义为“小盒”，现在英语里常见的两个词义是“胶囊”和“宇宙密闭舱”，很少有人能想到它的原意了。

3. 词义的升格

词义的升格是词义变化的一种结果。如 knight 原来的意思是“男孩、男仆”，现在的意义经过缩小的过程而变为“骑士、爵士”，这就是词义的升格。同样的例子还有 marshal 原意为“喂马的人”，现升格为“元帅、最高指挥官”；minister 原意为“仆人”，现升格为“部长”；executive 原意为“执行者”，现升格为“行政长官”；pastor 原意为“牧羊人”，现升格为“牧师”，等等。

另一种升格则是通过意义的延伸而达到的，如 enthusiasm 原意为“宗教狂热情绪”，现升格为“热情”；cool 原意为“清凉、冷静”，现升格为“很吸引人，很时髦”；dexterity 原意为“惯用右手”，现升格为“敏捷”；mellifluous 原意为“充满蜜糖的”，现升格为“甜美、流畅”；meticulous 原意为“胆小，谨慎”，现升格为“细心、准确”；pedagogue 原意为“一个带孩子到学校去的奴隶”，现升格为“任何教师”；sensitive 原意为“善于使用感觉的”，现升格为“观察敏锐的、反应快的”，等等。

4. 词义的降格

词义变化的另一种结果是词义的降格。

hussy 原来的意思是“家庭主妇”，现在的意义经过缩小的过程变为“轻佻的女子”，这是词义的降格。同样的例子还有 animosity，原意为“勇敢”，现降格为“厌恶”；artificial 原意为“人工的”，现降格为“伪造的”；censure 原意为“判断，估计”，现降格为“谴责，严厉的批评”。

另一种降格则是通过意义的延伸而达到的，如 brutal 原意为“动物的、非人类的”，现降格为“野蛮的、残忍的”；chaos 原意为“鸿沟，裂缝”，现降格为“混乱”；propaganda 原意为“传播”，现降格为“贬义的宣传”；officious 原意为“恪尽职守”，现降格为“多管闲事”，等等。

还有另外一种情况，就是原来的意义不一定降格，而是由于使用频繁而被磨损，像 very（原意为“真实”）、awful（原意为“充满敬畏”）、terrible（原意为“可引起恐惧”），这可以说是语义漂白。这包括 thing、do、nice、okay 这些词，一个词的漂白程度越高，它在下位量表中就越靠右。thing 原来是指一种议会的市政厅会议，现在可以用来指“事物”“议案”和任何一种“生意”。do 原来指“放，置，引起”，所以 I did him（to）cry 的意思是“我引起他叫喊”。nice 来自拉丁语 ne+sci，意思是“无知”，一直到 13 世纪，它只有“愚蠢”的意思；到 15 世纪，它的意义发展为“害羞”，到了 16 世纪，又变为“精致的，爱挑剔的，准确的”意思；一直到 18 世纪，才有“可爱的”意思，最后演变为一个松散的、有肯定意义的形容词。至于 okay 的来源，更是众说纷纭。这个过程也可以说是去词汇化的过程。

（四）词汇场合

词汇使用场合一般有搭配、习语、短语、语域、风格等，不同的词汇用于不同的场合中。例如，人们常用 hot 形容热，这是书面语中的用法，若将其放在口语中，意义就会完全不同。比如 That is a hot guy. 句中的 hot 是形容一个人身材或是长相很吸引人。

（五）词类

1. 名词

（1）名词的定义

名词是表示人、事物、地方、现象及其他抽象概念名称的词。名词可分为专有名词和普通名词。普通名词又可分为个体名词、集体名词、物质名词和抽象名词，其中前两者属可数名词，后两者一般为不可数名词。

（2）名词的句法功能

名词在句中可以作主语、表语、宾语、宾语补足语、定语、状语、同位语和呼语等。

举例说明：

Lawyers charge such high fees, but they never seem to be short of clients.（主语）

I' ve never seen the man, much less have I spoken to him.（宾语）

The US is definitely a telephone country.（表语）

We chose him leader of our group.（宾语补足语）

Mr.Madison was the company manager.（定语）

The concert will last three hours.（状语）

Mary, my best friend, came to see me yesterday.（同位语）

Ladies and gentlemen, please keep quiet.（呼语）

（3）名词的性

英语虽然不像欧洲其他语言在语法上有“性”的区分，但是英语中的一部分名词随着词义的不同有阴、阳之分，表示男性或雄性动物的名词属于阳性，表示女性或雌性动物的名词属于阴性。

举例说明：

god（身）	goddess（女神）
actor（演员）	actress（女演员）
host（男主人）	hostess（女主人）

heir（继承人）　　　heiress（女继承人）

2. 动词

（1）动词的定义

动词是表示动作和状态的词。动词有时态、语态和语气三种形式的变化。从含义上分，动词可分为实义动词（及物动词和不及物动词）、连系动词、助动词和情态动词四类。

（2）基本形式

动词有五种基本形式：原形、第三人称单数、过去式、过去分词和现在分词。

3. 形容词

（1）形容词的定义

形容词是用于修饰名词（或不定代词）的词语，表示人或事物的性质、特征、状态或属性。

（2）形容词的句法功能

形容词在句中可以充当定语、表语和宾语补足语。

第一，作定语。形容词作定语，修饰名词。

举例说明：

He is a good student.（定语）

但是还有需要特别注意的地方：

①形容词修饰由 some、any、every、no 等构成的复合代词时，须后置。

举例说明：

I have something interesting to tell you.

②某些表语形容词充当定语时必须后置。

举例说明：

He is the greatest man alive.

第二，作表语。形容词用作表语，与系动词 be 相连。

英语中有些形容词只可作表语，不可作（前置）宾语。这类形容词主要有表示健康状况的形容词，如：ill、well；以字母 a 形头的状态形容词，如：afraid、alike、awake、alone、alive、asleep 等；　其　他：sure、unable、worth、drank。

修饰这类形容词一般不用 very，而用 much 或其他副词（ill 和 well 除外）。例如：much afraid、fast/sound asleep、wide awake、well worth（doing）等。

第三，作宾语补足语。形容词在句中用作宾补，是用在复合宾语及物动词的宾语后。

举例说明：

The news made everyone happy.

I think the text very interesting.

（3）形容词的形式

形容词有三种形式，一是形容词本身，称为原级；二是比较级，表示“比较……”；三是最高级，表示“最……”。

举例说明：

原级	比较级	最高级
good	better	best
long	longer	longest
happy	happier	happiest
beautiful	more beautiful	most beautiful

4. 副词

（1）副词的定义

副词是表示行为或状态的词。

（2）副词的分类

时间副词，如：now usually、often、always。

地点副词，如：here、there、out、everywhere。

方式副词，如：hard、well、fast、slowly。

程度副词，如：very、much、still、almost、nearly。

疑问副词，如：how、when、why、where。

关系副词．如：when where。

连接副词，如：whether、if。

（3）副词在句中的位置

第一，时间副词和地点副词的位置一般在句尾。如果这两种副词同时出现在句子中，则把地点副词放在时间副词前面，也可把时间副词放在句首。

举例说明：

They went boating in Zhongshan Park yesterday.

Yesterday they went boating in Zhongshan Park.

但表示不确定时间的副词通常放在行为动词之前，情态动词、助动词和 to be 之后。这些副词有 always，seldom，often，never，rarely 等。

举例说明：

We should always work hard.

We are never late for school.

He often comes late.

第二，方式副词修饰不及物动词时放在被修饰词之后，修饰及物动词时放在被修饰的动词之前或宾语之后，如宾语较长，也可把副词放在动词与宾语之间。

举例说明：

He works hard.

He speaks English very well.

Mr.Wang wrote carefully some letters to his friends.

第三，程度副词一般放在被修饰之前（enough 例外）。

举例说明：

He is very careful.

You are old enough to do this.

Einstein played the violin fairly well.

第四，副词修饰名词时，一般放在该名词之后；修饰介词短语时，放在该介词前；副词修饰全句时，一般放在句首。

举例说明：

The person there is looking for you.

There's the house，right in front of you.

Truly he will go to Shanghai.

第五，疑问副词、连接副词、关系副词以及修饰整个句子的副词，通常放在句子或从句的前面。

举例说明：

When do you study everyday?

Can you tell me how you did it?

First，let me ask you some questions.

How much does this bike cost?

Either you go or he comes.

The students were reading when the teacher came into the classroom.

（4）副词的句法功能

副词是修饰动词、形容词、副词的词，有时还可以修饰介词（短语）、连词、可数名词或全句。

举例说明：

She often goes to school at 6：50.（她经常6：50去学校。）（修饰动词）

This is a very interesting story.（这是一个很有趣的故事。）（修饰形容词）

Can you explain that thing more clearly?（你能把那件事解释得更清楚些吗？）（修饰副词）

He finished his work just before his boss came back.（他正好在老板回来前完成他的工作。）（修饰连词）

Normally，we go to work at 7 o'clock.（通常我们7点去上班。）（修饰全句）

副词在句中通常是作状语，也可以作表语、定语、宾语补足语或者介词宾语。

第一，作状语。

举例说明：

They usually do that job by themselves.（通常他们自己做那项工作。）

Obviously，she knew nothing about him.（显然，她对他一无所知。）

At class，he talked very loudly.（在班级里，他高声与人谈论。）

He is much clever than Xiaoming.（他比小明聪明得多。）

第二，作定语。

举例说明：

The meeting today is very important.（今天的会议很重要。）

The house around were badly damaged.（周围的房子都受到严重的破坏。）

Write your name，telephone number and address in the form below please.（请在下方的表格中写上你的名字、电话号码和地址。）

第三，作表语。

举例说明：

We will be back in an hour.（我们将在一个小时后回来。）

His son has been away from home for five years.（他儿子已离家五年了。）

第四，作宾语补足语。

举例说明：

We will pick him up at the airport tomorrow.（明天我们将去机场接他。）

Put your cap on when you are out.（出门的时候戴上帽子。）

（5）副词的形式

副词和形容词一样，也有三种形式。一是副词本身，称为原级；而是比较级，表示“比较……”；三是最高级，表示“最……”。

举例说明：

原级	比较级	最高级
fast	faster	fastest
hard	harder	hardest
badly	worse	worst
quickly	more quickly	most quickly

5. 代词

（1）代词的分类

代词可分为人称代词、物主代词、反身代词、相互代词、指示代词、疑问代词、连接代词、关系代词和不定代词。

第一，人称代词和物主代词。

人称代词和物主代词的单复数形式如下所示：

单数			复数		
主格	所有格	宾格	主格	所有格	宾格
I	my	me	we	our	us
you	your	you	you	your	you
he	his	him	they	their	them
she	her	her			
it	its	it			

第二，反身代词。

（单数）myself、yourself、himself、herself、itself

（复数）ourselves、yourselves、themselves

第三，相互代词。

one another、each other

第四，指示代词。

this、that、these、those

第五，疑问代词。

who、whom、whose、what、which

第六，连接代词。

who、whom、whose、what、which

第七，关系代词。

who、whom、whose、that、which

第八，不定代词。

somebody、anybody、everybody、nobody、someone、anyone、everyone、no one、something、anything、everything、nothing、all、another、any、both、each、either、few、little、many、much、neither、none、other、some

（2）代词的句法功能

代词用来代替名词，在句中可充当主语、宾语、表语、同位语和呼语。

举例说明：

He suddenly became conscious that he was the only man in the bus.（主语）

The bag is not mine.（表语）

This caused me to miss the early train.（兵语）

You both are right.（同位语）

Be quiet，everybody.（呼语）

6. 冠词

（1）冠词的定义

冠词是一种虚词，没有词义，没有数和格的变化，不能单独使用，只能帮助名词或起名词作用的其他词类说明其意义。

（2）冠词的分类

冠词的类型有两种：不定冠词 a、an 和定冠词 the。

（3）不定冠词的用法

第一，泛指人、事或物的类别，相当于 any。

举例说明：

A square has four sides.

A steel worker makes steel.

A plane is a machine that can fly.

第二，泛指某人或某物。

举例说明：

Would you like an orange?

My sister is a college student.

A boy is waiting for you.

第三，相当于 one 或 every。

举例说明：

A week is divided into seven days.

I have a mouth, a nose and two eyes.

John goes shopping twice a week.

第四，相当于 a certain。

举例说明：

A Mr. Johnson phoned and left a message for you.

He studies at an engineering university.

第五，用于某些固定词组中。

举例说明：

a few, a little, a lot of, a bit, a couple of, all of a sudden, as a matter of fact, as a rule, have a swim, take a walk, have a look, have a try 等。

第六，用于物质名词前，表示一种、一场、一缕等单数概念。

举例说明：

Longjing is a famous Chinese green tea.

A heavy rain prevented them from going out.

I saw a smoke in the distance.

第七，与抽象名词连用表示。

举例说明：

一种、一场或某个动作的一次、一番：It was a war.

某一品质的具体行动：Thank you, Tim. You have done me a kindness.

引起某种情绪的事：It's a pleasure to work with you.

第八，用在 quite、rather、many、half、what、such 等词之后。

举例说明：

He is rather a fool.

第九，用在 so（as、too、how）+ 形容词之后。

举例说明：

She is as clever a girl as you can wish to meet.

It's too difficult a book for us.

（4）定冠词的用法

第一，特指某个或某些人或事物，或指谈话双方都知道的人或事物，或复述上文提到过的人或事物。

举例说明：

Wei Fang，take the chair to the classroom.

How do you like the film?

There was a chair by the window.On the chair set a young woman with a baby in her arm.

第二，指世界上独一无二的事物。

举例说明：

The earth is bigger than the moon，but smaller than the sun.

We have friends all over the world.

第三，用在序数词和形容词及副词的最高级之前。

举例说明：

Miss Yang teaches the first class.

Of all the stars the sun is the nearest to the earth.

第四，和某些形容词连用，表示某一类人。

举例说明：

the rich，the poor，the wounded，the dead

第五，用在某些专有名词前。

举例说明：

在江河、山脉、海洋、湖泊、群岛的名称前：the Red Sea、the Salt Lake

在含有普通名词的专有名词前：the People's Republic of China、the Great Wall

在姓氏的复数形式前，指一家人：The Greens are sitting at the table.

第六，在许多习惯用语中。

举例说明：

in the morning、on the left、in the end、at the back of

（5）零冠词即不用冠词的情况

第一，专有名词、物质名词、抽象名词、人名、地名等名词前，一般不加冠词。

举例说明：

China、America、Smith、Zhongshan Park、Beijing Railway Station

Wood is a very useful material.

Life is short，art is long.

但当一个抽象名词或物质名词被限定时，它前面要用定冠词 the：The milk in the bottle has gone bad.

当抽象名词或物质名词前或后加上表示其特殊性质或类别的修饰词，指概念的“一种”“一类”“一次”等时，可用不定冠词，但不能用定冠词：

Physics is a science.

It's a pleasure to go with you.

After a swim，she had a rest.

第二，可数名词前有物主代词、指示代词、不定代词、名词所有格等限制时，不再加冠词。

举例说明：

This book is mine，your book is over there.

第三，季节、月份、星期、节日、假日、一日三餐名称前一般不加冠词。

举例说明：

March May Day、Sunday、National Day、Children's Day、Women's Day

Have you had supper?

Spring is the best season of the year.

如果季节、月份、三餐等被一个限定性定语修饰，就要加冠词：

Zhao Hai left Shanghai in the winter of 1995.

How did you like the breakfast we just had?

第四，称呼语及表示头衔、职务的名词作宾语、补足语及同位语时，一般不加冠词。

举例说明：

Premier Zhou、Professor Liu

Whafs this，mother?

People all cheered for Deng Yaping，winner of the game.

第五，学科名称、球类、棋类名词前不加冠词。

举例说明：

English is taught in most middle schools.

The old man are playing chess under the tree.

第六，表示泛指的复数名词前不用冠词。

举例说明：

I don't like cold weather.

第七，在与 by 连用的交通工具（或交通方式）名称前不加冠词。

举例说明：

by car，by bus，by bike，by train，by air，by sea，by boat

但 take a bus，come in a boat，on the train/bus 需加冠词。

第八，表示语言的名词前一般不用冠词。

举例说明：

Chinese（中文）、English（英文）、French（法文）

但是在这些词之后加上 language 一词时，要用定冠词，例如：

the Chinese language、the English language

第九，在 turn（作“变成”解）后作表语的名词前不用冠词。

举例说明：

He was a medical student before he turned writer.

第十，在一个“普通名词（或形容词最高级）+as”的让步状语从句中，前面不用冠词。

举例说明：

Child as he was，he had to make a living.

Shortest as（though）he is，he runs fastest in our class.

第十一，在某种独立结构中不用冠词。

举例说明：

He entered the forest，gun in hand.

第十二，某些固定词组中不用冠词。

举例说明：

成对使用的词组：husband and wife、young and old、hand in hand、sun and moon、bread and butter、knife and fork

介词词组：to（at，from）school、in（to）class、in（to，at，from）

university（college）、to（in，into，from）church、to（in，into，out of）prison（hospital，bed）、at night（noon，midnight）、to（at）sea、in（on）time

7. 介词

（1）介词的定义

用来表明名词或代词（或相当于名词的其他词类、短语或从句）与其他句子成分的关系的词，叫介词。

（2）介词的分类

介词可按照词意分为以下三类：

第一，表示时间的介词。

举例说明：

on（upon）、in、at、after、before、by、during、towards、since、till、until、for、over 等。

He often goes to school at 7 o'clock.

She will be back in an hour.

Xiaoming has been a teacher since he came here.

第二，表示地点的介词。

举例说明：

in、at、on、under、over、near、down、from、onto、out of、beside、between、among、into、off、inside、behind、beyond、through、outside、within，等等。

There is a book under the desk. You should pick it up.

I saw him from across the street.

第三，介词短语。

举例说明：

be interested in、instead of、due to、in spite of、be good at、be satisfied with、according to、because of、owe to，等等。

Are you interested in this story?

I am looking for my good friend.

（3）介词的句法功能

介词在句中不能单独充当任一成分，只有构成介词短语后才能充当任一成分。介词短语可以在句中作状语、表语、定语和宾语补足语。

举例说明：

Cook it for an hour.（状语）

“It's for you，” he said.（表语）

He seemed to have the key to the exercises.（定语）

He was among the first to do the job.（宾语补足语）

8. 连词

（1）连词的定义

用来连接词、短语、从句与句子的词，叫作连词。

（2）连词的分类

连词可以分为两类，即从属连词和并列连词。

第一，从属连词。

举例说明：

when、while、as、before、after、until（表时间）

if、unless、supposing（表条件）

in order that、so that（表目的）

so…that、such…that、so（表结果）

because、as、since（表原因）

although、though、even though、while（表让步）

as、as if、as though、like（表方式）

where A wherever（表地点）

Than、as（表比较）

第二，并列连词。

举例说明：

but、however、yet（表转折关系）

for、so、therefore、hence（表因果关系）

And、or、either…or、neither…nor、not only…but also、as well as（表并列关系）

（3）连词的句法功能

连词是一种虚词，在句中不能充当一个句子成分，但在句中起连接的作用，连接词与词或句与句。

举例说明：

When he came back，he found something wrong in his house.

He was so fat that he could not climb up that hill.

Mary，as well as Rose，is a good student in that school.

She likes not only music but also sport.

We didn't stop until he came.

9. 数词

（1）数词的定义

表示数目多少或顺序多少的词叫作数词。

（2）数词的分类

数词可以分为基数词和序数词。

第一，基数词。

基数词 1 ～ 12：one，two，three，four，five，six，seven，eight，nine，ten，eleven，twelve

基数词 13 ～ 19 都是以 -teen 结尾：thirteen，fourteen，fifteen，sixteen，seventeen，eighteen，nineteen

基数词 20、30、40 等都是以 -ty 结尾：twenty，thirty、forty，fifty，sixty，seventy，eighty，ninety

基数词 21 ～ 99 是由“几十”和“几”合起来构成，中间加连字号。例如：twenty-one、thirty-two、fifty-five

汉语中有“百、千、万、亿”等单位，而英语中有 hundred、thousand、million 等，但没有表示万和亿的专门单词，要用十进位的方法推算出来：thousand（千）、ten thousand（万）、hundred thousand（十万）、million（百万）、ten million（千万）、hundred million（亿）

第二，序数词。

序数词第一、第二和第三为 first，second 和 third，其他序数词的构成是在基数词后加 -th。例如：fourth、sixth、seventeenth

（3）数词的用法

第一，编号既可以用序数词，也可以用基数词。

举例说明：

the tenth lesson　　Lesson Ten 第十课

the fiftieth page　　page 50 第五十页

有的编号习惯上常用基数词。

举例说明：

Room 321（321 号房间）

这和汉语中有时不用“第几”而用基数词表示序数的用法相同。如：“三楼”“一百二十二号”等。

第二，年、月、日中，年用基数词，日用序数词。

举例说明：

1985年5月1日，写作May 1，1985，读作May（the）first，nineteen eighty-five

英语年份的读法为一般先读前两位数，再读后两位数。

10. 感叹词

（1）感叹词的定义

感叹词是用来表示说话时表达喜、怒、哀、乐等情绪的词。它不构成后面句子的一个语法成分，却在意义上与它有关联，后面的句子一般说明这种情绪的性质或原因。

常用的感叹词：ah、oh、gosh、well、what、why、wow、hurrah、good lord、damn、blast等。

（2）感叹词的作用

感叹词是用来表示说话时的情感或情绪的，在句中也不能充当一个成分，但在意思上与后面的句子有关联。

举例说明：

Wow，it's wonderful!

Oh，Mary，could you stop talking!

（六）词汇用法

词汇用法就是各类词的不同用法。如名词的可数和不可数，动词的及物和不及物，及物动词的扩展模式，应接什么样的宾语，不定式还是动名词，能否接从句，能否接复合宾语等。例如，只能接动名词而不能接不定式的词有：allow、permit consider suggest等。

二、词汇教学的基本原则

（一）词汇教学的基本原则

英语作为一门基础学科，有其自身的规律性和特殊性。为有效组织词汇教学活动，根据英语教育教学目的和教学规律，在总结教学实践经验的基础上以及对照高校英语课程教学要求，我们认为，广义的英语词汇教学要坚持数量与质量统一原则、系统性原则、词汇知识原则、跨文化对比原则、语用原则。

1. 数量与质量统一原则

英语词汇量极其丰富，是一个日积月累、长期发展的结果。对词汇的掌握也应是一个渐进的过程，拼写、语义、用法都要按层次，逐步提高，这个提高过程也是词汇教学在质的方面的发展过程。学生在自然推进的过程中，逐步加深对词汇各个细节方面的认识，尤其是对词的各种意义联系和用法搭配的掌握。词汇学习是一个质与量并举的系统。词汇学习中量的因素包含学生所能达到的词汇量，质的因素包括对词义的正确阐释和使用。二者是一个有机联系的整体，没有词义的正确阐释和使用，词汇的存储和提取就毫无意义，词汇的存储和提取归根到底又是为了语言意义的表达和人际间的交流。词汇的数量与质量是相辅相成、相互促进的两个方面。对一个词的认知越全面，越有助于学到更多的词，越会将词汇的搭配使用得更加广泛，词汇之间的联系性、系统性认识得到加强，词语的巩固和使用的熟练程度就会提高。

2. 系统性原则

语言要靠长期系统的学习。语言是个庞大的系统，词汇与语言其他组成部分之间、词汇内部各组成部分之间存在着广泛的必然的联系。教学就要从全局性考虑。因此，每个教学环节和教学内容都要按教学的整体来考虑，根据认知规律，从易到难，逐层加深。

3. 词汇知识原则

学习词汇，就是学习有关词汇的知识。因为学生不大可能对语音规律、构词法、组合、衔接等系统地自学，教师就应该把这方面的知识传授给他们，以减少他们学习词汇的困难。例如，向学生介绍词的派生、词类转换、词类构成的复合法、缩略法等词汇知识，这样显然有助于学生掌握一定的构词规律。当学生掌握了一定的词汇学知识后，他们在对词汇的识别、发音、理解、记忆和使用方面自然会有很大的提高，从而扩大词汇量。

4. 跨文化对比原则

语言与文化是不可分割的统一体。无论何种语言都植根于某种文化之中，而任何文化也都会以某种自然语言的结构作为其重要表现形式之一。学习一种语言的词汇，不仅仅要掌握其词汇的拼读和词典意义，还需掌握该词语特定的文化内涵。在词汇教学中，词汇作为意义的载体，体现了人们对客观世界的认识和态度，记载了使用该语言的民族历史和发展过程。只有对词汇的文化内涵与文化差异有深刻的理解和领会，才能准确无误地使用该语言进行交流。

5. 语用原则

尽管词汇教学的涉及面非常广，但核心问题仍然是如何让学生高效快捷地掌握一定的词汇量并能把它们运用于交际。因此，在词汇教学的过程中，要尽量多创造各种各样的语用环境，鼓励学生通过读、听、说、写、译各种方式，全面提高自己的词汇运用能力。针对不同的学生，按照不同的要求，把词汇和语境、功能结合起来。尤其要注意词汇知识与具体情景的结合，利用生活情景、模拟交际情景等，帮助学生理解和记忆词汇的意义，掌握其恰当的用法。

（二）课堂教学原则

词汇教学有着丰富的内涵。完全掌握一个词，应包括掌握它的意义、拼写、读音、搭配、语法形式、文体、联想以及它的词频。然而，并非每一个词都需要教师在课堂上讲解。为了有效促进学生的词汇学习，提高课堂词汇教学效果，教师必须树立正确的词汇教学观，通过精心策划，巧妙地设计教学活动，提高学生的词汇学习能力，使他们形成良好的词汇学习习惯，从而打实英语基础，达到在尽量少的时间里得到尽量大的学习实效的目的。

基于理论和现实的需要，前面从广义上探讨了词汇教学原则。而从狭义上，也就是从课堂词汇教学的角度出发，我们对课堂词汇教学应该采用何种原则进行了研究和尝试，发现以下原则适合当今高校英语课堂词汇教学的需要。

1. 兴趣原则

“兴趣是最好的老师”，学习英语首先要培养对英语的兴趣并努力发展这一兴趣。如果学生对英语没有兴趣，就不会有持续的干劲和动力，英语学习将很难坚持下去。反之，一旦学生对英语有了兴趣并努力地发展这一兴趣，那么，他就会带着强烈的欲望去读英语、听英语、说英语、写英语，他就会主动地找人去练英语，找一切机会提高自己的英语水平。不知不觉中学生的英语水平就会提高，不知不觉中学生也就把英语学会了。所以，“兴趣”对学好英语有举足轻重的作用。因此，教师应该有意识、有步骤地去培养和发展学生对英语的兴趣，通过多种多样的教学活动，引发学生的好奇心，培养学生学习词汇和运用词汇的兴趣，从而扩大学生的词汇量。

2. 直观性原则

在英语教材尤其是基础教育的英语教材中，大部分词汇都是活用词汇。具体地说，是一些常见常用的词汇，或者说都是可与直接观察到的事物相联系的名词、动词、形容词和人称代词。例如，表示事物外在特征的 big、small、tall、short、thin fat 等；表示周围事物的 window，door 等；表示颜色的 blue A green 等；表示常见动作的 walk、sit、stand up 等；表示人称的 I、you、he、she、their、our 等；表示人对事物评价的 good、excellent 等；表示人的感觉的 cold、hot、cool 等。这些教材多是生动活泼的口语，有很多形象直观的插图。所以，在词汇教学中可设计各种各样的语言环境，把枯燥的词汇用直观的形式展现出来。这种直观的教学形式可以使学生置身具体的环境之中，激发学生的英语学习兴趣和积极性，并有助于学生理解所学词汇的含义，从而促使学生将英语与客观事物联系起来。

在英语词汇教学中，教师可以借助以下手段将词汇教学直观化。

第一，实物直观，即教师注意利用教室的环境就地取材，或提前准备物品直观呈现语言项目。

第二，形象直观，主要指教师运用模型、图片、卡片、简笔画、电教设备等模拟实物的形象来呈现语言项目。

第三，言语、动作直观，即教师运用听、说、唱、做、演、画等方式，通过生动的语言、良好的表情、形象化的动作吸引学生注意力，使学生较快地理解单词，识记语言项目。

以上直观教具的运用，可以使教师充分调动学生多种感官，使他们在看得见、听得到、摸得着的教学过程中习得英语词汇，发展思维，培养能力，刺激记忆。

3. 情境性原则

传统的词汇教学通常是先教词的读音、拼写，再解释词的构成及其语法范畴，然后罗列词的各种意义和用法，最后进行造句练习。这种将单词的读音、拼写、语法、意义、用法和运用相互孤立的教学很容易使学生感到枯燥无味，不仅不利于学生理解和掌握所学的词汇，而且很容易使他们对英语学习失去兴趣和积极性。在实际的语言交际中，人们表达思想一般都是以句子为单位的，而词只是句子的组成部分。因此，词汇的教学不应该是孤立的，而要与句子、语段结合起来，还要设置情境，借助情境来进行词汇教学。只有将词汇教学融入一定的情境中，学生才会更好地理解语言材料中的词义，掌握词的用法。此外，词的许多语音特征、变化规律以及不同意义的展示也只有在句型情境中才能综合地体现出来。在情境中教单词，不但可以帮助学生理解词义，加强记忆，而且有助于学生把所学词汇在交际中恰当地使用。因此，教师要根据教材内容，想尽办法创设语言环境，使学生置身于一定的语言情境之中，从而使学生能够处在较为真实的情境中进行多种语言练习。

常用的创设情境教词汇的方法有以下三种：

第一，情境造句。教师可创设文字情境或动作情境，由教师示范，学生模仿。

第二，情境对话。

举例说明：

在教单词 excuse 时，教师可先与一位学生做一次示范对话，然后让学生两个一组做 pair work 来记忆单词。

Teacher：Excuse me. May I use your book?

Student：Yes，here you are.

Teacher：Excuse me.Can you help me?

Student：Yes，it’s a pleasure.

第三，情境录音。

举例说明：

教授单词noise（噪声）时，教师可先播放课前所录学生互相讲话声、十字路口的喇叭声、叫卖声等，学生听过录音后，教师向学生提问。

Teacher：What do you hear?

Student：噪声。（由此引出英文单词noise）

Teacher：Some students，cars and other things made the great noise，didn't they?

Student：Yes，they did.

4. 联系原则

词汇不是孤立地存储在人的记忆中，而是分门别类地存储起来的。英语词汇数以百万计，但其核心词汇数量并不多，且绝大部分是多义词。一个词语的多个意义之间相互联系，往往构成一个以相关性为基础的概念群。而且有些词汇由于语义上的联系，形成了记忆中的词汇链，只要记起其中的一个，就会联想到其他词。所以，教师应指导学生如何将新词汇的学习及概念的获取联系起来，把语言意义和组词联系起来，同与之相关的旧词相联系，指导学生掌握一词多义之间的相关性，把握英语词汇意义的构成规律，从而更好地掌握英语词汇的意义以达到温故而知新的目的。

5. 关键词及积极词汇原则

一篇文章的关键词构成语篇的精髓，抓住了关键词，不仅有助于理解文章，而且在表达上也能言简意赅。当关键词出现时，老师应详细讲解，让学生掌握这些关键词。此外，教师要求学生对积极词汇和消极词汇的掌握应有侧重。积极词汇指能熟练应用于口头、笔头的英语词汇；消极词汇指仅限于认识水平的词，即能听懂或读懂的词汇。在课堂上，我们不可能要求学生掌握所有的生词，因为这些词并不处在同一个语用价值和交际功能层次。有一些词汇处于交际功能的底层，却起着重要的交际作用。教师则应根据其在交际中的价值，区别对待。一般说来，两者应保持适当的比例，尽可能促进消极词汇向积极词汇转化，转化的途径有两种。主要的一种转化是在英语课中，由教师通过大量的练习，指导学生自觉地实现的；还有一种转化是靠教师引导学生在英语课后大量阅读的基础上自然地、无意识地实现的。

6. 数量有度原则

词汇的学习有一个自然选择的过程和适者生存的规律。词汇的掌握也有从量的积累到质的飞跃的运动过程。在英语课堂教学实践中，词汇量的真正提高并非数量的简单增加。然而，在教学实践中，一些教师常常抛开课文单独讲解词汇，而且一堂课讲解的新词较多，这种教学方法割裂了词汇与课文的紧密关系，使得很多同学只知认词，不知辨词，不能正确指出它们在语言表达、使用场合方面的不同。这种课堂教学使得有的同学背单词只讲数量而忽略了质量，比如有的同学一天可以强记 50 个单词，但是对于单词词义的理解只停留在词典所提供的汉语意思上，而对所背的单词在上下文语境中的确切含义以及单词的感情色彩、使用场合、介词搭配等一概不问。这样容易导致学生无法正确做题，并且在写作文的时候经常词义混淆，词不达意。因而，教师在课堂教授新词汇时，在数量上应予以适当的控制。

7. 循序渐进原则

我们知道，英语学习是一个循序渐进的过程，同样，英语词汇学习也不是一蹴而就的。英语词汇的总数多达上百万，并且有些简单，有些复杂。因此，词汇教学应该遵循循序渐进的原则，不可毫无层次、毫无系统地教学。教师在讲解词的意义和用法时，应遵循由少到多、由易到难、由浅入深的原则。当所学词汇初次出现时，其范围不可超出所学材料，随着教材中新同义和新用法的出现，逐步扩大范围，加深认识。在词汇学习起始阶段，要由旧到新，即在学习新的意义和用法前，复习已学的意义和用法，不能超越学生的英语水平，即不能提前讲授学生尚未接触到的词义和用法。总之，词汇教学要步步为营，层层递进，循序渐进，不能追求一蹴而就，一次性就向学生讲解一个词的所有知识；否则，就会弄巧成拙，不利于学生掌握该词的意义和用法。同时，当学生达到了较好的词汇理解程度，应尽可能地拓宽学生的知识面，使学生了解到一个单词的多种用法，掌握一个单词在不同语境中的不同用法。

第三节　语义场对词汇习得的作用

一、语义场理论

（一）语义场理论的含义

语义场中的“场”原是物理学的一个概念，即指相互作用的范围，如磁场、引力场等，语言学借用场的概念来研究语义，就出现了语义场理论。关于语义场理论，可以追溯到19世纪中期，普通语言学奠基人、德国语言学家洪堡•W•特里尔（Jost Trier）。特里尔的结构主义语言学理论摒弃了过去既难深入又易偏颇的、孤立的、原子主义的研究方法，主张用联系、发展的观点去研究语言，强调语言体系的统一性和环境对意思的影响。语义场又称为词汇场和领域，是关于词汇系统中词义分析的学说，是指在意义上相互关联的词组成的完整而又变化的词汇系统。也就是说，语言系统中的词汇在语义上是相互联系的，它们共同构成一个完整的词汇系统。该理论主要包含三层含义。

一是语言中的某些词可以在一个共同概念的支配下，结合在一起组成一个语义场。例如，在 fruit 这个共同的概念下由 apple，orange，pear，lemon，watermelon，grape，pineapple，plum，mango 等词构成一个语义场，在这个语义场中 fruit 表示类概念即一般概念，apple，orange 等词则表示种概念即个别概念，像 fruit 这种词称为上义词，而把 apple，orange，pear 等词称为下义词。可用树形图展现这种关系，如图 2-3-1 所示。

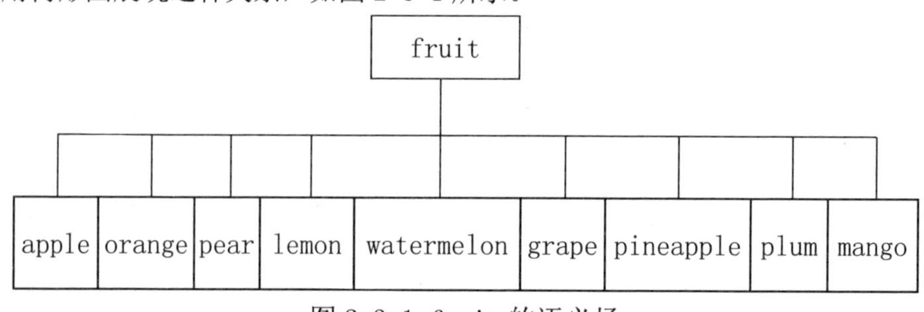

图 2-3-1 fruit 的语义场

二是属于同一语义场的词，不仅在语义上相关，而且在语义上是相互制约、相互规定的。也就是说，要确定一个词的意义，必须首先比较这个词语的同一个语义场中的其他词在语义上的联系，以及这个词在语义场中所占的位置。例如：由 captain，lieutenant，commander，mate 等词构成 military ranking 这个语义场，要想确定 captain 这个词的意义，就要从这个词与其他词的关系着手，对陆军的 lieutenant（中尉）来说，captain 表示“上尉”；相对于海军的 commander（中校）来说，它是指“上校”；相对于商船的 mate（大副）来说，它是指“船长”。

三是这个完整的词汇系统是很不稳定的，处于不断变化之中。一方面，旧词消亡，新词出现；另一方面，随着时间的消逝，词与词之间的语义关系也不断地调整、变化，有时一个词的语义扩大了，跟它邻近的词的词义就会缩小。

（二）语义场理论的特点

语义场理论主要有三个特点，即相对性、民族性和交错性。

1. 相对性

语义场的相对性是指上下义关系不是绝对的、固定不变的，而是相对的。也就是说，某一个词对一组下义词来说它是上义词，但对另一个表示概念的上义词来说，它又是下义词。如 catamount 对 leopard，cat，tiger 来说是上义词，但对 animal 来说是下义词。

2. 民族性

语义场的民族性是指由于存在文化差异，因此不同语言中，某一个共同概念支配下的语义场可能不同。例如，在 kinship 这个共同概念下，其英语语义场包括 grandfather，grandmother，father，mother，uncle，aunt，brother，sister，cousin，nephew 等词，而汉语的语义场却包括祖父、祖母、父亲、母亲、叔父、伯父、舅父、姨父、伯母、婶母、姑母、舅母、兄弟、姐妹、堂兄弟、堂姐妹、表兄弟、表姐妹、侄子、外甥，等等。我们对比两个语义场，就会发现：在汉语中，亲属名称细而全，而在英语中却比较笼统。在汉语中 uncle 有叔叔、伯父、舅舅、姑父等意思；cousin 则可以用来称呼汉语中的堂兄弟、堂姐妹、表兄弟、表姐妹。

3. 交错性

语义场的交错性体现在两个方面。一方面，一词一义相对于不同的词构成不同的语义场。例如，male 既可以跟 boy 和 menfolk 构成上下义义场，也可以跟 female 构成一系列反义义场。另一方面，一词多义跟不同的词构成不同的语义场。例如，palm 可跟 sole 构成反义义场；同时它也可跟 oak，osier 等词构成同义义场；还可以跟 Nokia，LG，Philips 等手机品牌构成一组同义义场。

二、语义场理论指导下的词汇教学策略及其应用

语义场理论给教师的词汇教学提供了理论依据。因此，在词汇教学过程中，应将词汇放入相应的语义场中，即设立不同的语义场，去引导学生理解、消化、记忆词汇，进一步提高教学效果和学生使用英语的能力。

（一）设立上下义义场

上下义义场是语义场中最常见的一类，它是指一个词表示总概念，两个或三个以上的词表示具体概念。表示总概念的词称作总义词或上义词，表示具体概念的词称作特义词或下义词。上下义义场又分为二元的和多元的。二元的是指一个上义词只包括两个下义词，如 couple 包括 husband 和 wife；多元的是指

一个上义词包括三个或三个以上的下义词，如 animal 这个义场包括 dog，eat，lion，zebra，horse，deer，tiger，monkey 等多个词。

（二）设立同义义场

同义义场是指一种理性意思基本相同，并在某种程度上可以互换，而在发音、拼写、内涵、习惯用法等方面不同的词组成的语义场。同义义场又可分为绝对同义义场和相对同义义场。绝对同义义场比较少见，它是指语义上毫无区别、可在任何上下文互相代替的词组构成的语义场。如：mother tongue-native language（母语）。相对同义义场则比较丰富，它是指语义基本相同或相似，但在方言上、感情色彩上、语体风格上和搭配关系上由不同的词组成的语义场，包括以下四个不同的同义义场。

1. 在使用方式上不同的同义义场

这类语义场是由同义词间或是文体上有口语与书面语、标准语与方言、术语与普通用语、正式语与非正式语之别的词组成的，如 die 为一般用词，pass away，be in the heaven 为委婉语，用于正式的场合，而 kick the bucket 是俚语，口语化色彩非常浓，常用于非正式场合。

2. 在感情色彩上不同的同义义场

这类语义场是由那些语义基本相同，而感情色彩不同的同义词构成的。如 economical 是节俭、节约的意思，是褒义词；而 stingy 是吝啬的意思，是贬义词。再如：statesman 和 politician 这两个词的字面意思都指“政治家”，前者是表示善于管理国家的明智之士，含褒义，后者指为谋取私利而搞政治、耍手腕的政客，含贬义。

3. 在语体风格上不同的同义义场

语体风格上不同的同义义场是指那些理性意思基本相同，而语体风格上不同的同义词组成的语义场。美国语言学家马丁·朱斯（Martin Joos）在 The Five Clocks（《五种时间》）一书中把词义的语体风格分为 Frozen Style（庄严）Formal Style（正式）、Consultative Style（交谈性）、Casual Style（随便）和 Intimate Style（亲昵）五种。根据这五种语体风格，我们可以给表示 horse 这一组同义义场的词分别贴上相应的标签，charger 为庄严，steed 为正式，horse 为交谈性，nag 为随便，plug 为亲昵。

4. 在搭配关系上不同的同义义场

该类语义场是由搭配关系不同的同义词构成的。例如：question 常与 ask 和 answer 等词搭配，problem 常与 settle 和 solve 等词搭配；表示“惩罚”概念的同义义场中的词有 publish，castigate，amerce 等。

（三）设立反义义场

反义义场是按意思相反、相对或矛盾的属于同一词性或同一范畴的一组词构成的语义场。它可以分为关系义场、互补义场和两极义场三种形式。

1. 关系义场

关系义场，又称换位义场，是指语义既相互对立又相互依存的一组词构成的语义场。一方的存在以另一方的存在为前提，双方形成对立的统一体。例如：parents 和 child；send 和 receive；sell 和 buy；employ 和 fire；high 和 low 等词之间的关系。

2. 互补义场

互补义场，就是指在语义场上互相排斥的词组成的语义场，它们两者之间没有中间地带。例如，male 和 female，married 和 single，alive 和 dead，present 和 absent 等词之间的关系。

3. 两极义场

两极义场，亦称为可分级义场，是由语义相对，形成两极的词组成的语义场。例如：always 和 never 就是一对两极义场，二者间可以插进 usually，often，sometimes，occasionally 等词。再如：rich 与 poor，full 与 hungry，它们之间都含有一种逐渐递增或递减的关系。

（四）设立整体与部分义场

当某一个词所指的事物是另一个词所指的事物的一部分时，两者之间便构成整体与部分义场。我们把表示部分的词称作组成词，把表示整体的词称作整体词。这种义场包括两类，一类是有序类，即这些语义场中各词义之间有一种顺序关系。例如：在 week 这个词所构成的语义场中包含 Monday，Tuesday，Wednesday，Thursday，Friday，Saturday，Sunday 这七个具体星期日期；另一类是离散类，即这些语义场中各词义之间无须按一定的次序排列，如 human body 的语义场包括 head，neck，shoulder，chest，belly，arm，wrist，hand，foot 等。

另外，上下义义场与整体与部分义场既有共性，又有差异。共性是指它们都属包含关系，即上义词和整体词是包含部分，下义词和组成词是被包含部分。差异指如果上义词和下义词组成上下义义场，那么下义词必是上义词的一种。如，red 是 colour 的一种。而如果整体词和其相对应的组成词组成整体与部分义场，那么组成词是整体词的一部分，而不是整体词的一种。例如：arm 是 human body 的一部分，而不是一种 human body；March 是 year 的一部分，而不是一种 year。

（五）设立形式上有关联的语义场

英语中某一类词的构成包含某种规律，如按其规律将词汇进行总结归纳，并形成语义场，采用以下方法可以对词汇的讲授和记忆带来便利。

一是将以相同形式开头或结尾的词汇归纳讲授以提高单词的记忆效果。如 cloudy，dusty，tasty，sandy，sunny，muddy，shady，noisy 等，都是“名词+y”构成形容词且有一定的规律，除名词直接加“y”，一些以 e 结尾的单词也可将结尾的“e”去掉再加“y”，重读闭音节单词还需双写尾字母再加“y”。

二是将可以表达相同或类似意义的词缀归纳记忆，如表示反义意义的 non-，un-，dis-，-less 等。

三是将形式相像的词汇进行归纳，如 tap，tip，top，tup 词首和词尾相同，只是中间的元音字母不同。

第四节 词块对词汇习得的促进

一、词块在母语习得中的作用

词块具有因循性和约定俗成的特点。能否掌握一个词的意义和用法，其关键在于能否掌握能够体现常用意义和实际用法的常用模块。因而词块在词汇教学和词汇习得中显得尤为重要。

根据乔姆斯基（Chomsky）的普遍语法假设，儿童天生就有学会语言的能力，他们习得语言时遵循“输入—假设—验证—比较—内化—创造”的程序。儿童在还没有具备语法系统的情况下，会根据外界的语言输入不加分析地接受语言，然后不断调整和验证自己的语言假设，最后获得语言的规则并创造性地使用语言。而这些语言输入正是他们习得模仿的语料，大部分都是以整体的词块形式出现的，因此词块在语言习得的早期起着非常重要的作用。

基于儿童语言习得的最近研究成果，许多研究者都断定，儿童经历了一个在特定语境下使用大量未加分析的语块的阶段。如他们在学说话的过程中，会把 What is it、Give me、This is mine、I want to go 等类似的语块当作不可分割的整体来使用，经过反复的使用后，发现这些语块的内部结构可以替换，于是说出 What is that、Give him、This is yours、I want to eat 等表达方式，并最终习得语言。雷（Ray）对于母语习得中词块习得的研究表明，在母语习得中，分析体系和词块体系始终并存，只是其相对比重在不断变化，呈现出动态的过程。

从婴儿开始说话到20个月左右，词块体系占绝对优势。从20个月到30个月，随着词汇量的增加和分析能力的提高，分析性慢慢占据主导地位。从8岁到18岁，语法分析能力已经发展得较为完善，但是出于交际的需要，词块的使用不可或缺。成年以后，分析体系和词块体系取得平衡，在语言使用中各司其职。

在母语交际中，语言使用者并不是基于“开放选择原则”，按照语法规则的要求，逐词填充式地选择词汇，而主要是基于“惯用语原则”，选择合适的词语搭配或词块来实现意义。国外一些学者强调，在语言使用中，词汇记忆的作用往往多于语法的作用。通常人们想象的更多的是以词汇为基础的语言，但语言包含的词汇元素是不能简单地用语法加以解释的。帕利·赛德（Pawley Syder）认为，本族语者的流利交际技能是由于在交际中采用了一种链接策略，将大量词块或子句连接起来，组成话语。柏林格（Bolinger）也曾对语言使用者在通常情况下使用的语言是否都具有“创造性”表示怀疑。他认为，多数语言都是重复而不是创新。他在不否定语言具有创造性的同时，提出正在使用的语言多数情况下可能都是前人使用过的。平常的交流并不总是具有“原创性”，而更多的具有“通俗性”和“可预测性”。

在语言习得中，以规则为基础和以词汇记忆为基础这两条途径是相辅相成的。大家应该在不否定语言“创造性”的同时，强调记忆中的已有词块对英语习得的作用。维多森（Widdowson）指出，学习词块比学习语法更重要。语言知识在相当程度上是词块的知识，而语法是第二位的，本身没有生成作用，只起调整和协调的功能。许多强调词块重要性的学者指出了二语学习者在词块知识上的欠缺，倡导高度重视词块的学习。

本族语者之所以在即时交流中可以流利表达，就是因为他们将大量的词块保留在长时记忆里，语言运用时他们只需要到这个“语言库”中去提取相关部分，然后加以重新组合。长时记忆里的大量预制结构确保了语言交际的流畅和准确。而英语学习者之所以在“流利”和“措辞”方面遇到问题，其原因有以下几个方面：首先，由于多数英语学习者接收的语言输入有限，加工后保存到长时记忆里的知识就更不充足，达不到本族语者长时记忆的储存量。量的不足使得工作记忆负担加重，于是学习者的语言使用便出现不流利和措辞不当现象。其次，工作记忆的操作过程是一个需要意识参与的过程，学习者能否充分注意输入的语言知识，尤其是词块，也是影响长时记忆储存量的因素。另外，从质的方面来看，由于英语习得者在学习过程中往往只注重记忆个别单词，在长时记忆中储存的往往是零散的词语而不是多词语块，这些单个词语既占用储存空间，又在实践中难以合理应用。

词块在学生习得母语中尤为重要，那么把英语作为外语的学习情况又怎样呢？有的研究者发现，非英语母语的学生在学习英语时经历了同样的过程。哈库塔（Hakuta）研究了日本学生习得英语的过程，发现他们也是大量地使用不同形式的词块。他把这些形式区分为常规板块，如 what is that 和结构板块，如 this is a X，并且指出学生是以板块的形式来记忆，并把它们作为日后分析和习得句法的语料。

哈库塔的观点得到了黄莉莉·菲尔莫尔（Lily Wong-Fillmore）的支持，她对西班牙学生学习英语的过程进行了研究，发现在他们的言语行为中绝大部分也是语块。菲尔莫尔还对一名在美国学习英语的中国学生的情况进行了研究分析，结果表明他在实际语言产出中，将近 50% 都是直接使用预制的公式化语言。于是，她得出结论：以形式化的言语来学习外语是学生的主要策略。

像在母语习得中一样，词块法也把英语习得的过程看成是一种认知过程，遵循“观察—假设—验证”的程序。但是，成人英语习得中的词块习得与学生词块习得有所不同。在英语习得的早期阶段，成人还没有形成完善的英语语法系统，他们为了获得一定的交际能力，会刻意重视词块的学习和使用。这一阶段的成人英语习得和学生习得语言的早期一样，都是把外界的语言输入不加分析地吸收，然后再不断地改正。直至建立正确的语法规则，并最终能够创造性地使用语言。具体地说，就是通常先以词块的形式接受，然后模仿、套用，等到具备了语法能力之后，再对词块结构进行加工，或填充，或重新组装，达到创造性使用的阶段。但是，随着成人学习者语法分析能力的提高，使用词块的能力反而会滞后。造成这种现象的原因是多方面的。

第一，与学生二语习得不同，成人英语习得有明确的学习目标，有的学习者学习英语是为了专业的阅读，有的学习者只是为了参加考试，而不是出于交际的需要，所以学习者出于其英语学习的动机往往以语法分析体系为核心，忽视词块体系的发展。即使在语言输入中碰到词块，他们往往也不将其作为整体对待，而是作为自由组合在一起的单个词来看待。也就是说，成人学习者往往没有敏感的词块意识。

第二，学习者在母语环境中学习英语，缺乏自然的英语交际环境，词块的输入以及使用的机会非常有限，这也是阻碍学习者词块体系发展的客观因素。

第三，英语教师在教学过程中过多地强调了语法能力，常常把学习者的语言能力和他们的语法分析能力等同起来，没有给予词块习得足够的重视，甚至还会在学习者的语言输入中尽量避免使用词块。

第四，学习者片面的语言学习观所致。相当一部分学习者认为，学习英语就是学会其语法规则和尽可能多的词汇。他们过分看重语言的生成性，由于还没有掌握英语词汇的地道组合，在语言使用中只好根据其母语的组合习惯来使用英语，这就造成很多错误的搭配，这些错误搭配反复使用，便内化为学习者的中介语，再加上学习者之间互相影响，久而久之学习者就将这些不地道的甚至是错误的搭配视为当然，造成二语词汇能力的石化现象。有研究发现，有些英语学习者的词汇量不可谓不大，甚至可能比有些母语者的还大，但是他们使用词汇的能力，比如搭配能力，则要比母语者逊色得多。有的学者认为，词块融合了各组成部分之间的语义、句法和语用关系，能够促进词汇深度知识的习得。帕利·赛德也指出，英语学习者需要掌握大量词块，以解决语言习得的地道和流利问题。因此，建立并保持词块能力的平衡是英语习得成功的关键。在当前英语教学分析体系已经受到足够重视甚至过于重视的背景下，培养和发展词块体系就成了当务之急。

二、词块在词汇教学中的优势

众所周知，大的建筑材料（如预制板）盖起房子来要比一砖一瓦来得快而且更加容易些，词块在语言教学中的作用正好比是语言的“预制板”，它是语言的半成品，可以作为储存和输出的理想单位。因此，在词汇教学中要充分发挥词块的作用。

（一）词块是词汇记忆的理想模式

由于词块是较大的词汇板块，有时甚至是整个句子，所以一次性记住的单词如果置于特定的语境，要比脱离语境单独背词汇更容易记住，而且不易遗忘。

此外，使用语块还具有较高的准确性。由于词块的构成成分之间受到语法结构和语义搭配的双重限制，在使用时可以从记忆库中即取即用，即便是一些内部结构有所变化的句型框架，其中的变化也是非常有限的，比全部由自己造句所需的努力要小得多，因此犯错误的可能性也小得多，从而大大提高了语言使用的准确性。

（二）提高使用词汇的准确流利程度

扩大词块的应用可以帮助我们扩大词汇量，提高在语篇理解方面的流利程度。同时，还可以提高我们在语篇加工方面的流利程度。语篇包括口头的和书面的，即话语理解和阅读理解。前者的流利关键在于对某个话题的套路（即惯用句型）的理解，而后者的流利主要在于对篇章衔接手段（如语篇标示词）的理解。

三、词块对词汇习得的促进作用

人类认知一切事物都是从简单到复杂，从模仿到创造，从广泛的吸收到最终的产出，这种认知方式具有普遍意义，因此以词块的形式习得语言符合认知的基本规律。

语言习得研究表明，词块是英语习得不可逾越的一个重要过程，尤其是在初学阶段。词块对于提高英语能力的作用表现在以下几个方面。

（一）改善言语交际的流利性

流利性是英语习得和英语教学明确追求的目标之一，也是英语习得研究的一个热点问题。就英语教学而言，流利性通常指学习者能自如地使用英语进行有效交际的能力，包括言语的流畅连续性和意义的连贯性。语言是受规则支配的符号系统，毫无疑问，语法对语言习得具有极其重要的作用，对语言的流利性也不无影响，对结构复杂的句子的生成和理解更是具有重要意义。然而，就语言生成的编码过程而言，尽管语法能够帮助人们生成无限多的符合规则的句子，但它所需要的计算资源比较多，需要交际者特别注意句子的结构。对句子结构进行分析或提前计划等，这势必影响交际者对交际内容的注意力和言语表达的流利性，不符合语言信息处理的经济原则。语言的使用，无论是口语还是书面语，往往都是即时性的，并不是交际者事先有意识地选择好了句子结构再进行下去的。第二语言习得研究表明，人们在言语交际中，往往交替使用以语法为基础的“规则型”和以词块为基础的“范例型”两种不同的编码方式。由于词块是一种现成的并作为整体保存在记忆中的特殊词汇现象，它在即时交际中不必临时组合就可以迅速提取和使用，因而不需要太多的计算资源，也不需要交际者有意识地注意语法结构，可以大大减缓即时组装语句的压力，使交际者将更多的注意力转移到话语内容的深化和意义的表达上，从而保证即时交际的流利性。通过词块，学习者无须分析其内部的结构就可以流利地进行口头表达。因此，词块在英语学习流利性培养上有很好的促进作用，从而使学习者获得一种成就感。

（二）有利于培养语用意识

语言是交际的工具，而交际能力包括了语用能力。培养交际能力意味着不仅要使学习者知道如何生成语法规范的句子，还要使学习者得体地运用语言。在这一方面，词块也具有独特的作用。在真实的交际环境中，交际者使用的不是一个个孤立的单词，而是大量具有语用功能的词块。根据 Nattinger&DeCarrico 的研究，词块的语用功能主要涉及社会交往、必要的话题和话语技巧三个方面，其中每个方面都包含着许许多多的具体功能。例如，表示招呼的词块有：How are you?/Good morning/afternoon/evening 等；表示响应的有：Fine，thanks./How do you do 等；而 you know，by and large，and so on，so to speak，as a matter of fact等词块则是帮助交际者在交流过程中取得流利性的重要方法。埃利斯（Ellis）认为，词块体现的是某一语言社团共有的社交知识，能够使说话者在适当的时候、适当的地点说出适当的话语。第一和第二语言的研究都表明，语言习得的最初阶段往往是从一些具有特定语用功能的词块开始的。在这一过程中，人们习得的不仅仅是词块，还有与词块相对应的语用功能。学习者在习得词块的同时，也习得了与之相对应的语用策略，其语言交际能力也随之得到了提高。

（三）有利于克服认知加工的局限性

库克（Cook）指出，无论是本族语儿童，还是成年人的言语加工记忆容量都要受到句法复杂性因素的制约。这种制约对于英语学习者来说尤为明显，帕利·赛德提出了“本族语者流利之谜”这一问题，即从理论上讲，本族语者在快速处理语言时存在认知局限性，但从表面看他们又能在语言产生过程中克服这一限制。通过对心理学文献的研究，他们发现，本族语者在语言处理时的极限是，每次一个从句的长度不超过8～10个单词。讲话时他们在语句中间速度快而流利，但在句末会有所放慢，甚至停顿下来以便构建下一个句子。讲话人较少会在句中停顿。帕利·赛德用“本族语式的流利”指操本族语者说出长串语句时超越其编码和解码负担的这种能力。他们发现，词块正是克服这种局限的有效方法，因为词块以整体形式存储，容易提取。这也意味着学习者在使用这些词块时不必考虑语法，可以把注意力从语法转移到相关性、连贯性和得体性等方面。这样一来，学习者就可以在更高的语言层面上组织言语，并保持交际的流畅。

（四）有利于克服结构法和交际法的偏激影响

在以不同的语言学理论指导下的英语教学中，往往存在两种偏激的倾向。结构法强调语言知识的学习而不是在课堂教学中直接培养学生的英语交际能力；交际法则过分强调把交际活动引入课堂，而往往不重视语言知识的系统教学。我国的英语教学在很长一个时期采用结构主义的教学方法，强调刺激反应的习惯形成和语法形式的操练。后来在交际教学法引进之后，又片面强调语言交际的流利性，在某种程度上忽视了语言运用的准确性。维多森曾批评说，“结构主义以语言分析为中心，只反映了交际能力的一个方面，代价是牺牲了语言运用；交际法以运用为中心，却相对忽视了分析。”为避免极端，需要把语言知识的学习和交际能力的培养有机地结合起来。词块似乎可以起到这一折中作用，使学习者的语法知识和语言运用能力协调发展，从而避免结构法和交际法的偏激倾向。

第三章 语法教学

作为语言的构建依据与规律，语法能够使词汇组成短语、短句、简单句、复合句等多种表达方式。要想准确把握句子的基本结构并理解其深层含义与内在逻辑关系，就必须具备相应的语法知识。因此，从应用语言学视域来对当代英语语法教学进行探讨具有十分重要的意义。

第一节 语法的性质与语法体系

为了切实提高语法教学的针对性，从而使应用语言学视域下的英语语法教学真正落到实处，对语法的性质及语法体系展开分析是十分必要的。

一、语法的性质

关于语法，如果语言教学旨在培养学生准确、有意识地使用语言的能力，那么语法应被看作一个理性的方式，即一个动态系统而非静态系统。语法对于句子中的词汇、词汇关系起制约作用。一种语言中的语法反映的是该语言中各种规约制度、规则的集合。在这些规约、规则的指导下，一系列的词汇都可以组合成可以被接受的句子。

根据上述论述不难看出，语法本身包含静态与动态的形式。从广义上说，人们日常生活中的听、说、读、写、译五项技能的展现都需要语法手段描写出来。当人们运用语言展开交际时所使用的组词成句的、能够被对方理解的一套规则就是语法。换句话说，语法就是语言的组织规律与结构形式。从这个角度来看，语法是对语言交际的一种规范，如果忽视了语法的意义，必然会对交际产生影响，甚至与对方产生冲突。

二、语法体系

概括来说，语法体系由词汇、句法以及章法三个部分组成。

（一）词法

词法主要包括两个部分：构词法和词类。构词法讨论不同的词缀、词的转化、派生、合成等内容。词类可以进一步分为静态词和动态词。当然，静态词并不是绝对不变。例如，形容词有比较级和最高级的变化，名词就有格、数、性等的变化。动态词主要包括动词以及直接与动词相关的语态、时态、分词、动名词、不定式、情态动词、助动词、虚拟语气、不定式等。

（二）句法

句法可以分为三大部分，即句子成分、句子分类、标点符号。

句子成分是指单词、词组或短语在句子中所起的作用或功能，主要包括以下八大类：主语、谓语、宾语、表语、定语、状语、同位语、独立成分。

依据不同的分类标准，我们可以将句子分为不同的类型。按句子的目的可以分为陈述句、疑问句、祈使句、感叹句；按句子的结构可以分为简单句、复合句和并列句。主句、从句、省略句等也是与句子有关的内容。

在英语的表达方式中，标点符号对于句意的表达、逻辑关系的确定都具有不可忽视的作用，因而也是句法的重要组成部分。

此外，词组的分类、功能、不规则动词等也属于句法的内容。

（三）章法

章法主要涉及句子之间的逻辑关系、篇章的结构逻辑等。

表示比较对照的词语，如 by contrast 9 by comparison, unlike;

表示程序的词语，如 first, second, then, finally 等都属于章法的范畴。

举例说明：想要判断下面两组句子的可接受程度，就需要运用章法知识。

This is 5632462. We are not at home right now. Please leave a message after the beep.

Please leave a message after the beep. This is 5632462. We are not at home right now.

第二节 语法教学的现状与原则

一、语法教学的现状

就目前的情况来看，语法教学过程中的一些问题亟待改进。下面就从学生、教师以及教学环境三个方面来进行分析。

（一）学生

1. 母语具有很强的干扰作用

我国大部分学生是在学习了很长时间的汉语语法之后再开始学习英语语法的，然而汉语语法和英语语法毕竟是两个不同的语法系统，因此汉语语法必定会对英语语法的学习造成一定程度的干扰。具体来说，英语句子通常比较长，汉语句子通常较短；英语句子重视结构的完整，汉语句子重视语义的完整。也就是说，英语句子重视法则，而汉语句子重视意图表达。所以，只要英语句子在结构上是正确的，一个长句子可以同时表达许多意思；而汉语正好相反，字词承担表达语义的功能，不同的句子往往是在表达不同的意思。英语教师在教授英语语法时，一定要意识到汉语语法和英语语法的差别，进而逐渐消除汉语语法对英语语法教学的干扰。

2. 学习方法不够科学

通常情况下，学生较少对语法学习产生兴趣，大多在遇到语法问题时才去学习，因而是一种被动的学习过程。从客观方面来看，语法规则灵活多变、系统性差是主要原因。从主观方面来看，缺乏科学的学习方法、学习主动性差则是很多学生面临的问题。

教师应采取多种手段，提升学生的主体意识，向他们讲授科学的语法学习方法，引导他们在遇到问题时多快好省地查找语法的相关资料，从而提升语法学习效果。

3. 对语法缺少应有的敏感度

对于我国现阶段许多学生而言，缺乏对语法的敏锐把握不仅不利于其在听说交际中的灵活运用，在英语应试中也会处于不利状态。例如，在英语写作题中，如果没有精确的语法认知，就会对自己所写的句子中存在的语法错误也缺乏敏感性。许多学生误以为读懂一个句子，就能写出一个句子。可是他们不明白的是，如果说读懂一个句子可以凭借语感的话，那么写出一个正确的句子则需要扎实的语法知识作基础。

（二）教师

1. 缺少对语法的认识

从我国英语教学的发展历程来看，语法及语法教学的地位在其中经历了一个起起伏伏的过程。在传统英语教学中，语法教学一度占据核心地位。然而，随着英语教学弊端逐渐暴露以及交际教学法等的兴起，大量淡化英语语法教学的现象也随之逐渐显露。甚至有人认为，试卷中考查语法的题目较少，分值比重也很少，不值得花费太多的精力去学习。因此，语法教学又一度失宠。然而，前面两种观点都是失之偏颇的。

事实上，语法学习的时间长短和学习内容的多少、学习效果的好坏并无必然联系。学习时间长并不代表学到的就又多又好。即使学生接触到了所有的语法项目，也并不意味着他们能够理解所学语法项目的全部用法。此外，尽管英语考试中直接考查语法的题目所占分值不高，但作为语言构成的基础，任何句子的构成、分析和理解都离不开语法。听、说、读、写、译，无论哪一部分，若没有扎实的语法基础，学生就可能听不懂、说不对、看不明白、写不出来、翻译错误甚至翻译不出来。因此，英语测试对学生语法的考查其实贯穿于考试的始末。这就提示教师应当重视语法教学在整个英语教学中的重要地位，并引导学生对语法加以重视，促使学生更加积极地学习语法。

2. 教学方式单一

很多教师在语法教学过程中不讲求方式方法，仍然采取单一的讲解语法概念与规则、带领学生大量做题的方式，学生感觉乏味、枯燥也就在所难免了。在这种教学方式下，学生常常感觉在课堂上已经学会了，但一遇到具体的语法现象却常常感到手足无措，难以区分相近语法现象之间的区别，更难以对语法知识进行灵活运用。

此外，教师在批改学生的练习时，仍沿用刻板、单一的语法练习与批改方法，很难将学生的学习兴趣激发出来。

3. 教学方法脱离语言实践

在教学实践中，很多教师在课堂上对语法规则进行机械的讲授，然后安排学生以语法定义和例子为依据，通过输出一些与语法规则相符合的句子来掌握语法知识。此外，教师往往忽视学生输出的句子是否有交际意义、是否得体、是否与语境相符合，而更加关注句子在语法上是否正确，这就将语法教学当作大量做习题的机械练习。可见，由于语法知识与语言实践严重脱离，学生便无法在特定的场合中准确传达所要表达的意思。

为了扭转这种局面，教师应将语法教学与实际应用结合起来，既向学生介绍语法的特定功能，又使学生了解如何在日常交际中对该语法进行有效和得体的运用。

4. 思维能力渗透不足

教师在语法教学过程中表现出来的另一个主要问题是对学生的思维能力培养不足或渗透不足。具体来说，教师向学生讲授语法知识时，很少将语法知识与具体的实用情境结合在一起，而只是一味地单纯讲授，这就难以调动起学生积极思考的能力，使学生难以在语法练习与智力活动之间建立起联系，从而渐渐丧失对语法学习的兴趣。此外，教师的这种教学方法还会使学生形成一种错觉，即对语法规则的记忆就是语法学习，且语法学习与听、说、读、写、译等技能的提升没有太大关系。

（三）教学环境

我国的英语教学通常以教材为主要依据，因此选用什么样的教学方法、能在多大程度上实现教学目标等问题都与教材质量的好坏直接相关。然而，目前使用的很多语法教材不仅难以适应学生进行英语交际的需要，也与教学大纲不协调。这种状况既限制了学生交际能力的提升，也使教师的手脚受到束缚。

一个令人可喜的现象是，很多一线教师已开始积极开发有利于学生交际能力发展的语法教材。很多学者也提出，应在语法教材中融入与交际能力相关的社会文化知识、语境、功能等因素，进而用交际语法教材来替代传统的语法教材。还有一些国外教材主张在语境中建立语法部分的相关练习，并将情境大纲、结构大纲、功能意念大纲等与传统语法大纲有机结合在一起。

二、语法教学的原则

英语语法具有灵活多变的特点，所以为了切实帮助学生提升学习效果，应在语法教学中遵循以下原则。

（一）学习与习得相结合

在英语学习中，语言的学习和习得同样重要，在英语语法教学中要能够将两者有机地结合起来。学习的目的在于提高学生英语的准确性，而习得的目的在于提高学生英语使用的流利性。学习与习得是相辅相成的，两者构成一个有机的整体。教师在讲解英语语法时，要为学生尽可能多地创造语言习得的自然环境，改变语法规则的讲解与实际语境相脱离的状况，将语法规则运用到具体的语言环境中去，达到形式与功能的结合。

（二）精讲多练

在具体讲解语法规则时，应减少冗赘表述，力求所讲之处一语中的，切中要害，避免使用一些专门术语，而应尽可能地使用一些形象、直观的方式，应充分利用教具，使学生从“懂语法”到“会语法”。在精讲之后，通常还要借助大量的练习，并且练习的方式应确保丰富、多样。

例如，可采取英汉互译、改错以及应用性写作等训练方式，并且在具体进行举例时，还应与学生的现实生活和工作贴近，并具有鲜明的时代特点，尽量避免使用一些陈旧的例子，所选择的例子应尽可能激发学生思维的积极性和参与率。同时，还应注重培养学生的结构的辨识和运用能力，让他们学会在运用中掌握规律。

（三）交际性

根据社会语言学家的观点，语言的功能就是交际。交际能力包括语言能力，语言能力是交际能力的基础，没有一定的语言知识，语言运用就无从谈起。真正的语言能力也是在交际活动中培养出来的，因而在语法教学中应体现出交际的成分。只有通过对一门语言的使用才能真正掌握这门语言，语言是在使用中获得的，不宜将语言的使用和语言学习割裂开来。语言学习必须得多练，在不同的情境中反复练习。但值得注意的是，如果语法结构不是在真正的交流中使用或不具有真正意义上的交际意图时，学生就无法获得最后的成功。

（四）对比性

英语语法和汉语语法存在很大的差异。王力先生曾经说过：“就句子的结构而论，西洋语言是法治的，中国语言是人治的。”汉语是“人治”的，汉语的语义是可以通过字词来直接表达的，因此不同的意思往往通过不同的短句表达出来；与之相反，英语是“法治”的，所以只要不存在结构上的错误，许多意思可以放在一个长句中表达。

我国学生在学习英语语法过程中不可避免地会受到汉语的影响，因此英语语法教学必须对此给予重视，善于使用对比的方法，让学生对汉语和英语之间的差异保持一定的敏感度，以加强汉语对英语语法学习的正迁移作用，从而加速学生英语学习的进程，提高学习效率。

（五）动机性

动机是一切教学活动的保证，所以在语法教学中激发学生的学习动机是非常重要的。为了有效地激发学生的动机，使学生积极主动地参与到语法活动中来，教师应从以下几个方面努力。

1. 个性化

个性化主要是指活动应来自学生的观点、学生的亲身经历、学生的情感等。个性化活动对学生进行真实的交流，在思想交流之中内化语言规则有很大的帮助。

2. 活动类型

课堂活动多选择一些开放性和交际性的活动，少一些机械性的束缚，激发学生的学习兴趣，培养学生的发散思维能力。

3. 话题选择

话题的选择要适合学生年龄，也就是要适合学生的认知能力和语法水平，要与学生的生活经历紧密相连，能够激发学生的想象力或好奇心。

4. 情境创设

尽可能地创设真实的语境，利用各种手段为学生提供视觉物体，如幻灯、图画等，让学生去表达真情实感。

（六）情境性

在语法教学中，坚持情境性原则要求注重语法知识在实际生活情境中的应用，而不是空洞乏味地教授语法规则。这就要求教师在语法点的设计方面尽可能多运用和实际生活相关的教学素材，围绕学生感兴趣的情境，以活泼生动的语言呈现语言规则。与此同时，还可以将一些新闻、时事等真实材料进行精心地设计和编排，使其成为师生之间、生生之间开展交互活动的真实材料。

（七）输入性

在语法教学过程中，教师的课堂话语是学生获得语言输入的重要途径之一。教师在课堂上无论是口头进行语法操练，还是布置语法任务，或者是呈现某些语法结构的情境运用，都要尽可能多地运用英语教学。

此外，在课外，学生可以在教师的指导下进行大量的阅读，并收听、收看英语节目。学生通过大量接触这些鲜活的语言材料，进而感知其中隐含的语法规则，从而为他们语感的形成提供重要保障。

（八）系统性

语言本身就是一个完整的系统，这在语言基础知识的语言中也有所体现。因此，在语法教学中也应遵循系统性原则。具体而言，在对语法内容进行选择时，应力求贴近学生的生活实际，以便与现代交际原则相符合，并尽量避免那些交际中很少使用的语法。此外，语法教学既要以教材中的语法系统为依据，还应与语法发展的基本规律相一致。个别的语法项目包含着诸多内容，有时还存在很多例外情况，在教授时也不可能一股脑儿全部展示。系统论认为，如果一个系统足够合理、严密，那么该系统的整体功能大于其部分功能之和。所以，只有对整体功能有综合的感知，才能更好地把握和分析部分。并且，目前的大部分英语教材．其中的语法现象都比较分散，因而教师应善于对学生已接触过的语法现象加以归纳总结，引导学生按照由点到面的顺序对语法结构进行整体把握。

（九）文化性

每一种语言都与某一特定的文化相对应。因此，英语语法教学应注意文化因素对语法学习的影响，联系英语国家的文化，把英语还原到当时的语境中，以便帮助学生理解和记忆。所以，只有坚持文化性原则，才会帮助学生减少学习语法的困惑，也才能够帮助学生正确使用语法。

（十）语境化

根据语言学理论的观点，词、语法和语境这几大要素只有共同作用才能达到理解，最终完成相应的交际任务。在语法教学中坚持语境化原则，就是指教师应巧妙地运用教学方法，进行模拟或者创造情境，以生动、直观的方式让学生入境会意，这样也能够很好地激起学生的积极性，鼓励学生积极主动地参与到交际活动中。与课文教学和交际话题的教学相比，语法教学的语境化对教师所提出的要求更高，通常需要教师按照班级情况和授课内容，并与学生的实际生活相联系，进行巧妙的构思和精心的设计。这种运用语境教授语法教学的方法能够很好地激发学生的学习兴趣．并且深化学生对语法概念的理解和记忆。

第三节　语法教学的创新方法

一、图式教学法

由于语法本身抽象性的特点，有些语法项目比较难以用语言清晰表达，或表达出来后学生还是感觉很费解，因此可以使用简图、表演、图片等图式使其形象化。例如，在对时间状语从句这一语法现象进行讲解时，可以按图 3-3-1（a）（b）（c）三组图所示的思路来解释。

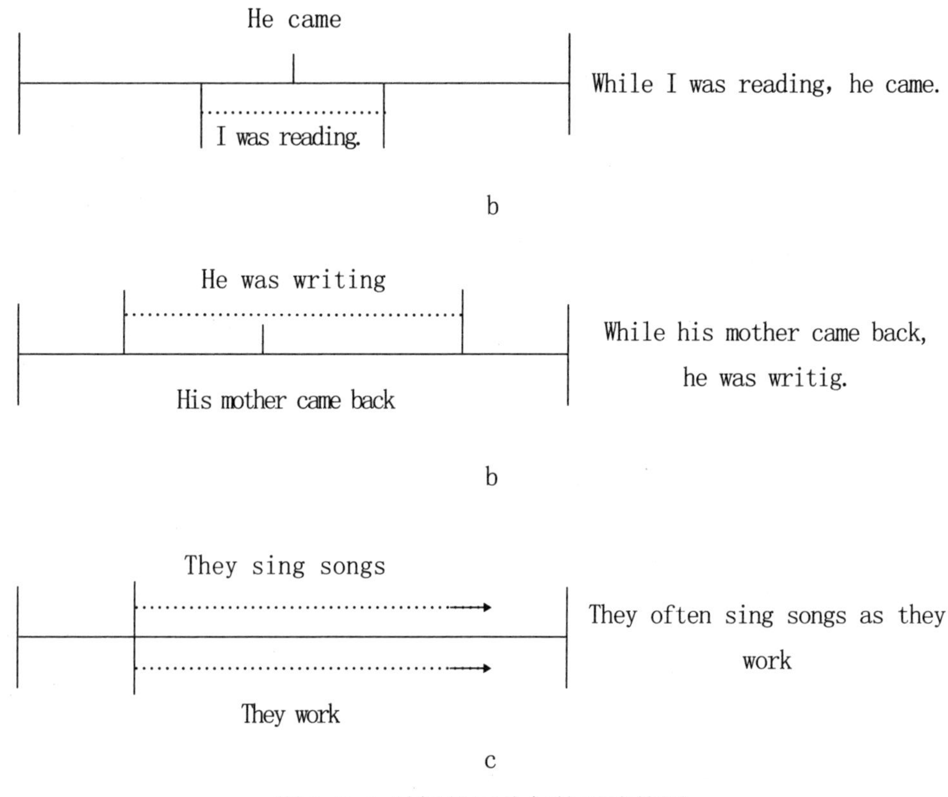

图 3-3-1 时间状语从句的思路简图

按照图 3-3-1 中所示的思路，教师在对时间状语从句连词的选择和理解时，首先要考虑到学生对主句和从句中两个动作的时间关系判断。教师若仅仅用语言阐释 while, when, as 的区别，由于里面涉及“某一刻时间”“某一段时间”“短暂性动词”“延续性动词”等术语，学生会因语言理解能力和想象力等个体差异的不同感觉很抽象，甚至会给一些基础薄弱的同学带来理解上的障碍。而如果教师设计出如图 3-3-1 所示两个动作对比的画面，在讲解时辅助以简图呈现，学生便对 while, when, as 三者区别得更清晰、更直观一些。

二、语法练习法

语法教学作为语言教学中的一项重要内容，其最终目的也是让学生能够将知识运用到实际中，从而更好地培养学生的综合素质和能力。因而就需要教师对语法练习进行科学、合理的选择和设置，有效地组织学生进行语法项目的操练。但是采用练习法来操练语法项目并不是盲目进行的，而是分阶段进行的，通常需要遵循循序渐进的原则来让学生达到熟练应用的目的。

一般而言，需要先通过模仿、替换、不断重复来进行机械式的训练。机械式练习通常要求学生达到不用、理解句子的含义就能作出迅速、正确的反应，紧接着，通过造句、仿句、改句、改错、翻译等方式来内化训练。内化训练通常要求学生围绕教学内容进行，要求学生能够达到熟记、理解的程度，并能做出正确的反应。最后，教师可借助于场景对话或问答形式之类的口语训练进行最后的交际操作训练。这种训练方式最终要求学生能将所学的语法知识综合运用，并能组织语言迅速做出反应和回答问题。

三、有效记忆教学法

有效记忆教学法是指帮助学生记忆语法结构或规则的方法。在具体的教学实践中，教师可采取下面几种手段。

（一）佳句格言记忆法

下面的佳句、谚语或格言都涉及一个语法结构，学生在熟记这些佳句或格言后就能掌握并运用一些与之相关的语法形式。

举例说明：

Eat to live,but not live to eat.

Never put off till tomorrow what may be done today.

Never too old to learn.

To see is to believe.

Where there is a will,there is a way.

（二）顺口溜记忆法

顺口溜读起来上口而且容易记忆，有助于学生的语法学习与记忆。

举例说明：

I drop caps.

这一说法用于学习和记忆虚拟语气在宾语从句中的运用，其中每个字母代表一个动词：

I——insist	d——demand
r——require	o——order
p——propose	c——command
a——advise	p——prefer
s——suggest	

这些动词后面的宾语从句中谓语动词的形式是（should）+do。

四、情境教学法

运用情境教学法教授语法具体是指教师以情境、案例为载体，对学生的自主探究性学习进行适当地引导，借此来提升学生分析并解决实际问题的能力。具体来说，教师可设置模拟的情境或运用目的语的真实情境教授语法。例如，利用体态语非语言手段、实物、真实情境以及多媒体手段等，使语法教学更为真实、形象、直观、富于趣味性。从实质上来看，情境语法教学法是从传统教辅工具的静态化学习向动态化学习的实质性的飞跃。这一语法教学法对激发学生学习兴趣和提高学习效率大有裨益。为了对情境语法教学有更清楚、更深入的认识，下面就主要结合问题情境、合作情境以及活动情境进行具体分析。

（一）借助于问题情境

问题情境具体是指教师运用提问的方式来激发学生的求知欲和好奇心，让学生通过独立思考来解决问题。学生在受到问题激发之后，便可开始有意识或无意识地学习这一语法现象的具体用法。

（二）借助于合作情境

语法教学中创设合作情境具体指的是创设全员参与、差异参与、主动参与的氛围，实行小组教学、集体教学和个别教学的交替融合。创设合作情境要求教师应能够同学生取得情感体验上的和谐。在实际进行合作学习的过程中，借助于提问、讨论、质疑、求答等方式得出结论，使学生的主体作用得到有效的发挥。

（三）借助于活动情境

借助于活动情境教授语法要求教师应尽可能多地提供给学生多动手、多动口的机会，以充分调动学生的多种感官的协同活动。这种类型的情境不仅利于优化英语教学的过程，而且利于教师了解学生的学习现状并促成课堂的交际化。这种教学方法在运用过程中应务必确保灵活，应在“活”字上下功夫。有了学生在活动中的参与互动，才能有效规避教师的“独角戏”。在与学生的有效互动中还能最大限度地激活教材，力求语义真实，保证活动内容的情境化、交际情境的生活化。与此同时，在具体设置活动情境时，教师还可适当增加一些学生比较感兴趣的游戏，使学生的参与意识得到最大限度的激发，寓教于乐，并凸显学生的主体地位。

五、网络多媒体教学法

利用网络多媒体等先进的教育技术，有利于在语法教学中创造轻松、愉快的气氛，降低学生的学习焦虑，并有效调动他们的学习积极性，使他们积极进行思考，提高思辨能力与学习效果。具体来说，在语法教学中采取网络多媒体教学法可从以下几个方面入手。

（一）采用课后拓展模式

很多语法知识仅仅依靠课堂上的短暂教学是很难掌握的，因此教师还应采用课后拓展模式。

其一，通过 E-mail 形式进行辅导和交流。这不但可以打破时空的限制，还可以缓解课堂的紧张气氛，让学生更为轻松，也是将课堂内容延伸到课堂外的有效方式。

其二，创建讨论组以实现资源共享。在讨论组中，教师将预先设计好的指导性问题和相关内容上传进去，学生可以提前进行预习，如果有问题可以提出问题，大家也可以参与讨论。

（二）利用课件呈现语法知识点

教师可充分利用网络多媒体课件，将语法知识点、语法句型等呈现给学生，从而通过生动、形象的输入来帮助学生进行理解与记忆。

例如，教师在讲授 listen, watch 等词的一般过去时、正在进行时的时候，就可以将 -ed 与 -ing 形式运用下划线、不同颜色标注出来，或者可以设置为有声导入，这可以集中学生的注意力，还能引导学生对规律进行总结，实现举一反三。但是，对于 see, think 这些特殊动词，可以使用图标的形式展现出来，让学生进行记忆。

（三）提供真实情境运用语法知识点

语法的学习不仅要掌握语言形式和语言意义，还需要学会使用。在网络多媒体环境下，语法学习具备更逼真的环境，有助于帮助学生将掌握的语法知识进行内化，进而创造性地输出。同时，利用网络还可以播放相关片段、图片、对话等，这些都有助于学生对语法知识的运用。

例如教师可以将学生日常生活和学习中正在做的事情拍摄成照片，然后放映出来，学生根据图片理解“正在进行时”这一语法知识点，因为这些都是学生的亲身经历，因此更容易让学生理解和运用。

（四）结合听、说、读、写、译等练习语法知识点

语法教学不能是独立的，而应该与听、说、读、写、译结合起来。教师可根据所教授的语法知识、语法教程给学生安排其他技能的练习，帮助学生对语法知识进行巩固，内化为自己的可理解性输入。

例如，教师可以为学生提供一小段不完整的听力材料，然后再播放完整的听力内容，要求学生听完后将不完整的部分补充完整，进而要求学生进行跟读模仿，最后进行相关话题讨论。

六、微课程教学法

伴随着“互联网 +”时代这一大的形势的发展和国家之间跨文化交流的日益频繁，语言教学模式、教学方法等也应顺应时代形势的发展进行相应的革新和变化。与此同时，语言的教学还应结合并借鉴传统意义层面的翻译法、讲授法等的经验，弥补传统意义教学的不足，并充分考虑新时代下学生的个性化需求和特点，展开与时代发展相贴近的语法教学。其中微课程语法学习法就是其中的一种结合当前学生热衷笔记本电脑、智能手机以及 iPad 等移动终端设备，并能通过利用这些资源获取文字、图片并随时随地观看视频这一特点而进行的比较有意义、有价值的语法教学方法的实践和尝试。具体而言，微课程教学法是指以“云环境”背景为依托，并倡导“导学一体”这一理念的基本模式的教学方法。其中的三大模块具体涉及以下三个方面：第一，课前自主学习任务单。这指的是教师指导学生进行自主学习的方案，这一模块的自主学习任务单对于统御单位课时的教学活动具有灵魂性的导向作用。第二，配套学习资源。具体是指微视频，这种类型的资源具有短小精悍、主题突出、便于运用等特点。第三，课堂教学方式的创新。对此，教师在具体教学中可采用灵活多样的方式，如小组间的 PK、小组或同伴间的合作学习、教师的点评、小组间的互评等，借助于这些形式来尽可能地激发学生的学习兴趣，培养学生的团结协作和创新精神。

为了对该课程教学模式有更深入、更清晰的认识，下面将结合以建构主义学习理念为指导的微课程教学法的教学模式进行简要分析，具体如图 3-3-2 所示。

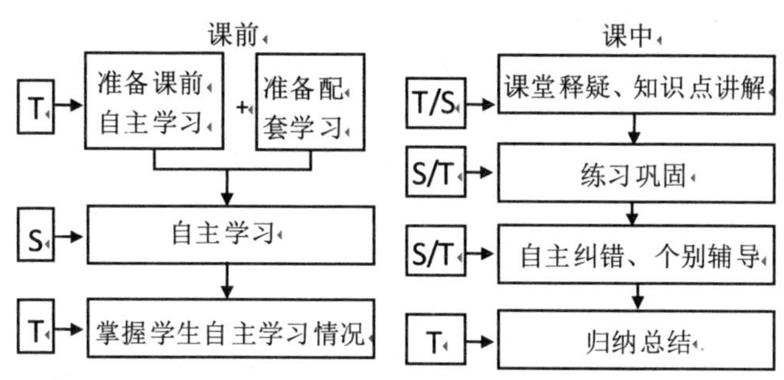

图 3-3-2 微课程教学法的教学模式

（一）课前

1. 制作任务单

在进行任务单的制作之前应做好充分的准备工作。首先最为关键的就是要明确任务单的主题，在对任务单的主题有清晰、明确的把握和认识的基础上，然后深入地调查和研究教材上的具体内容和学生已有的语法知识情况。将语法知识的重难点和学生整体掌握相对比较差的语法知识点挑选出来。在此基础上，与所选知识点相结合来充分准备学习资源，其中的相配套的学习资源应主要以“微课”的学习形式出现，并且应能够将内容呈现清楚、目标明确，还可借助于多样化的形式如图片、表格等加以呈现，时间的长度应尽可能地控制在 10 分钟以内。当前比较常见的微课呈现形式就是采用 MP4 或 FLV 格式。需要注意的一点是，为了更好地优化语法教学和学习的效果，通常应提前将这些学习资源和任务单发给学生。

2. 学生自主学习

上述所提及的一些任务单、配套学习资源等都可以通过现场拷贝或班级群共享等形式提供给学生。这样一来能更加方便学生自主地展开课前的学习，提前对任务单上所罗列的任务有明确的认识，并且还能将自主学习过程中所遇到的一些问题提前记录在任务单下方交给老师。

3. 教师掌握学生自主学习的情况

在前述两个环节的基础上，教师就能够对任务单的完成情况和学生所遇到的一些问题有一个整体性的认识。这样教师就能根据具体情况进行课堂教学准备，也能更好地提高教学的针对性和目的性。

（二）课中

微课程语法教学法在课中也包括以下四大步骤，具体如下。

1. 释疑拓展

释疑拓展具体是指教师应以学生任务的完成情况和所遇到的问题为参照，在课堂上针对学生所遇到的问题进行详细讲解，同时还可以根据学生的实际情况对某一语法点进行延伸或拓展。

2. 练习巩固

练习巩固具体指的是教师分配课堂任务作业，先让学生独立完成，然后再进行组内讨论完成指定的题项。通常，可以采取安排小组代表上台为全班学生讲解解题的答案和过程这一形式，对所学的语法点进行巩固和强化。

3. 自主纠错、个别辅导

在这一步骤中，要求学生对其语法失误进行自主分析，并查找失误的原因。如果学生遇到了一些疑难问题，可向老师请教，教师可以进行有针对性的指导。

4. 归纳总结

在课堂结束之际，教师应对本节课的所有语法知识点进行相应的归纳和总结。

七、归纳法

归纳法遵循从具体到一般的过程，强调以学生为中心，主张引导学生自己发现语法规则。可见，运用归纳法进行语法教学使学生先感受语言的真实使用，随后在语言使用中归纳句子模式并进行概括、总结。在归纳的过程中，学生必然要对语法的使用规则、条件与范围进行比较与分析，从而在不知不觉中提高思辨能力。

教师引导学生进行归纳时，通常可采取以下步骤：

第一步，对语言材料进行提炼。这就要求学生提升对某些特殊的语法知识点的意识。

第二步，所提炼的语言材料需要学生自己进行筛选、归类以及重构。

第三步，学生能在分析、归纳语言材料的基础之上，明确地叙述普遍适用的语法规则。

实践证明，很多语法点通过归纳法进行讲授都能取得良好的效果。学生通过自身亲自思考、观察、分析和对比总结出来的规律性规则，印象也会比较深刻。

八、演绎法

由于语法教学的抽象性特点，因而运用演绎教学法进行语法教学非常普遍和常见。这种教学法具体指的是运用一般的原理对个别性论断进行证明的方法。演绎法的具体运用过程其实就是由一般到特殊的过程。运用该方法进行语法教学时，教师可先简单地向学生提出抽象的语法概念。紧接着进行举例分析和说明，将这些具有抽象性特点的概念引用到具体的语言材料中，并借助于大量的类似的练习材料来帮学生能够学会独立地运用这些语法点。

第四章 听力教学

第一节 语言迁移与听力理解

语言迁移（language transfer）是二语习得过程中的一种重要语言现象。对比分析理论主张语言迁移会对语言学习产生深刻的影响。负向迁移是研究者们研究的重点，但是正向迁移在语言学习中的积极作用也是不容忽视的。在语言学习过程中，语言迁移表现在听、说、读、写等受母语不同程度的影响上，其中语言迁移对听力理解的影响和作用更应当得到足够的重视。从语言、文化知识、语用及认知模式层面，探讨语言正向迁移在听力理解中的积极作用，有助于提高听者的听力解码能力，同时对听力教学给以启发。以下我们主要从听力理解的角度出发，具体探究语言迁移对第二语言听力理解所产生的重要影响，及其对高校英语听力教学的启发。

一、语言迁移理论

（一）语言迁移的内容

语言迁移方面的研究集中展示了近年来外语学习及教学领域中的研究方向。从语言迁移的历史背景来看，各方学者对其研究大体上经历了三个阶段。第一阶段，行为主义的语言学习理论占统治地位，迁移在外语学习中的作用已被意识到，成为对比分析理论的基础；第二阶段，受乔姆斯基语言理论的影响，迁移在外语学习中的作用被贬低，研究转向认知学说，即研究中介语；第三阶段，始于 20 世纪 70 年代末，迁移又被重视起来，被看作是一种策略。进一步探究迁移在外语学习过程中所发挥的作用，有利于了解外语学习者的心理历程，助推外语听力教学的深层发展。

中介语（Interlanguage）是和语言迁移存在紧密联系的一个专业术语。中介语是在精通目的语之前使用的一种过渡性性质的语言，它表达不同但相关的概念，一是指学习者在某一阶段所建立的目的语知识系统；二是指由这一系列目的语知识系统相互连接而形成的连续体。语言迁移是中介语系统形成的中心过程之一，是中介语研究的重要内容。

20 世纪 50 年代中期，对比分析理论（CA）认为二语习得即习得一套新习惯，在学习新习惯的过程中旧有的习惯（母语知识）必然对新习惯（目的语知识）的学习产生影响。母语与目的语相似的地方促进目的语的学习，差异的地方便给语言学习者造成困难，差异越大，困难越大。这种原有知识对新知识学习发生影响的现象称为语言迁移。

语言迁移细分成两大类，一类是积极迁移，另一类是消极迁移。当母语规则与目的语规则相同的时候，迁移为积极的，或称正向迁移；而当母语与目的语之间出现差异时，迁移为消极的，又称为负向迁移。对比分析理论认为母语的干扰即母语产生的负向迁移是二语习得中的主要障碍，是研究的重点。实际上，正向迁移和负向迁移在语言学习过程中发挥着同等重要的作用。以下我们将从语言、文化知识、语用和认知模式这几个层面出发来探究正向迁移对听力理解所产生的影响。

（二）听力理解的过程

听力理解的过程实际上指的就是听力解码过程。从应用心理语言学的层面上讲，图式理论在听力讯息解码过程中发挥着重要的作用。图式理论强调两种基本信息处理方式，即由下至上和由上至下。有效的听力信息解码过程应该是两种方式的交叉使用。在听力理解过程中运用已经具备的背景知识（包括已学过的语言知识）根据听力材料中提供的某些线索去预测和创造意思。

已知的背景知识即母语语言、文化知识被利用到信息解码过程中，实际上就是母语有关知识迁移到听力理解过程中。当听者感觉输入信息与已知背景知识有极大相似性时（这里包括音素、词素、语法和语序层面），便出现语言显性迁移（overt transfer）即正向迁移，显性迁移有助于提高信息解码能力。语用迁移即“学习者的母语语言文化，语用知识对他们的理解、输出和第二语言语用知识的学习所产生的影响”。语用推理在听力理解中的运用也从另一个角度说明了听力信息解码过程。在听力理解过程中能够根据听力信息材料所反映的不同语境来确定说话者的真正意图，这个语境是一种心理建构体（psychological construct），不仅包括交际时话语的上下文、即时的物质环境等具体的语境因素，也包括一个人的知识因素，如已知的全部事实、假设、信念、以及个人的认知力。此处事实上展现了已知信息（语境知识）推理迁移到听力理解预测中，听者积极寻找所输入信息和说话者真实意图之间的内在联系，进而衍生显性迁移，这将会在最大程度上减少听力理解中出现的语用错误，减少与说话者真实意图相背离的现象，减少听力理解的难度。

在对语言迁移的研究中，认知语言研究的观点是学习困难并不总是由两种语言的结构差异所致，错误归咎于学习者的交际策略，而不是第一语言中误选的结构迁移。在听力理解中利用相应的认知模式策略进行听力理解对学习者来说也是相当重要的。由于人们的日常经历反映在语言表达上，人们的共同经历对各种文化语言必然产生影响。听力理解中的对话大多数是与人们的日常生活经历相关的内容，因而在听的过程中，学生应该有效运用两种语言对认知环境的重叠性来进行听力理解，这将会大大提升听力理解的速度。例如：

John is ill，he is absent. 或 John is absent，he is ill

在听到这样的句子时，把相应的母语认知模式到英语中很容易理解为：这是个不带连接词的原因从句。再如：

Please turn off the light before leaving.

即便学生未听清 before 一词，按照母语类似的认知模式，也可以推测出其真正意思。这是因为若是替换成其他词汇，从认知角度来看语义并不成立。

二、语言迁移在听力教学中的应用

（一）语言迁移在听力实践教学的应用

虽然负向迁移是各方研究者探究语言学习的侧重点，语言正向迁移在英语学习中的积极作用也是不容忽视的，其反映了语言之间存在的共同特性。如从语音层面上讲，汉语中的声母就相当于英语中处于音节开头的辅音，韵母就相当于英语的元音，kite/kait/、toe/tou/、make/meik/。从语义的角度来看，英语和汉语之间存在一定的共性，如 black 这个英语词汇的大部分义项和汉语意义相同。

黑色——颜色	a black cat
黑暗——无光	a black room
秘密——不公开	a black list
邪恶——狠毒	the black art

尽管此种单词一对一的现象在深入的英语听力学习过程中会渐渐减少，然而在初始阶段中，学习者可以通过将汉语的基本对等词迁移到听力理解中的方法来缓解听力解码上的负担。听力篇章理解较阅读书面材料容易、语法系统与句法系统也较为简单，因此可将母语语法系统迁移过来，弄清基本词义，完成听力理解。

从句法层面上讲，汉语陈述句、否定句、特殊疑问句、感叹句甚至有些复合句与英语在结构上大致相同。例如：

He often helps me study English.（他经常帮我学英语。）

What terrific cars!（多么好的车！）

Who is coming to give lecture ？（谁来给我们上课？）

类似这样的句子在听力理解中并不会为学生带来较大的阻碍，学生的注意力极易被吸引到更高的层面上，这将会大大提升信息解码的速率。

正向迁移往往发生在两种语言之间的联系较密切的情况下。汉语和英语这两种语言之间通常存在较为明显的差异。但是如果语言学习者具有一定丰富的母语知识和英语知识，完全可以在听力策略和技巧上产生正向迁移。听力理解过程需要调动听者的语言知识系统和非语言知识系统，包括语言的系统知识、图式知识和语境知识等。一个成功的听者能把使用语言知识系统和非语言知识系统的过程有机地结合起来以便最有效地获取信息。但当听者未能全面地掌握此类综合知识时，听力技巧与策略对听者来说尤其重要。听母语时，我们不自觉地对进入听觉系统的信息进行了积极的预测、筛选、释义（interpret）和总结等一系列加工策略，人们在听母语时是这样的。在听外语的时候，虽然受到与母语差异较大的单词及句型的制约，英语听力理解的过程仍旧和母语较为相似，特别是在听者的外语水平达到中级以上之后，这种情况会更加明显。听者把母语听力策略和技巧迁移到外语的听力理解中，可以提高听力理解能力。在听力理解中增加正向迁移减少负向迁移对听者来说也是一种策略。例如，从语音层面上英语中清辅音和浊辅音分得很清楚，而汉语中区别不明显，有些人常常把 [t] 读作 [d]，[L] 读作 [n] 给听力理解造成困难，有些学习者常把 think 读作 /sink/。汉语重音常常落在两个以上音节词的最后一个音节上，于是学习者常常把“dining-hall”读作“dining-′ hall”，所以听到“dining-hall”时，一时不知其意。如果了解这些负向迁移现象的存在，便可以事先加以纠正，从而减少负向迁移对听力理解的影响，增强听力解码能力。因而，克服负向迁移的不良影响，充分发挥正向迁移所带来的积极作用，将会在很大程度上提升听者的听力水平。

（二）语言迁移对听力教学的启示

语言正向迁移在高校英语听力教学中发挥着至关重要的作用，因而教师在教学过程中，应该注意两个方面的问题。一方面，要培养学习者的综合知识能力，即运用语言知识系统和非语言知识系统能力。由于说话者的意思并不完全存在于他们使用的语言材料中，听者得调动自己整套知识结构（包含语言性和非语言性知识结构），方可重建信息。教师应让学习者充分运用自己的基本知识和背景知识来协助完成重建信息的过程，使学习者将这些信息（知识）迁移到听力理解中，提高预测及理解能力。

另一方面，有目的性地培养学习者的语用能力，为学习者提供运用所学听力策略及技能的场合，使学习者认识到听力策略和技能的可迁移性。同时教师可以在课堂上给学生以示例加以演示，必要时专门为学习者讲解语用学方面的知识，增加学习者在听力理解中使用语用推理策略的意识以及该策略能有效迁移到听力理解中的意识。除此之外，虽然正向迁移要加以重视，但也不能忽视负向迁移的作用。教师应系统地对外语听力中常见的负向迁移现象加以总结、综合，在授课过程中使纠正与训练同步。

总而言之，尽可能减少语言负迁移对英语听力理解所造成的负面影响，积极促使正向迁移对英语听力理解发挥积极作用。这样，不仅能够有效提升学习者的解码能力，还能够在一定程度上改进及优化高校英语听力教学。

第二节 图式理论与英语听力课

传统的高校英语听力课程中，教师往往通过一系列的听力测验来锻炼学生的听力能力。在课堂中，教师播放相应的录音磁带，学生尝试通过自身的理解进行练习，而后教师以“正确”答案的方式予以反馈。这样的教学方式不是在帮助学生提高听力理解能力而是在测验听力，其结果往往偏离了实际对大学英语听力课的要求，导致一些学生对听力课的兴趣大大降低，甚至使他们失去了提高听力理解能力的信心。其中的原因是我们许多教师把听力理解看作单纯的技能训练，即仅仅视听力理解为一个接收信息的被动吸收过程，把学生当成接收信息的“收容器”。实际上，听力理解并不是单纯的被动接受知识，还需要关注学生的主动性，且学生的主动性在听力理解过程中发挥着更大的作用。学生在听力理解过程中需要激活头脑中各种各样的知识，充分发挥其认知力，去理解说话者的意图。这里说的“各种各样的知识”包括语言知识和生活经验，即背景知识，又称为图式。它是听力理解能力提高过程中不可忽视的主要因素。图式对听力理解作用的理论即图式理论。图式理论应用于大学英语听力课堂教学中有助于改变传统被动的教学模式。学生在听力理解中利用图式能充分发挥其主动性，从而提高听力理解能力。以下我们首先详细阐释图式理论的相关内容，而后探究图式理论在高校英语听力教学中所发挥的重要作用，以改进高校英语听力教学方法，提升学生的听力理解能力。

一、图式理论对听力理解的作用

（一）图式理论的内容

图式理论是认知心理语言学家用来揭示人们心理理解过程的一种理论，具体指的是以围绕某个特定主题组成的知识的具体表现形式及贮存方式为基础的理论。1781 年，首先由心理学家 Kant Immanuel 提出的，这一理论的发展则归功于英同著名心理学家 F.C.Bartlett。这是因为 F.C.Bartlett 在著作 Remembering 中进一步对图式理论的内涵进行了深入研究。直至 20 世纪 70 年代后期，图式理论才真正得到社会大众的认可和接受。

美国人工智能方面的专家鲁梅尔哈特主张图式理论是一个抽象的与人们所具备知识有关的理论，简单而言，便是与图式应用相关的理论。他认为“图式是人们所有一般知识的总和”，他把图式理论称为以等级层次形式储存于长时记忆中的一组“相互作用的知识结构”，或“构成认知能力的建筑砌块”。图式是指每个人过去获得的知识在头脑中储存的方式，是大脑对过去经验的反映或积极组织，是被学习者储存在记忆中的信息对新信息起作用的过程及怎样把这些新信息丰富到学习者知识库中的过程。

人们头脑中储存着各种各样的图式，例如去餐馆用餐的图式、去电影院的图式、逛市场的图式等。人们在理解新事物的时候，需要将新事物与已知的概念、过去的经历联系起来。对新事物的理解和解释取决于头脑中已经存在的图式，输入的信息必须与这些图式相吻合。人们在理解、吸收、输入信息的时候需要将输入信息与已知信息（或概念）即背景知识联系起来。新输入信息的解码、编码都依赖于人脑中已有的信息图式、框架和网络，输入信息必须与这些图式相一致，才能完成信息处理的系列过程即理解过程，也可以说是图式具体实现过程。图式是一种抽象的囊括空当的知识结构，其每个组成部被视为一个空当。当图式空当被充裕的具体信息填补的时候，便表示实现了具体图式。

图式理论重申了两种最基本的信息处理方式，一是由下至上，二是由上至下。前者指输入头脑中的信息起始于最基本的具体图式，这些具体的图式合成较大的高层次图式，从而激活头脑中较大的图式发生作用，即下一级图式引起上一级图式的活动，这是一个从部分到总体的过程，该方式也称“材料驱动”。后者指头脑中的高层次图式预测或者预期输入的信息，并对这种信息予以肯定或否定。“由上至下”的方式加速信息的吸收或同化，有助于听者消除歧义，该处理方式也称为“概念驱动”。这是一个从总体到部分的过程，即通过输入的某些信息去激活所需背景知识，活动起来的图式带动下一级图式也活动起来，对下一级图式具有预期作用，就像某种情景的出现会在头脑中浮现此情景的许多具体内容及所延伸的其他情景一样，然后对信息内容进行总体预测。在高校英语听力理解的过程中，由下至上的方式表现为听者广泛关注各种语言信息，如单词、音节、词素、词组等具体信息的听力辨析及具体图式的运用。我们可以通过以下例子进行具体论述。

Woman：Excuse me. Dr. Adam. Could you please explain about temperature and road conditions again？

Man：Very well，as soon as I've checked these figures on the board and assigned tomorrow's homework.

Question： Where does this conversation most probably take place？

a. In a doctor's office.

b. In a classroom.

c. In a conference room.

d. In a video store.

按照 Woman 的话语，我们并不能辨识出对话的具体地点，然而通过 Man 的话语中的具体信息“board”和“homework”，我们按照脑海中现有的图式便能够确定该对话和教室相关，因而得出正确答案 b。而“由上至下”的方式则注重高层次图式的运用，如提到“去餐馆吃饭”马上会想起这样的图式，即就座、看食谱、点菜、吃主餐、付账、给小费、离开餐馆等，即更多地利用大脑已有的背景知识来分析、处理新输入的信息，达到理解的目的。

图式的激活便是学习者通过所接收到的部分信息来判别该信息可能涉及的内容，同时从自身脑海中所储存的图式中提取适宜的背景知识以帮助听力理解，也就是说学习者所听到的具体信息能够激活他们脑海中有关知识的图式，这有利于学习者预测下一个听力环节可能出现的情景。听力理解的过程就是已有知识和输入信息内容之间相互作用的过程，这种相互作用由两个同时起作用的激活过程引导，即上述的两种信息处理方式。总之，图式的激活是多层次的、反复的，只有激活正确的图式才能帮助学生正确理解听力信息，而激活错误的图式则会降低理解速度，导致理解困难。

（二）图式理论对听力理解的作用

心理学相关的实验证实了图式对英语听力理解发挥着重要的作用，这种作用集中表现在以下几个方面。第一，图式为理解所输入信息提供参照和向导。在听力过程中输入的信息内容与学生头脑中的图式交汇融合，构成新的更具体的图式，从而完成听力理解过程；第二，图式有助于学生在听力过程中考虑语境、排除歧义、准确判断；第三，图式有助于听者对上下文的预测。目前在我们的大学英语听力课上大多采用的是“由下至上”的方式来理解所听到的信息，学生们所采用的解码手段是注重所听到的具体信息，如单词、词组等，然后逐渐过渡到对句子、段落、篇章的理解。这种方式导致学生极其容易停留在某个熟悉但一时想不起来意思的单词或者其他的细节上，不仅会对听力的速度产生不良的影响，还会妨碍到学生对整个段落的充分理解。在这种情况下，学生在听的过程中难以及时得到信息反馈，被动地接受信息，久而久之，学生感到无所收获，兴趣索然。　　但是如果把图式运用到听力课中，效果明显不同。部分教师曾在辅导大学英语四级听力时进行比较，发现同样的一套大学英语听力试题，让同学在20分钟内做完和先做30分钟的背景知识解释，然后再做题，其结果明显不同。由于后者在做题之前将每一个题目相关的背景知识均进行解析，能够帮助学生激活或调动脑海中各类图式；在这种状况下，学生能够同时使用“由下至上”及“由上至下”的信息处理方式，因而理解的精准率比前者要高得多。

图式理论认为应该综合采用“由下至上”及“由上至下”这两种方式来分析及处理所输入的信息，通过此种方式，能够充分调动学生的主动性，所理解的内容也更加全面。当学生根据被激活的背景知识对信息进行预测时，把注意力主要集中到可能与图式有关的信息内容上，从而对信息内容有一个整体的了解，而不是仅仅停留在表面上，或只注重细节，从而易于达到“深层理解”。

从心理语言学的层面上看，图式的激活仅仅是人们思维理解过程中的准备阶段。所以，听前激活学生头脑中的有关概念和经验非常重要。一般来说，听前学生常常处于紧张状态，当激活了背景知识后，学生有了一定的准备，减缓了紧张心理，同时限定了将要听到的话语的范围，可以主动把注意力集中到输入信息内容上，较少地注意每一个音素、音节、词、短语。输入信息前图式的激活能使学生做出预测，保证整体理解。相反，如果并未激活图式，学生将会处于被动的状态，难以将输入信息和现有知识有机融合在一起，盲目地接受信息，便会导致听力理解受到阻碍。

二、图式理论指导听力教学的应用

通常情况下，高校英语听力课可以细分成三个节点，即听前的热身阶段、听力理解阶段、听后巩固阶段。

（一）听前热身

听前的热身阶段即在开始听力理解活动之前互相讨论可能出现的主题及学生对主题的认识。对学生不太了解的地方如可能出现的特定的文化特征，教师可以给学生提供背景知识，帮助学生建立新的图式。提供背景知识的方法可以是预讲、预试和课堂讨论。例如，《大学英语听力》第四册第二课中的第二个短文 Education in the U.S.A.，教师在听前可以预先介绍美国教育，使学生建立有关“美国教育”的新图式，也可以听前测验学生对此的了解，激活学生已有的相关图式，更可以开展短暂的课堂讨论，建立正确的图式。通过这种方式，学生能够利用已知的图式来预测内容范围，提高理解的准确性。在这个阶段中，教师的主要任务是帮助学生激活脑海中已有的图式，同时构建新的图式，对需要输入的信息进行预测，为下一阶段的听力理解做准备。通常情况下，学生激活的图式越多，听力理解阶段便会越主动。

（二）听力理解

听力理解阶段中，教师应该引导学生运用已经激活的各类图式，采用“由下至上”和“由上至下”相融合的方式来对所输入的信息进行解码。首先，教师可以鼓励学生利用高层次的图式，通过文章的题目、问题中的选择项、文章的词汇或图片等内容来激活各种图式，进行“由上至下”的预测。然后，教师引导学生结合两种方式进行理解，以便检验、证实先前的预测。同时要求学生仔细听辨关键词、关键句子，以达到整体理解。例如，《大学英语听力》第一册第八课的短文 Can We Help You 有这样一段话：

“ …It was dark. Then Mrs. Jones said, look, Bill. A woman is running along the road very fast, and a man's running after her——”

听到这里，学生几乎都有这样的图式，一个漆黑的夜晚，琼斯夫妇看到一位妇女在街上跑，一男子跟在后边，这个男子可能是个坏人…然而，此短文并没有表达出这个层面的意思，只能通过学生激活脑海中的相关图式，便按照图式来理解文章的深层内涵。但是，接下去的语句是：

“He drove the car slowly near the woman and said to her, ‘Can we help you？’——No, thank you, the woman said, but she did not stop running.”

此时，意思便发生了变化，这就要求学生激活其他图式，以实现整体内容的统一。其他图式促使学生集中注意力听下面的关键词或句子——“always run home, the slower, washes the dishes”。在这个过程中，学生持续激活各种相关的图式，来证明或验证自身的预测，最后实现了精准理解听力内容的目的。

（三）听后巩固

听后巩固阶段也是一个相对重要的阶段。经过教师总体上的解释、回顾、总结，学生对信息的进一步理解得到加深，同时他们能够把刚获得的有关背景知识储存到长时记忆中，充实、丰富头脑中的图式，为进一步的听力理解做准备。因为“长期记忆中的语言知识和非语言知识，对理解至关重要”。这样，一方面学生主动利用两种信息处理方式进行听力理解的能力得到了提高；另一方面学生对听力课的兴趣也得到了增强；同时还将听力教学从以往的以“词、句”为中心转变到以“语篇”为中心上来。久而久之，学生充分发挥自身的主动性，熟练运用这种方式，便会促使他们的听力理解更迅速、更准确。

总而言之，将图式理论应用于高校英语听力课中，使图式理论潜在的优点在课程教学实践活动中得到重新展现，将会促使传统被动式的教学模式发生质的变化，进而不断提升学生的听力理解能力。

第三节　以听促写提高学生思辨能力

以听促写是高校英语教学的一种重要环节。行动研究（Action Research）是针对自己教学中的实际问题开展行动性、参与性、探索性、反思性、循环渐进性的系统性研究。作者及同行通过分析大学英语教学中存在的问题、设计解决方案、并对教学进行评价和反思，开展大学英语以听促写、提高学生思辨力的行动研究，使大学英语教学通过课堂实验研究来提高大学英语教学效果。

根据新的《大学英语课程教学要求》，大学英语的培养目标是培养学生英语综合应用能力，特别是听说能力。针对新的培养目标研究者们分别重点对大学英语综合技能中的听、说、读、写进行研究，尤其是对听说能力提高的研究。有针对性的研究确实对大学英语教学起到了促进作用，然而将各项技能结合起来，相互促进、针对自己教学中的实际问题开展行动性、参与性、探索性、反思性、循环渐进性的系统性研究将更有效地改善英语教学，达到课程教学要求。因而，更加具有实用性及可行性的行动研究逐渐受到高校英语教师及相关研究者的广泛认可及接受。

一、行动研究理论概述

（一）行动研究的内容

“行动研究”具体指的是以某些行动对组织系统的影响为主要对象的研究活动，其是一种备受瞩目的社会科学研究方法。“行动”是指实践经验者用以改造实践的活动，“研究”是理论家为探索知识而进行的活动，两者有着较为严格的界线。

行动研究是一种自我反思式的调查，目的在于解决问题、改善实践或提高认识。由此可见，在行动研究的过程中，教师不单单是实践者，还是研究者，这就要求教师从已有的教学环境出发，以自身所掌握的教学理论为基础，通过反思教学过程，提出问题、分析问题，并提出对应的解决方法。

行动研究最基本的特点就是将“行动”和“研究”相结合，在实践中验证理论、提高教学，并提高对课程、大纲、教学和学习的认识，其结果是解释和验证现行的教育理论，从而提高教学效果。总之，大多数学者已经认识到行动研究的基本过程是一个螺旋式循环的过程，每个螺旋式发展均囊括了“计划—实施—观察—反思”这四个互相制约、互相影响、互相联系的基础环节。

（二）听力、写作教学的现状和行动研究的必要性

《大学英语课程教学要求》在重点关注培养学生英语综合应用能力的同时，还强调培养学生的听力能力及书面表达能力。但是，当前大学英语听力、写作教学仍然是大学英语课程的薄弱环节。往届很多学生反映经过几年的学习还是听不懂、写不出、写不好。近年来，英语听力普遍被忽视，而且往往与英语中的其他技能孤立开来。在听、说、读、写四项基本技能中，写作是应用性最强，综合知识面最广，训练难度最大的项目。学生写作依靠母语思维，母语思维参与二语写作的全过程，母语在二语写作中产生了正面和负面的双重影响；学生写作句法单调，过度使用某些词汇，表现出较强的口语文体特征，语篇模式受母语思维影响特征显著，语体意识不强。除此之外，据调查与了解许多大学英语教师在对待英语写作方面有两种错误的倾向，其一是把写作教学简单化，认为英语写作教学仅仅是一个“布置写作任务→批改作文→发放作业”的一体化过程；其二是在教学的过程中，大学英语的作文练习和测验的题目往往较为单一，模式基本固定，这和语言的实用性存在较大的差异性，测验材料也欠缺真实性。因为英语写作教学的难度较大、费时、费力且见效慢，在应试教学的影响下，大学生的英语写作没

有取得相应的进步和应试教学轻视写作有关。由于大多数教师对英语写作教学的投入力度不够，导致写作教学模式普遍较为单一，欠缺创新及互动，因而难以激发学生在写作方面的积极性。

为了有效提升听力和写作教学的效率，便要求教师针对上述问题，找寻新的教学方法及教学模式。以下通过相关学者在大学英语教学中所做的“以听促写”教学行动研究的实验和分析，就行动研究在大学英语教学中以听促写，改善学生思辨能力进行可行性研究。通过这方面的研究，深入探究行动研究在大学英语教学中的应用、创新和大范围推广的可行性。

二、以听促写的实证研究

（一）行动研究在以听促写中的应用

行动研究是一个螺旋循环的过程，包括计划、行动、观察分析、反思等环节。

第一步，通过实地调查，发现英语教学中存在的问题。学生高考入学英语成绩 70 ～ 90 分占多数，基础弱，听与写的能力较弱，而且英语学习积极性不高。本地生源占多数，他们的英语基础相对较弱；而外地生源高考分数较高，但听力水平较低。学生普遍存在被动学习、缺乏思想的问题。

第二步，提出假设。对听、写的能力重视不够；写作模式单一，缺乏创新性；学生听、写较为被动；学生缺乏思辨能力，不会独立思考。

第三步，初步调查。观察往届学生入学英语情况及新生入学测试。开学之初，进行新生入学摸底考试，了解学生英语情况。同时给学生布置作文，批阅后发现作文中语法错误较多，模式、句式单一（与高考培训有关），缺乏自己的看法，可以看出学生思维受范文的影响较大。访谈的目的主要是为了发现问题以便及时调整计划，访谈共进行两次，研究前一次，研究结束后一次。访谈问题主要针对学生在课堂上的积极性较差，听不懂教师所教授的内容；写作的时候所使用的语句千篇一律，或者根本写不出句子，没有思想等。

经过初步研究之后，研究者发现当前学生在听力、写作方面仍旧存在较大的问题，这为下一个环节以听促写行动的实施提供了实践支撑。

（二）以听促写行动方案的实施

1. 第一阶段

针对学生听力和写能力较弱、积极性不高的问题，研究者转变了听力教学方法，改变了以往“教师播放录音、学生回答问题”的单调模式，将听和输出有机融合在一起。在课堂上要求学生复述短对话，加入相关文化视频，要求学生以组为单位，讲述所看到的内容，培养学生的兴趣，为以听促写打下良好的基础。具体而言，将贴近生活的题材如新闻视频引入课堂，听的过程中引导学生进行批判性思维，逐渐培养学生的思辨能力；要求每次精读课有一名学生做演讲，内容要求与课文内容相关的任何形式，然后要求全班同学就内容、语言、体态语等进行评论，引导学生进行批判性思维；将学生结成对子，互相写信，谈谈身边所发生的事情、自己的感受等，让学生有东西可写。这里需要指出的是，由于课堂的时间相对有限，这就要求学生课下还需要通过网络学习室来训练自己的听力，内容包含课本上的内容和教师布置的新闻视频内容。教师需要详细记录每一位学生课下上网学习的时间，作为形成性评估成绩的一个参考。

第一学期期末考试初步采取以听促写的尝试。在最后八周课外给学生提供八个音频，根据音频让学生自己确定主题并写出主题突出的作文，字数不少于100字。

研究者发现经过一个学期的学习，学生在听力、写作方面有了显著的提升。学生对英语学习有了明确的目标，听力成绩有所提高，思辨能力、写作能力有所改善；学生有了批判性思维的意识，有东西可写，有感而发，同时也增强了同学们之间的合作意识，课外网络学习对学生提高英语应用能力起到了辅助作用。然而，研究者也发现了一部分问题，譬如学生强化训练相对较少，拼写错误相对较多。通过反复听八个音频，学生的听力有所改善，能够提前准备作文，所以大多数学生的作文都比较完整，但在评估方面，由于学生提前准备作文，所以无法科学的评判每个学生的写作水平。网络自主学习由于是按学生上网时间来记录成绩，所以，有一部分学生挂到网上就去干别的事情了，课外学习效率不高。通过访谈，研究者还发现工科类学生学习英语仅仅是为了应付考试，并未制订长远的学习计划，并未认识到英语学习的必要性，片面认为自己未来从事的工作和英语并不会存在较大的联系，这就导致这些学生在提升自身英语听力的方面动机不充裕，学习的积极性较低，英语成绩提升的速度也较慢。

2. 第二阶段

针对第一阶段发现的各种问题，教师按照电子邮件、访谈记录、学习日志、学生作业、水平测试等信息来源进行广泛的讨论，并对教学方案进行相应的调整。首先进行 4 ～ 6 次各种英语听力方面的讲座，让学生认识到英语与其专业的关系，并能够自主制定长远的计划。在课堂教学中加大学生思辨能力的培养力度，同时增加课堂听与训练，强化听力，减少学生拼写错误。学生普遍反映学习自控力较差，要求教师多监督；因此教师加大了各种听写及背诵练习，并将结果记入平时成绩。每个单元要求学生根据音、视频进行写作，围绕一定的主题把自己的想法写出来。学生的作文不再是千篇一律、没有思想的文章，而是充满思想、充满感情、体现出一定思辨力的文章。改变学生网络自主学习评价方式，给学生提供课外音频训练同时出试题，记录学生实际成绩。期末测试的时候，不再通过为学生提供音频的方式进行测验，而是要求学生直接按照音频进行写作。通过这种方式，能够促使学生在课下也主动去听一些具有一定难度的新闻类音频，这在很大程度上训练了学生的听力能力和思考能力。

经过这个阶段的教学，学生在听力、写作、思辨能力等各个方面均出现了显著的提升。课堂听力训练准确率提高了，拼写错误减少了；课堂上学生能够有见解的发表自己的看法，较以往沉闷的课堂有了很大的改进。期末考试作文是根据所听内容从不同角度选择主题进行写作，虽然这种以听促写的模式有一定的难度，但学生确实交出了一份满意的答卷，教师们对学生的作文给出了很高的评价。作文是一个 5 分钟的关于音乐奇才郎朗在父母的支持下求学之路的音频，学生从有志者事竟成、毅力、失败是成功之母、感恩、中西教育差异等角度来进行写作。有一位阅卷老师说：“没想到学生的思路如此宽阔，有些主题连自己都想不到”。教师们对学生所写的作文的整体水平极为满意。

（三）行动方案的成效

通过上述行动方案的实施，研究者发现学生的学习效果有所提升。学生经过一学年的学习，听力、写作都有了很明显的进步。为了进一步说明以听促写行动研究对学生思辨能力、写作能力的促进作用，研究者利用 SPSS 17 软件对工科学生在第一、第二学期的作文成绩进行了统计。结果发现第一、第二学期中，工科作文平均成绩与工、商科整体平均成绩相比，存在明显的差异。

同时，通过行动研究方法，高校英语教师也收获匪浅。行动研究方法是英语教师进行专业发展必不可少的能力。一方面，通过在教学活动中主动计划、检查、评价、反馈及调整自身的教学行为，我们即找到了教学自我完善的有效途径，又发现了研究中的一些实际问题。因为行动研究是建立在教室和教学习惯的社会背景基础之上，直接研究日常教学实践中有意义的问题。在教学实践中我们做到了“做中学，行中思，知行合一”。另一方面，因为教师是整个过程的主导者，而不是偶然的参观者。行动研究为教师提供了一个更值得参与研究的机会。通过独立研究和思考，高校英语教师初步掌握外语教学中的科研方法，学会设计小型的科研课题，进行课堂观察、设计问卷、写教学日志，学会收集各种数据统计和分析数据等。通过行动研究，教学和科研成为一个统一体，教学持续向科研提出新的问题，而科研成果也会反作用于教学。

需要强调的是，在高校英语教学过程中开展行动研究还应关注以下几个问题。一是有针对性的研究，选择适当的题目，题目不宜偏大；题目应来自实践教学中所发现的问题。二是研究过程中要随时对计划进行调整，不断地反思、评价。三是教师的协作在行动研究中起关键性的作用。

总而言之，行动研究是教师通过自身所开展的课堂教学现象进行深层次观察及研究，从中获得知识、完善教学方法的一种探究性活动；是把课程、教材、教法、学习过程、学生需求和评价有机地结合在一起，从人的需求和发展出发，分析问题和解决问题，促进教学的改进和学生的发展。行动研究使高校英语教师在教学实践中既成为实践者，又成为研究者，使其在实践中不断反思，不断探索创新，不断总结归纳，从而促进英语教育理论的发展与完善，激发教师的自主性，提高其对工作效果的评价能力。从这个意义上讲，行动研究是高校英语教师进行深层发展、提升教学质量的有效方式。

第四节 多维模式的形成性评估促进听力教学

上文中已经提到了大学英语的一个主要培养目标便是培养学生的英语综合应用能力，尤其是听说能力。教学目标的变化带来教学内容、教学手段、方法、模式的变化，因此教学评估也发生相应的变化。在听、说、读、写四个语言交流技能中，听力是使用最频繁的，是交流的基础。因此，听力教学越来越受到教师和学生的关注。而局限于“教师放音→学生选择→检查答案”的单一的课堂听力教学评估模式已经不利于学生语言能力的提高和学习自主性的发展。英语学习要想取得最佳的成效，关键要看学生自身的学习热情、学习动机、学习目标等。学生是英语学习的主体，课堂学习是学生学习英语的一个有机环节，听力能力的提升关键要看学生的学习主动性及积极性。为此各高校纷纷建立了大学英语自主学习中心，它的建立为新的大学英语听力教学模式的产生提供了必要的硬件基础，随之对各种学习形式的形成性评估变得越来越重要。由于形成性评估可以提供全面、准确的信息来描述学生的学习行为、能力发展和成绩进步等方面的情况，从而促进教学目标的实现，所以在教学评估领域的地位日渐突出，受到越来越多英语教育工作者的重视。目前，在英语学习过程中，人们往往比较重视学习者外语听力的训练，而忽视了对各种听力训练形式的评估作用。在这种情况下，多元化的教学模式并未得到适宜的监控及评估，也就谈不上教学方式的改进、教学质量的提升。有鉴于此，以下我们以大学英语转型为契机，具体探讨多维模式的形成性评估在大学英语听力教学过程中所发挥的促进作用。

一、教学评估理念和研究目的知识

（一）教学评估理念和研究目的

教学评估是高校英语教学工作的重要环节。教学评估的理念最早是由 Frederich Taylor 提出的，他认为考试的目的是了解学生学习的进步程度。20 年后，Ralph Tyler 进而提出评估的核心是评价教学目的的完成情况，而不是用于区分、鉴别学生。Hein 和 Price 宣称学生从事的任何活动都可以用作评价。Kohonen 将评估系统的发展视为教学范式转变的一部分。他认为传统教学模式将教学过程看作知识的传输（transmission），评估是对成品（product）的终结性评价；而现代教育理论正在向以学习者为中心的经验型（experiential）教学转变，教学以知识的转化（transformation）为目标，目的在于将新知识与学习者已有的个人知识构建和认识（constructs and meanings）整合，还在于提升学习者的整体个人素质（personal growth），所以评估是对教学过程（process）的反思式（reflective）评价，是学习过程不可分割的组成部分。基于以人为本、以建构主义理论为基础的形成性评估强调对学生的学习过程进行评价，提供反馈信息，并对学生的情感、态度和策略等方面的发展做出评价。简而言之，形成性评估是在教学过程中开展的，对学生的学习进度进行监控和评估，并将评估过程中搜集到的信息用于调整教学方法及教学模式，以满足学生的基本学习需求、提升高校英语教学的整体质量。

（二）形成性评估和终结性评估之间的差异

形成性评估指的是教学过程中通过有效、及时的反馈，促使语言教学持续稳定发展的评估方式。其强调的是在日常各种各样的教学活动中，对学生的评价。教师对学生各种学习活动进行观察、评价以便及时了解阶段教学的结果和学生学习进展情况、存在问题等，并及时反馈，进而及时调整和改进教学工作，同时也可作为英语阶段性学习的导向。美国的斯克里芬（G. F. Scriven）在其 1967 年所著的《评价方法论》（The Methodology of Evaluation）中提出了形成性评价。美国教育家布卢姆（B. S. Bloom）将形成性评价运用于教育评价实践，从而大大推进了现代教育评价理论的发展。国外对这一领域的研究成果丰硕。然而，国内关于形成性评估的研究起步较晚。长期以来，我国的高校英语教学所采用的测试及评估方法主要是终结性评估的方式。

而形成性评估和终结性评估在形式、目的、关注点等各个方面存在较大的差异。终结性评估重点关注结果，而忽略了教学过程这个重要环节。评价主体是教师，学生是被动接受，不利于学习者自信心的建立。可喜的是，近些年来，伴随着我国英语教学改革的进一步深入，越来越多的研究者开始探索形成性评估研究，并取得了一定的研究成果。在此基础上，我们基于建构主义理论，通过课堂评估、网络自主学习评估等多维模式的评估，具体探究多维模式的形成性评估在高校英语听力教学过程中所发挥的促进作用。

二、多维模式的形成性评估在听力教学的应用

（一）研究方案及实施

1. 课堂教学评估

教学过程实际上是教、学双方通力合作的过程，只有在教师及学生均充分发挥自身的主动性，才能够实现最佳的教学成效。课堂英语听力教学不仅仅局限在“听音一给出答案”这个简单的过程，而是一系列的多种形式的交互过程及相应的多种评估形式；课前每位学生根据听力任务为课前演讲做准备，课堂上要求学生根据视频进行同步复述，甚至改变常规听力方式，如短对话、长对话用复述形式完成，教师对学生课堂上的每一项表现都要记录下来，作为评估的依据。在外语学习过程中，听力是大多数外语学生的薄弱环节，是实现正常交际的主要障碍。听写贯穿到每一次听力课堂教学中。听写训练在培养和发展学生听力能力方面的可行性和有效性已经得到了证实，听写式语言输入与学生听力能力的发展显著相关。每次听写训练安排在英语课前或结束前 5 分钟。参照大学英语四级考试复合式听写模式，借助语音多媒体设备，代替老师朗读三遍。第一遍从头到尾，中间无停顿；第二遍以分句为单位，根据分句长短决定停顿时间，由教师操控；第三遍全文通读，中间无停顿，最后要记录学生的成绩。在训练的过程中，教师有目的性地指导学生熟练掌握各类听力策略。这种方法不单单能够增强学生辨识输入信息的敏感度，增强学生对听力话语的划分能力及理解能力，还能够在一定程度上将学生的听力能力推向更深层次的方向。

2. 课外教学评估

听力自主学习是练习听力的主要方式。通过对话听力练习、篇章听力练习、跟读、角色扮演、自由表达、听说资源、单元测试等在线课堂方式进行练习，其中单元测试这种方式要求学生在规定时间内完成；教师根据学生学习记录，如上网记录、课程记录、练习记录、成绩分析、成绩排名等进行评估并记录成绩，作为形成性评估的一部分。听力作文是训练学生听力的除此之外一种形式，第一学

期给学生一定数量的音频（VOA、BBC、CNN等）资料要求学生在规定时间内反复听，然后根据自己的理解寻找切入点完成一篇120字左右、主题突出的作文。第二学期不再事先给学生提供音频材料，而是直接进行听力作文考试，学生课下需要自己寻找资料并进行大量的练习，这对学生来讲是个极大的挑战，不仅验证了学生的自学能力和听力水平，还验证了学生的思辨能力和综合运用英语的能力。通过“课内－课外”教学评估相结合的方式，获取到以往单一评估模式难以比拟的教学成效。

（二）开展教学实验活动

研究对象为某高校两个不同专业的学生。其中，一组学生作为实验班参与实验；另一组学生作为对照班。采取外语教师讲授听力课，以课堂为中心的教学模式，对课程评价仅使用终结性评估。实验班、对照班都采用听力课两周2课时，读写两周6课时，但实验班除了进行课堂的多种形式评估外，每隔一周进行网络自主测试1课时。此次实验的目的在于对两种教学评估模式的效果进行对比，检验多模式评估对提高英语听力水平的效果。参与实验的两组学生进校时英语水平相当，甚至对照班入学听力测试平均分高于实验班。他们统一使用外语教学与研究出版社的《新视野大学英语》《新视野大学英语听说》教材。实验除自变量不同外，对其他因素进行控制。两组学生的教学总课时、读写课教材、教案、教学进度等保持一致。统测笔试试卷由教师集体阅卷。整个实验历时一学年，主要解决以下两个问题，一是多维模式的形成性评估是否能够促使学生英语听力能力的深层发展；二是此种评估模式对高校英语听力教学及学生英语学习所产生的影响。

（三）实验结果及相关讨论

实验过程中对实验班和对照班进行入学英语综合水平测试，用统计软件SPSS.17的社会科学统计软件包对所测试的听力成绩进行统计。统计数据显示，实验班和对照班的平均分无显著差异，符合实验条件；实验班和对照班的成绩在实验后具有显著差异；实验班和对照班平均值差之间存在显著差异。可以得出这样的结论，多维模式形成性评估确实在提高学生听力水平方面起到了较大的作用，对学生听力能力的提高有一定的影响。

综合以上论述，我们可以发现多维模式的形成性评估体系在提升学生听力能力的方面发挥着重要的促进作用。在这种评估模式下学生目标明确、自主学习计划得当，并能适当调整学习方式与方法有利于听力能力的发展与提高。大学英语教学新模式需要一种与之相适应的评估模式，由此重视学生平时表现的多维模式的形成性评估体系应运而生。实践证明，形成性评估不但能激励学生随时关注与成绩有关的听力能力，而且能使其了解学习英语的理念，有针对性地调控自己的听力学习方法。但也应看到，由于该评价体系实施的周期并不长，同时在课堂活动等方面欠缺规范化的评估标准，有待于今后的教学过程中进行持续改进，构建一整套更加完备的多维模式的听力形成性评估体系，以提升学生的听力能力，不断改进及提升教师的教学水平。

第五章 口语教学

第一节 说的性质与心理机制

一、说的性质

“说”是通过运用语言来表达思想、进行交际的一项技能。相较于书面语来说，说是一种有声的语言，是语言输出的一种形式。

说与听是密切相关的，是在听的基础上不断发展的。一般来说，说的发展主要经历了以下三个阶段：在说的动机下产生了言语的雏形；发现了内在语言的构成要素；经过语言逐渐向外在语言转换。具体到英语这门语言，说主要包含以下两个层面。

首先，说的技能。说的技能是从对语言知识的掌握到说的技能形成转变的一个必需的环节，简单来说就是口语的实际表达状态。说的技能不断推动和促进着学生说的能力的形成和发展。在英语中，说的技能主要包含：语音、语调是否正确；词汇运用是否贴切；语句结构是否与语言表达习惯相符；言语应变能力是否敏捷；语言表达是否简单明了。

其次，说的能力。说的能力制约和调节着说的技能。如果说的能力强，那么说的技能必然好；相反，如果说的能力弱，那么其说的技能必定也差。可以说，说的能力的高低对说的技能好坏起着决定作用。

二、说的心理机制

（一）听→说

无论是学习母语还是学习外语，都需要先听。这就说明，听是说的前提和准备，听的准备越是充分，说的学习就越是顺利。听的阶段是沉默的阶段，虽然不开口说，但是确实在为说的阶段进行酝酿。从听到说，是符合语言接受的客观规律的。如果听得好，他们的发音器官就会异常活跃，最终就会产生说的意愿。

（二）不自主→自主

英语学习是一个从不自主到自主的过程，这在说的阶段表现得更为突出。在开始的时候，学生说英语总是将其注意力放在语言形式上，无暇顾及词语、句子的意义；而且在与人对话的时候，他们也很难关注到对方说的内容，而只是被他们说的词句吸引。在这种情况下，他们的精神是相对比较紧张的，而且思路不清楚、已知的技能也会变得不纯熟，这样的说也就变成了被动的、不自主的说。事实上，这是每一位英语学习者所必经的阶段。

但是，这种不自主状态是可以转化成自主状态的，那就是靠英语学习者坚持不懈的努力。从不自主转化成自主的关键是说的经验的积累以及对话语环境的适应。因此，只要在客观上满足说的条件，在主观上满足说的愿望，那么就一定可以达到自主。而所谓的自主，就是能够将自己的注意力集中于自己说的内容和对方说的内容上，而不是语言形式上，要怎么想就怎么说出来，而不是先想好了后说。

不自主和自主是属于心理的范畴，其次才是语言的范畴。换句话说，不自主和自主是没进入和进入说英语这一角色的问题。如果进入了角色，说英语时就显得非常地轻松自由，只要把自己的意愿说出来即可，而很少考虑所说的词语、句子是否符合语法规则。从这个意义上说，自主又具有相对性。

（三）想说→说清楚

当一个人说话的时候，他会受到动机的影响，产生想说的念头；然后他就会将注意力集中于想说的内容之上，这就是说什么的问题；最后，他会将想说的内容与语言联系起来，这就是怎么说的问题。因为说的活动的速度是相当快的，所以要求说话者能够灵活运用语言，随时对所需的语言材料进行记忆和检索，并且有足够的记忆来完成整个句子。因此，说的过程不仅是一个想说、说什么、怎么说的过程，更是一个不断调整、控制和修正的过程。

第二节 口语教学的现状与原则

一、口语教学的现状

（一）教师教学现状

1. 应试教育的影响

目前我国的高考还没有实行口试，部分地区虽然试行口试，但是口试成绩并未计入总分，各学校在期中考试、期末考试中也很少实行口语测试制度。而我国的四、六级考试虽然在日益改革中加大了听力的比重，但是并没有强制加入口语考试，对口语的要求仅限于分数高于 550 分（四级）和 520 分（六级）的学生。

另外，由于大规模口语测试的操作性难度较大，难以实现，再加上学生在生活中有较少机会利用英语进行口头交流，学生并不需要为了进行交际而实践其所学到的英语，这就在客观上给学生们造成了口语不太重要的错觉，而教师也会在无形中淡化口语教学，学生则会采取无所谓或者不合作的态度。在英语课堂教学中，有的教师在设计口语活动时，往往也只有固定的为数不多的几个口语好的学生参与，其他同学的参与程度则较低，这不能从根本上提高大学生的英语口语水平。总之，在我国应试教育的负面影响下，学生和学校都无法真正重视英语口语应用能力的培养。

近年来，随着人们对英语口语的日益重视，不少学校开始重视英语口语课堂教学，甚至在英语教学中设立单独的英语口语课，训练学生的英语口语能力。但是这些改变主要出现在经济发展水平较高的地区，在我国的西部经济发展较为落后的地区，英语课堂教学仍然忽视学生的口语能力，“哑巴英语”现象仍然十分严重。

2. 不重视口语能力

一些教师认为，口语教学作用不大，可有可无，从而在英语课堂教学中忽视口语教学，对教材中的口语训练只是走走过场。还有的教师对口语流利性和口语准确性两者的关系认识不足，导致口语教学在流利性和准确性之间徘徊。例如，有的教师受交际法的影响，一味强调语言的交际功能，忽视语言的正确性，致使学生不能够掌握准确的英语口译；而有的教师则一味强调语言的准确性，对学生在语言形式上所犯的错误过分苛求，却忽视了英语口语的流利性，使学生怯于开口说英语；还有的教师由于对口语教学的研究不足，因而平时不注意提高自己的英语口语水平，在组织学生进行交际性口语活动时显得力不从心，口语教学内容乏味，教学方法单调，缺乏趣味性；有的教师则由于忽略了其在口语教学中的指导者、组织者、参与者的角色，不组织学生进行交际性口语训练，使学生无法得到必要的、有效的口语训练。

3. 课时有限

以大学英语教学为例，大学英语一般开设 4 个学期，每周 4 节课，总共只有 256 学时。由于大学英语教材内容繁多，多数教材包括精读、泛读、听力和快读。教学内容多与学时不足的矛盾很难解决，不少学校的精读课和听力课都无法保证，更别提进行口语训练，培养学生口头交际的能力了。有的学校为了保证精读课、听力课的进行，甚至取消了英语口语课。

此外，班级人数过多也是一个不利因素。现在我国大多数高校的英语教学班一般在 50 ～ 60 人之间，大大超过了科学合理的班级人数，增加了班级管理以及组织口语活动的难度。学生拥挤一堂听老师滔滔不绝地讲单词、语法、分析文章，然后做练习题，很少能够得到锻炼的机会。即使老师在课堂上留出部分时间用于口头训练，但由于时间有限，无法让每个学生都有足够的听说实践机会。久而久之，导致学生由不能张口到不愿张口最终张不开口，从而失去了说英语的自信心。

4. 评估制度缺乏

评估可以检验教学的质量，是教学中不可或缺的重要环节。我国最常使用、影响最大的评估方式就是考试。例如，小学、初中、高中都有相应的期中、期末考试，大学有英语四、六级考试。然而，这些考试多是对学生听力、阅读、写作、翻译技能的检测，而无法考查学生口语学习的质量。而专门用于检验口语水平的测试少之又少。造成这一现状的原因在于，口语考试的实施与操作都有一定的难度，如口语测试材料难易程度的把握，考试形式的信度与效度等问题等。对此，大学英语四、六级考试委员会在全国部分省市实施了大学英语口语考试，并规定了统一的等级评审标准。显然要想切实提高教师和学生对口语的重视程度，提高口语教和学的质量，仅仅增加大学四、六级口试是远远不够的，但大学四、六级口试制度的出台对于完善英语口语评估制度无疑提供了良好的示范作用。在此指引下，我国将来势必会推出更多、更科学的口语评估方式。

（二）学生学习现状

1. 语音不标准

不同的学生有着不同的英语基础和语言接受能力，所以口语的水平也存在差异。尤其是大学阶段，学生来自全国各地，地方口音不同程度上直接影响了他们英语口语语音、语调的标准性。而且，大学生在中学时期接受的多是“灌输式”的教学方式，所以大学生的口语基础薄弱，他们中的大部分都存在口语表达语音不准确、词汇匮乏、表达不清等问题。

2. 焦虑感存在

焦虑是指个体由于不能达到目标或者不能克服障碍的威胁，使得其自尊心与自信心受挫，或者是失败感或内疚感增加而形成的紧张不安、带有恐惧感的情绪状态。焦虑一般与不安、自我怀疑、紧张、忧虑等不良感觉有关。学生在学习英语时产生的焦虑不是一般意义上的焦虑，而是学生因为要运用目的语而产生的害怕心理。

有调查表明，由于听力困难、缺乏自信、害怕出错和得到负评价等原因，80% 以上的学生存在一定程度的焦虑，只有不到 20% 的学生处于低焦虑状态。焦虑会给学习者带来心理压力，特别是当他们要用英语进行口头表达时。书面语允许仔细推敲，而口语却必须迅速、及时。书面训练时出现的错误有可能是隐含的，但是口语训练中出现的错误却是显而易见的。口语的口头性、灵活性、交际性以及出错的公开性使学生在口头练习中很容易产生焦虑。因此，在英语口语课堂中，有的学生缺乏开口说英语的信心与勇气，担心出错、失面子、受批评，因此害怕开口；有的学生受母语干扰，对母语产生依赖性，觉得英语很难学；有的学生在活动中没有自我表达的动机，无话可说。在我国，英语课堂是学生练习英语口语的主要环境，因此研究课堂环境下如何降低学生的语言焦虑，提高他们的口语能力是十分有必要的。

3. 学习动机缺乏

动机是激发学生主动学习的内在动力，对学生的学习发挥着重要的作用。学生学习口语往往有着不同的动机。其中很大一部分学生学习英语口语的目的是通过口语测试，或是为了将来能找到好的工作，因此带着纯粹的目的性突击口语。他们根本没有主观上提高口语水平的动力和兴趣，因此投入到锻炼口语能力上的时间和精力很少，进而导致他们的口语交际能力普遍较差。他们通常缺乏学习口语的动机和兴趣，口语能力也很难得到提高。

4. 学习环境缺乏

缺乏良好的英语学习环境也是制约学生听说能力发展的重要因素。我国绝大多数学生是在汉语环境中学习英语的，除了每周有限的几节英语课外，在平时生活中很少有机会接触英语。例如，学生不必为购物或者交通等实际生活问题产生的英语语言障碍而费心思学习英语口语，因此学生在课堂上学习的听说技能也难以在课外得到复习巩固。此外，缺乏良好的英语学习环境这一问题在我国西部经济水平较低的地区表现尤为明显。在我国西部地区，虽然有不少的高校设立了单独的英语口语课，但是由于该地区经济发展相对落后，这些地区的学生在平时的生活中很少接触到英语，因此更加缺乏英语学习环境。

二、口语教学的原则

（一）科学性

在口语学习过程中，学生难免会出现各种各样的错误，有的教师会匆忙打断学生的思维和交流去给他们纠错，这样不仅会中断学生的思路，还会打击学生的信心，使学生因紧张害怕而不敢开口说英语。教师在纠正学生的错误时，要讲究策略，运用科学的方法，根据不同的场合，对不同的学生犯的不同的错误进行区别对待。在操练语言的场合，可多纠错，但在运用语言交际时，则要少纠错。对学得较好、自信心较强的学生当众纠错会给其心理上的满足和激励，然而对于学习困难较大、自信心较弱的学生，要尽量避免当众纠错，防止加重其自卑感。在口语教学中，纠正错误的最佳方法是先表扬，后纠正，并注意保护学生的自信心及给他们自我纠正的机会。

（二）循序渐进

遵循循序渐进原则，就是指在口语训练时要由浅入深、由易到难、由机械模仿到自由运用，循序渐进地展开。因为学习任何事物都不可能是一蹴而就的，都要经历一个过程。在口语教学中，有的学生发音不标准，教师要针对不同学生的语音特点和发音困难，对其加以引导。教师还要鼓励学生开口说英语，对语音、语调和语法的正确性有一定的要求，但要逐步提高。此外，教师在开始时设定目标时不能太低，也不能太高，太低会让学生失去兴趣，没有挑战性；太高又会使学生在开口时产生畏难情绪。因此，一定要掌握好度，循序渐进地开展口语训练。

（三）多样化

在实际的英语口语教学过程中，多样化原则应该体现在以下两个方面。

1. 教学手段多样化

在口语教学中，教师应努力创造一个轻松愉快的课堂环境。具体来说，教师可以尽可能地充分利用学校现有的教学设备，如录音机、多媒体，让学生通过图片以及地道的英语，轻松地学习英语，在此过程中逐渐提高自己的口语能力。

2. 教学方法多样化

根据每堂课不同的教学目标，教师可以运用多种教学方法，设计不同的活动训练学生的口语，如唱英语歌曲、情境对话、故事接龙、看图说话等方式。当学生可以开口说英语后，教师应继续提高要求，着重训练其说话的流利性，并在语言的规范性、语音语调的正确性上有更高的要求，为以后的实践打下良好的基础。

（四）情境化

语言的运用需要在一定的情境和场合下进行，因此在口语教学中我们要重视情境这一因素。但是对我国的学生来说，他们缺乏的正是在真实情境下操练口语的机会。因此，在口语教学中，教师要根据不同的教学内容设计不同的练习情境，让学生在一定的情境中练习口语。这些情境最好要贴近学生的生活，让学生有对真实语境的亲身经历的感受，激发其参与的兴趣。情境是多种多样的。例如，情境可以是购物、看电影、访友，也可以是一套连环画，学生可以根据连环画讲述故事等。此外，教师还可以根据不同阶段的学生在同一情境下提出不同的要求。

（五）贴近学生生活

教师给学生布置口语任务时，一定要注意贴近学生的学习和生活。只有这样，才能激发学生开口说的动力。要做到这一点，教师需要做好这些工作：首先，教师要充分考虑学生交际的愿望和目的；其次，教师要注意把学生感兴趣的话题与口语教学内容结合在一起；最后，教师在设计主题或话题时，要注意其趣味性。

（六）课内外相结合

一直以来，我们的英语口语教学活动更注重课堂的教学，而忽视了课外活动。殊不知，课外活动是课堂教学的继续和延伸，与课堂教学密切相关。因此，教师不仅要注重课堂教学，还应该注重课外活动，为学生提供条件，指导学生在不同场合运用所学语言材料进行正确、流利的口语操练。如组织英语角、英语演讲比赛、英文唱歌比赛等，让学生通过这些课外活动复习、巩固与提高所学的知识，培养学生说英语的兴趣。

（七）准确与流利相结合

口语表达是一种输出技能，不仅要求准确，还要求流畅。在口语教学中，教师既要开展以训练学生语言准确性为中心的活动，也要开展有利于培养学生语言流利性的活动。在技能的获得阶段，要优先考虑语言的准确性；随着学习的不断深入，在语言准确性的基础上，应该要求学生能够以正常的速度自然地讲英语。

这是一个长期的过程，教师和学生都不能急于求成，要认真对待过程中取得的进步。

第三节 口语话语标记语使用特点

话语标记语（Discourse Markers，DM）是一种常见的语言现象，始终受到广大语言研究者的关注。话语标记语是一些在话语中起语用作用的词语或结构。由于不传递命题意义或语义意义，它们不构成话语的语义内容，而是为话语理解提供信息标记，从而对话语理解起引导作用。话语标记语从整体上对话语的构建与理解产生影响，具有动态特征。以下我们就大学生口语测试中话语标记语的使用状况，以英语口语语料库为参照物，主要探讨非英语专业大学生在基础阶段英语口语中使用频率较高的话语标记语，调查分析学生话语标记语的使用特征及规律，学生对英语常用话语标记语的使用频率及类型，探讨基础阶段中口语话语标记语在高校英语教学中的重要地位。

一、话语标记语的功能和分类

（一）话语标记语的内涵

20 世纪 70 年代中后期，话语标记语研究才开始真正形成并发展起来。话语标记语随着越来越多的学者从事该领域的研究而壮大起来。它的研究对于我们理解交际能力是非常重要的。话语标记语不属于任何传统词类，而是一种新的词类。传统词类中的词或词组都可能弱化成话语标记语，比如说连词（如 and，but，so 等），副词（如 well，therefore 等），感叹词（如 oh，ah 等），代词（this，who 等），词组（如 as a result，on the contrary 等），甚至小句（如 you know，I mean 等）。它与传统词类的区别在于话语标记语不传达主题或语义所指含义，只传达程序意义。由此可见，话语标记语在语句中并不充当成分，可以被视为虚词。

由于文献中针对话语标记语并未给出固定的概念，因而其概念难以界定。但话语标记语的一些基本特征却是无可争议的，主要表现在以下几点。第一，话语标记语具有“句法上的可选择性，交际中的不可或缺性”；第二，话语标记语不表达真值语义关系，但对组织语篇和话语理解有较大影响；第三，每一个话语标记语都具有多功能性，而其具体功能都是基于语境限定的。

我们认为话语标记语是一种特殊的开放性的新词类。按照语法功能分，属于虚词。话语标记语和其他虚词存在一定的差异，一方面，话语标记语是一种开放性的词类，而其他虚词实质上是封闭性的此类；另一方面，除叹词及拟声词之外，其他虚词均具有一定的语法意义，其运用通常会关联到整个句子的结构，影响到语句的整体意思，而话语标记语并不具备语法意义，不会对语句结构造成影响，但具有一定的语用意义。因此，话语标记语也只能从语用功能出发，对其进行研究探讨。本书中的话语标记语主要指口语中用于衔接语篇、传达语篇信息、引导话语理解、延续话语的标记词、短语，话语标记语是口语中常见的一种语言现象，用来指示话语之间的各种逻辑关系。

（二）话语标记语的功能

截至目前，话语标记语的研究主线是其语用功能，不同语言之间的话语标记语的对比和翻译研究也应该从语用功能来着手。作为一种话语衔接手段，话语标记语具有其独特的语篇连接功能。具体表现在明示小句逻辑关系、提示话题的转换、表达作者意图以及提示语境四个方面。话语标记语的最基本功能就是说话人希望保证听话人理解自己的意思，还能使听话人的语言处理的耗费尽可能地少一些，是使得谈话顺利进行的必要组成部分。

1. 主观功能

有助于发话者组织思维或呈现个人语言喜好，如：填充词（filler），表明发话者在思考或迟疑，还没有完成话语；口头禅，反应发话者的个人语言喜好；评价性标记，表示发话者的主观态度，如“in my submission”（我认为），“in fact”（事实上），“It is a pity that”（令人遗憾的是）等。

2. 交际功能

对话是社会交流的产物，会话参与者为了达到顺利交际的结果，需要进行多方努力。说话人希望成功沟通，就要确认对方能理解自己而且加入到话题中来，或者说话人希望对方能理解他的隐含意义。通过提起注意，变换话题，引出回应等方式促进话语过程中交际主体之间的交流互动，是一种语言交际策略，如话题标记（引出新话题，或者转换话题等），提起注意标记等。

3. 文本功能

致力于话语文本本身的衔接关系及连贯性，如：对比标记，阐述标记，推断标记等。因为基于语境限制，同一话语标记语在不同的语境中具有不同的语用功能。譬如，下述三句中的“From this point of view”（由此看来）便分别承载了不同的语用功能。

（1）From this point of view, living in the countryside is better than living in the city.（由此看来，住在农村比城市更好。）此处的“From this point of view”表确定，意思是“说真的”“老实说”。

（2）From this point of view，WG and UU are siblings.（由此看来，WG与UU是同胞兄弟！）此处的“From this point of view”表估计，意思是“也许”“恐怕”。

（3）From this point of view，you are not as good as that woman. She also knows to admit a mistake…（由此看来，你连那个女的都不如，她还知道认个错…）此处的“From this point of view”表说话者的主观态度、意见，意思是“依我看”“依我想”。

总而言之，话语标记语的特殊功能在于其并不组成话语的语义内容，而是一种信息标记。话语标记语作为两个语言片段的纽带，为话语的理解起引导和制约的作用，这种作用是动态的。是交际双方的互动信号和协调机制。这里需要指出的是，我们很难罗列出所有的话语标记语，也很难穷尽某一话语标记语的所有功能。所以，对于话语标记语的最佳研究角度是语用的，而对于某个话语标记语的具体功能的界定则只能是动态的。

（三）话语标记语的分类

由于切入点和研究层面的不同，研究者所采用的“话语标记语”的内涵也存在着很大的差异，因而对于相关的分类也各有侧重。具体而言，研究者对话语标记语的分类主要从以下三个方面出发。

1. 形式角度分类

由于受到传统结构主义语言学的深刻影响，大部分研究者从形式的角度出发对话语标记语进行了分类。形式方法指的是根据形式特征、语言系统特征对话语标记语的分类。第一，并列和主从连接词话语标记语，如and，but，or等；第二，感叹词话语标记语，如oh，well等；第三，副词话语标记语，如now，then等；第四，词汇句子，如you know，I mean等。此外，他提出话语各个层次模式，包括“命题结构”“行动结构”“交换结构”“参与者结构”“信息状态”，并指出了话语标记语能够出现在话语的不同层次中。

2. 句法语用角度分类

话语标记语作为英语语句的一个组成部分，却不会对语句主干的过程造成影响，这也就表示话语标记语主要是以语用功能的作用在语句中存在。从话语标记语的构成单位来看，通常包括三部分：单词，如now，well，anyway；短语，如in other words，after all；句子，如you know，I think，that is to say等。这些语言单位具有相对固定的语言结构，并不会轻易产生变化，这集中体现在以下两个方面。一方面，从单词的角度来看，话语标记语不会产生时态、语态以及单复数的变化，如well不会变成better；另一方面，从短语和句子来说，话语标记语的句法结构一经形成就具有相对的固定性，如in other words不会变成in other word，after all不会变成after some，以及that is to say不会变成that was to say等。

3. 语用认知角度分类

对于话语标记语来讲，其主要的功能便是从认知语用的角度发挥增强语言信息表达的功能。因此，语用认知功能是话语标记语最为明显的表征，同时这也是最能够解释说明话语标记语作为语言单位从语用角度来表明语言交流中的相互关系，并以此来限定话语的关联性，并指引听者付出最小的认知努力来取得最成功的理解结果。

按照关联理论对关联性的具体解析，话语标记语包括三种类型。第一，表明上下文关系的标记语（如so，therefore，that’s to say，and in other words等）；第二，起到增强前后者关系的标记语，如after all，also，besides，moreover，furthermore，indeed 等；第三，表示否定关系的成分，如but，still，and，nevertheless等。

二、话语标记语使用特点研究

（一）研究方法与步骤

期末，某一院系中进行了一次口语考试，考试主要包括两个部分，一是自我介绍，二是小组讨论。共有两位口语考官；小组人员组成由抽签来决定。有50个讨论题目，所有题目与本学期教材中8个不同题材内容相关。在小组讨论过程中进行录音以获取更真实、自发的会话语料。在调查过程中，从院系全体学生的期末口语测试录音中随意抽取一组学生的录音，从中摘出所有话语标记语作为调查对象。该研究以中国学习者英语口语语料库SECCL（南京大学和外语教学与研究出版社合作开发）及英国国家语料库口语子库BNC（由英国政府、英国牛津大学和兰卡斯特大学、朗文出版公司和钱伯斯-哈罗普出版公司等联合开发）、英国伦敦青少年语料库（COLT）中DM使用类型和词频作为对比参照。

（二）结果和讨论

1. 类型和频率

将受测试学生在话语标记语的使用类型和频率与SECCL、BNC及COLT中频数最高的十个话语标记语进行比对，发现受测试学生与SECCL中使用频率最高的10个话语标记语里有6个是相同的，尽管其中使用频率有所差异。该现象说明中国学生在使用话语标记语上具有相似之处，即倾向于使用有含义的填充语 I think、you know（you see）、附加性标记语 and、对比性标记语 but、资格性标记语 if 及时间性标记语 when，过多使用强调性标记语在该类学生话语标记语使用中不明显。我国部分学者曾经从中国大学生在英语朗读任务中话语标记语的韵律特征的角度进行研究，得出的结论是学生对附加类、并列类、转折类和顺序类标记语的韵律模式掌握较好，对强调类标记语的把握相对差些。这一点与其他类学者的发现不尽相同。BNC 中频率最高的标记语里只有因果性标记语 so 和附加性标记语 and。至于 COLT 中的话语标记语大部分是无明确含义的填充语 oh、well 和有含义的填充语 you know、I know、I think、I mean 等。在受调查学生的口语语料中，学生一共使用了 14 个话语标记语，除上述 um，I think，and，so，but，because，such as，if，when，you see 这 10 个话语标记语之外，还有 even though、although、for example 及 also。总体来看，学生话语标记语使用类型单一，使用话语标记语的频率相对较低。与 SECCL 中的话语标记语相比，该类学生过多的使用填充语“um”，与口语交际中压力过大、词汇使用能力有限及口语能力较弱有关。英语本族语者经常使用的话语标记语，如 that is、well、however、indeed、right、yet 等，这些学生却较少使用。

调查结果显示，使用过度的话语标记语中有三个词汇的使用频率较高，这三个词汇是 I think、and 和 but。这一点表明中国学生在二语学习过程中受一定的母语影响。一些同学在口语会话中为了维持话语语流，甚至多次使用汉语“那个”而不是常用的英语口语标记语如 um、er 或 erm 等话语填充语。在汉语中话语标记语“那个”“然后”“嗯”及“但是”的使用频率明显较高，由此导致在二语学习过程中口语语言负迁移现象频繁发生。因为目标语习得在非母语的英语教学环境（English as a Foreign Language，EFL）下开展，而汉语对其影响无处不在，特别是在语用方面。因此，EFL 的特定环境决定了在真实目标语语境中交流、学习口语交际策略、提升口语交际能力几乎是不可能的。在这种情况下，汉语的语言体系则更多地迁移到学习者的口语中介语中。对受测试学生而言，除以上使用过度的话语标记语以外，他们对其他标记语在口语交际过程中基本处于接近零掌握状态。为实现同样的交际目的，而大量使用标记语，使得其口语产出具备更多的重复性、欠缺必要的连贯性、打破整个话语完整性的特点。

2. 话语标记语对口语流利度的影响

话语标记语在口语会话中看似简单但是又是会话中不可缺少的一部分。在会话里平均 61.4% 的 C- 单位（语句单位和非语句单位）是语句单位，其余 38.6% 是非语句单位（即话语标记语）；话语标记语虽然不是表达话语内容和意义的基本词汇，但属于说话者的一种流利性策略。口语教学中往往忽视了这一环节，而它确实在口语交际中起着至关重要的作用。在所有会话当中，5位同学使用了Although，even though，for example和also，而这5位同学的口语成绩属于高分组。英语水平高一些的英语口语说话者自然会较为频繁地使用话语标记语进行语句之间的过渡，但其类型数目却不一定会增加，因为口语表达的特殊性对在其过程中所使用的话语标记语的多样性有所限制。而英语水平相对较低者过分依赖附加性标记语and及强调性标记语very，较少使用其他话语标记语，从而导致会话中停顿较多，不知如何连贯话语，从而中断会话。

通过上述调查，我们还认识到在口语表达中，学生不会使用一定的衔接技巧将句子组合成一个有意义的整体。学生并不认为话语标记语在语篇构建方面上发挥着重要的作用。学生普遍有一种误区，即只要发音标准，无严重语法错误，能让别人明白自己的意思，就达到了交际的目的。他们并没有认识到使用话语标记语可以保证听话人在付出尽可能小的努力以后寻找话语与认知语境之间的关联，缩小听话人寻找话语关联的范围，使话语关联的寻找更加容易，使话语理解更确切。而且，他们主张在口语交际中，如果使用话语标记，便会导致其他人认为自身的口语表达能力不足。

总而言之，按照上述分析，受测试学生对英语口语中常用的话语标记语使用频率相对较低，类型较为单一，借用母语话语标记语的现象较为严重，如从过多使用“I think”“this”等，可以看出课堂教学只注重书面而轻口语的痕迹。除此之外通过调查也发现，话语标记语与学生口语流利度及外语水平有很大的关系。话语标记语使用类型多样且使用频率较高的同学英语水平相对较高。这要求我们在今后的教学中加强学生话语标记语的学习，增强同学们的意识，从而更有效地达到教学的目的。

第六章 翻译教学

第一节 以“翻译过程”为核心的翻译教学模式

翻译教学的目的就是培养译者的翻译能力，因此翻译教学属于 TTPS 教学，即提高翻译能力为目的的教学。广义的翻译过程贯穿翻译教学的始终，是翻译教学的核心。通过对翻译课程实践的描述性研究，启发学生积极参与翻译过程，以语篇为单位进行双语分析，从而探索出切实可行、效果良好的以“翻译过程”为核心的课堂教学模式。该模式不仅突出了译者能力的培养，而且有助于打破脱离语境、以翻译产品（译本）为中心的课堂教学，不讲思维，简单罗列“技巧分类 + 词语句子”译例。

一、“翻译过程”再解读

随着翻译研究的深入，翻译过程成了一个多元的、动态的过程。功能翻译学派代表人物克里斯蒂安·诺德将翻译活动视为交际活动，不仅仅是两种语言之间的转化。诺德认为，翻译过程是由翻译发起者、译者、目标文本、目标文本的接受者、目标语、源语文本、源语、源语文本作者、源语文本发送者、源语文化等多个因素构成。各环节之间相互制约。广义的翻译过程包含了译者、译本、源语作者、源语文本、文化、文本接受、以及翻译评估等各个方面，这些方面将会贯穿整个翻译活动的始终。与传统的“分析、转化、重构”的语言学角度的“翻译过程”相比，诺德理论从更广的意义上重新定义了“翻译过程”。

二、翻译教学模式的思考

（一）明确翻译教学的目的

笔译实务教学可以分为两个大的领域，一是作为外语基本功训练的组成部分的翻译教学（TTBS）。另一个是作为专业技能训练的翻译教学（TTPS）。翻译教学归根到底是要提高译者的翻译能力。而翻译能力的培养主要包括，语言分析和应用、文化辨析和表现、审美判断和表现、双向转化和表达、逻辑分析与校正五个方面。

（二）积极实践翻译教学模式

我国存在着三种翻译教学模式：“以翻译技巧为中心的模式”、以“翻译理论”为中心的模式、理论 / 技巧（练习）的融合模式。上述几种翻译课程模式在我国翻译教学中确实发挥过积极的作用，但上述模式共同的不足在于，它们基本上是以翻译技巧 / 练习、翻译理论为核心来设计翻译课程的，没把翻译课程的主体一学生以及学生能力的发展放在中心位置。因此，越来越多的学者开始研究“以学生为主体”的翻译教学模式。

（三）不能忽视翻译活动的本质属性

翻译的本质是思维活动。翻译教学的重要目标之一是提高翻译思维能力，其前提是对翻译思维的研究认识。建立在思维研究基础上的教学法是必须的和可行的。翻译教学中需要培养译者良好的思维习惯和监控思维能力。在翻译思维能力培养方面，翻译教师可以整合对翻译思维过程起指导作用的理论，使译者从宏观上指导翻译的思维过程。如果过分强调影响翻译活动的各个因素，将会架空翻译的本质，从而背离翻译作为一项思维活动的实质。他编撰的教材以启发思维为重点，以“翻译过程”为核心，以“培养学生翻译能力”为目的，正确引导学生积极参与和反思翻译过程并进行合理的评估。

三、个案分析

基于以上三点思考，将以某高校大三学生为研究对象，提出 PATT 教学模式。PATT 模式以 Nord 的“翻译过程”为基础，结合翻译教学的目的，对翻译教学实践进行描述性研究。鉴于上文所述，广义的翻译过程涉及译者、译本、原作者、源语文本、文化、文本接受、以及翻译评估等各个方面。因此在实践教学中，教师应当积极引导学生参与到翻译过程的各个环节之中，形成协作性学习氛围。

《英汉互译》课程是为英语专业大三学生开设的一门专业课程。选取的教材是《英汉—汉英翻译教程》。该教程涉及各种形式的文本，内容丰富，包括历史、小说、地理、人物等方面知识。

第一，通过翻译理论的精讲，让学生确立“译者”意识。开学的第一堂课就需要确立学生的“译者”意识。翻译课程的目的不再以训练基本功为目的，而是要以培养译者的专业翻译能力为目的。翻译，不再是应试的手段，而是译者的责任。从接触一篇源文开始，每位学生扮演了“译者”的角色。教师应引导学生考虑源文、源文作者、源语文化、译语读者、译语文化等各个因素。布置学生课前通过图书、网络、杂志等各个途径了解与翻译相关的每一个环节，并结合自己的翻译实践进行思考和讨论。

第二，翻译教学中以诺德的“翻译过程”为中心，引导学生将翻译的各个因素都纳入翻译讨论，如翻译发起者、译者、目标文本、目标文本的接受者、目标语、源语文本、源语、源语文本作者、源语文本发送者、源语文化等，各环节之间相互制约。译者、译本、源语作者、源语文本、文化、文本接受、以及翻译评估等各个方面都贯穿整个翻译活动的始终。

第三，发挥教师的主导作用，引导学生参与译文翻译过程的每个步骤，避免静态地对比译文的局限性：启发学生积极思考，教师引导学生进行语篇分析，使学生掌握语篇分析的方法，灵活运用已有知识进行翻译活动。以《英汉—汉英翻译教程》的第五课为例，翻译的原文是《阿基尔岛》。老师布置任务，学生课前完成纽马克讲述的九个过程。一，通过文本细读，通过语境理解文本的意义。同时还需要阅读相关百科知识。二，学生需要通过阅读把握文本的意图，判断文本中使用的语言类型和语法结构，包括被动语态、无人称动词、情态动词等。三，学生以译者的身份确定译者的意图，是宣传、抒情、广告、命令还是其他。四，根据奈达的文本类型理论，翻译文本属于记叙文、描述文、议论文还是对话。五，确定读者。译文的读者群是谁？教育背景、阶层、年龄、性别是什么？翻译文本的阅读群更多的是受过教育的知识分子。六，确定对作者的评价和态度。作者的文章写得怎样？是优美？通顺？还是有问题？七，确定原作和译作的出版平台。原作是登载在哪儿的？是杂志、报刊还是教材？译作出版以后会在哪个平台发表？是杂志？报刊？教材？还是仅仅是个人微博？八，文本的内涵和外延。学生需要在词、句等方面找到词的言外之意。九，进行最终的阅读，标记出文化含义、新词、古词、文化词、专有名词以及“不可译词”。

第四，发挥学生的主体性。学生按要求完成课前课后任务，阅读与目的语翻译文本主题相关的信息，学会使用字典、互联网、百科全书等翻译工具，并且通过四人一组讨论的形式，交流翻译观点和看法，完成教师课前布置的任务单，形成一个“最佳”译本，供课堂探讨。

在《阿基尔岛》的课前预习中，学生发现《阿基尔岛》是一篇关于风土人情介绍的文章，同时年代较为久远，中间出现了 sea-girt 的用法，是英语中的古语词。因此发现当时的苏格兰、爱尔兰都是独立的国家，对于阿基尔岛上的人来说都是外国。同时，学生还阅读了中英文的百科知识，了解了阿基尔岛的地理位置，以及中文的叙事顺序。学生还发现原文的语言结构清晰，用词优美，偏向文学文本。同时学生得出译者的意图是宣传，文本属于描述性的散文，读者群更多的定位为受过教育的知识分子，作者的文章优美通顺，曾经登载在杂志上。文本的内涵和外延归于文学文本范畴，其中使用了明喻、暗喻等方法。在最终阅读之后，学生列出了一些难点，例如：

例一：

源 文：Seven thousand people，connected to Ireland by a narrow bridge，live on the Isle of Achill in the shadow of blue mountains and in the gloom of brown peat bogs.They think in Irish，and they speak Irish.

参考译文：阿基尔岛经一座狭窄的桥与爱尔兰相连，岛上蓝色山峰的阴影之下，褐色泥炭沼地的幽暗之中住着七千人。这些人思考用的是爱尔兰语，讲的也是爱尔兰语。

学生译：阿基尔岛上住着七千人，有一座狭窄的小桥通往爱尔兰。黛色的山峦、褐色的沼泽，给小岛抹上了幽暗的色彩。

在这个例子中，学生发现英文的行文和中文的行文差异很大，英文的葡萄式结构中，两个“of”代表的所属关系在中文的意境中直译很困难。通过合并“shadow”和“gloom”两个词义，再结合汉语的特征，译为“给小岛抹上了幽暗的色彩”，这是与源文的意境十分贴切的。

例二：

源 文：When the sun shines they inhabit a paradise of colors. Titian-blue hills，blue skies，seas that rival the blue of Naples; but in bad weather the Atlantic waves scream on every side of them，and the winds from the east go tearing round the mountains like forty thousands devils.

参考译文：天气晴朗的时候，他们仿佛住在色彩缤纷的天堂里。黛青色的山峦，蔚蓝的天空，可以与那不勒斯媲美的蓝湛湛的海。可是在天气不好的时候，大西洋的波涛在四周呼啸，东边刮来的狂风像千万个妖魔在山间奔腾。

学生译：太阳出来的时候，他们仿佛置身于五彩缤纷的天堂。这儿的山涂上了提香笔下才有的黛蓝，天空蔚蓝一片，大海也是蓝湛湛的，意大利美丽海港那不勒斯的海面也不过如此。可是天气恶劣的时候，大西洋的狂涛在岛的四周呼啸。从东边刮来的阵阵狂风如成千上万个恶魔在山间疾驰。

注：提香是意大利文艺复兴时期的画家。

学生指出专有名词“Titian”的翻译很困难。译为“黛青色”符合中文的审美，却遗失了源文中的意象。“Titian”是意大利文艺复兴时期的画家，既要翻译出源文中的文化内涵又要使得译文在汉语文化中被接受，需要在两者间作出平衡。

学生在译文中保留了提香的身份，同时，用汉语中的修辞手法保留了源文中的美感。同时对文中“四万之恶魔”也引发了深入讨论。到底是保留“四万只恶魔”，还是译为“成千上万只恶魔”呢？这个问题也触发了“直译、意译”“语义翻译、交际翻译”还是“文化可译不可译”等激烈的探讨。译文的选择仍然要回到译前活动中，正确把握作者的意图、译者的意图、译作的读者群等等。将译者、译本、源语作者、源语文本、文化、文本接受、以及翻译评估等各个方面贯穿于翻译过程的始终。

以“翻译过程”为核心的教学不仅可以激发学生对翻译的兴趣，鼓励他们从职业译者的角度评判翻译活动，有助于培养学生语言分析和应用、文化辨析和表现、审美判断和表现、双向转化和表达、逻辑分析与校正的能力，特别是翻译思维能力。

第二节 翻译工作坊模式下的翻译教学

一、翻译工作坊的定义

所谓翻译工作坊，可将其界定为类似于某种翻译中心的论坛。在该论坛上，两个或两个以上译者聚集在一起从事翻译活动。翻译工作坊模式下的翻译教学将理论和实践融于一体，将翻译作为艺术和科学的统一体而全方位地观照翻译。

目前的本科教学实难做到翻译理论讲解和翻译技巧讲授的有机结合。我们在学生中做了调查，发现翻译课堂教学中翻译理论的讲解一旦脱离了翻译教学实践就会成为毫无滋味的一言谈，而只关注翻译技巧的翻译课堂又显得过于经验主义。我们的翻译课堂上大多数的讲解都只是涉及对翻译思路的厘清和归纳，而这些仅仅是教师的“翻译感悟”。但是，这种“翻译感悟”有时是很宝贵的，它能够让学生从实际的翻译过程中真实地感受到完整的翻译过程，因此翻译感悟比给学生讲解玄妙而缺乏例证的翻译理论可能更为有效。那么如何能够使翻译课堂变得既生动又丰富呢？

我们认为，“翻译工作坊”模式的提出将翻译理论与翻译实践有机结合起来，为目前本科翻译教学提供了值得参照的方法。

二、翻译工作坊的运作模式

翻译工作坊模式下的翻译教学以学生为中心、以翻译过程为导向，注重对学生解决问题的能力培养，引导学生运用翻译策略解决翻译问题，从而培养职业译者，真正提高学生的翻译能力，丰富专业经验和行业经验，最终习得翻译知识和翻译技能。翻译工作坊的教学目标是：通过让学生大量接触各类真实的源语文本并对它们进行实际翻译操作，让他们充分了解翻译过程和步骤（如文本分析、译前编辑、翻译操作、译后编辑、修订校对），掌握翻译策略，不断提高源语和目的语的语言水平，培养其自主性学习能力以及变通和探究的能力，掌握翻译参考工具娴熟运用的能力，并最终提升其跨语言文化的交际能力和作为译者的综合素质。

翻译工作坊教学的模式，让学生以小组为单位首先在课后进行小组讨论并完成翻译任务，拿出小组经过共同讨论和协商之后的最终译文。在课堂上，教师根据所批改的最终译文中翻译问题的典型性或普遍性，有意识地指定某一小组到讲台上将这些问题展现出来，并组织全班同学对这些问题进行思考和讨论。也就是说，翻译工作坊模式下的翻译教学是基于翻译实践上的研讨式教学。而作为融“专业者”与“促成者”于一身的教师，除组织课堂活动的顺利展开和进行之外，在每次课堂上还须将其中所涉及文本的文本特征以及翻译该类文本应注意事项进行简明扼要的归纳与总结，以便让学生明白，翻译不仅涉及语言，还涉及所翻译文本的文体、语篇等因素，同时也有必要带领学生研究与翻译理论相关的案例和要点。

翻译工作坊教学的步骤具体分为九个：

第一，教师依据学生的语言能力、词汇知识水平和普通文化水平等选择好合适的文本。

第二，学生阅读文本，旨在弄清文本类型、文本风格、语体程度、文本出处及读者对象等。

第三，学生轮流高声阅读文本，以便熟悉文本话题、理解文本大意。

第四，学生各自默读文本，对不熟悉的术语加下划线，并思考可能会遇到的翻译困难；活动最好以两人一组或多人一组进行，以便他们有机会就所讨论的翻译问题和翻译策略以及比较有可能产生的译文等方面分享各自的观点。

第五，学生借助单语或双语词典、同义词和/或反义词词典，或必要时（如，在对于话题完全不熟悉时），借助其他信息资源，如百科全书、网页、专业书籍、翻译软件，抑或求助专家等，进行初步翻译。

第六，学生以小组形式比较各自的译文，每一小组拿出一个译文，或者，当全体小组成员对某处的翻译无法达成一致时，每位学生保留各自的译文。

第七，小组中的每个或某个成员高声朗读自己的译文，其余学生集中精力倾听，可以听两遍，第一遍对照原文倾听，第二遍对照各自的或各小组的译文倾听；并允许他们要求朗读者重复某个语段的阅读，以便提供不同于阅读者的译文、对译文进行评论或者讨论同伴们在译文中所做出的选择。许多情况下，这一阶段会引发各种卓有成效的论辩。

第八，如学生们已经熟悉所涉及翻译技巧，就可以讨论在翻译过程中如何运用该翻译技巧，重点讨论他们翻译某个语段时在选择自认为合适的翻译方法之前的思路。这种做法有些像我们经常说的“有声思维法”。

第九，每一小组给出最终译文，教师收集所有译文并根据该课程所实施的教学目标进行评分。

据此，具体做法可以概括为以下六个方面。

第一，文本的选择。在遇到较难的语篇时，我们的做法是通过相关的目的语阅读提升学生的语言能力。例如在《黄山》一课中，我们布置学生阅读了相关目的语篇章，并且布置学生观看相关的权威机构拍摄的英文视频。因此我们认为文本的难度与学生翻译准备阶段的积累息息相关。目的语阅读在翻译教学中是翻译课顺利进行的保障。同时我们在翻译教学中关联了真实的翻译项目，提升学生的兴趣。例如在《黄山》的翻译中，我们延展了教学内容，引入了本地文化的翻译。

第二，学生组建翻译工作坊，从文本类型、文本风格、语体程度、文本来源及读者群对翻译文本进行自主分析。学生经过研讨发现，本地文化属于旅游文化的翻译，文本的风格是描述性文本，语言平实自然，文本来源于本地的《旅游指南》，读者群为对本地感兴趣的国外游客。

第三，各个翻译工作坊组织译员阅读源语文本，熟悉文本的话题和大意，进行分组讨论。他们圈出了一些不熟悉的术语和翻译难点。学生通过研讨认为，旅游文化的翻译属于外宣翻译，应当注重文化的传播，同时旅游翻译又是交际活动，语言又应当照顾目的语读者。他们粗略地将翻译理念定义为“传递文化，自然通顺”。

第四，学习合理地使用工具。学生在翻译实践中，积极查找资料，并从众多平行文本中寻求帮助。例如，我们教材中的《黄山》的翻译。同时学生还寻求了外教帮助，保证了翻译的读者接受力。

第五，翻译评价。翻译评价由学生评价和老师评价共同构成。老师和学生对发表在翻译博客上的翻译作品进行评价，鼓励形成有个性特色的译文。

翻译工作坊教学对培养专业翻译人才具有举足轻重的意义：

第一，它有效实施了翻译技能的培训优先于理论知识的传授、应用文本的翻译优先于文学文本的翻译、通过案例探讨翻译技巧优先于泛泛而谈的翻译技巧讲解等翻译教学理念，为专业翻译人才的培养定下了基调。

第二，它以翻译过程为导向，关注翻译过程中的各个步骤，重视翻译过程中的错误分析，重视译文的不断修订与完善，不断加强译者素质的培养，为实现译者的翻译技能由渐进向自动化过渡奠定了基础。

第三，它注重以学习者为中心，充分发挥学习者潜能，逐渐培养起学习者从事翻译的自我信心及其自主性和独立性，为学习者独立分析翻译问题、解决翻译问题创造了良好氛围和条件。

第四，它注重翻译材料的真实性、语篇性和语篇类型，与翻译市场上的翻译项目或翻译任务紧密结合，即将翻译市场需求，又将学生需求纳入自己的视野，充分做到有的放矢，为专业翻译人才迅速适应市场需要铺平道路。

第五，它注重培养译者的专业技能和人际交往技能，强调语言知识和专业知识的不断积累与更新，凸显译者翻译能力和译者能力等职业能力的培养、译者合作精神及合作能力的培养，为译者顺利走向社会从事职业翻译做好思想上的准备。

第六，它注意培养译者责任意识。通过让译者自己在翻译过程中充当分析问题、解决问题、与人沟通、与人协商、自我评判翻译表现、担任翻译项目责任人等角色，让译者充分感受到译者被赋予的任务、使命和责任。

三、翻译工作坊教学模式在翻译教学中的应用

（一）教学设计

1. 翻译任务

本地某景点翻译

2. 授课对象

英语专业学生

3. 教学目的

培养学生的“职业译者意识”，提高学生的翻译能力；提高学生翻译研究的能力。

4. 教学思路

首先，课堂开展研讨式翻译教学。学生分成不同的“翻译工作坊”，在课堂上展示和论证老师指派的翻译实践和翻译研究任务，为所属“翻译工作坊”竞争翻译项目和科研项目。

其次，课堂引入翻转课堂模式，鼓励学生在课前自主学习微课，并且完成

老师分发的任务单，反思学习中的难点。教师不再在课堂讲授知识要点，而是通过研讨的形式帮助学生内化学到的知识，获得更深层次的理解。翻转课堂重新调整了课堂内外的时间，将学习的决定权从教师转移给学生，革新传统课堂的教学结构与教学流程。这不仅有利于提高学生的思辨能力，同时也有利于实现培养专业翻译人才的课程目标。

再次，将翻译课堂与地方经济发展紧密相连，鼓励学生翻译真实的翻译项目。这一革新不仅有利于提高学生作为专业译者的素质，也有利于服务地方经济发展，传播历史与文化。

5. 教学重点和难点

地方文化的译介；文化翻译策略。

6. 教学方法

研讨式教学；翻转课堂；翻译工作坊：任务型教学。

7. 教学设备

黑板、多媒体教室、视听设备。

8. 授课时间

90 分钟。

9. 教学安排

导入：通过图片、小视频等形式导入授课话题，由学生对图片或者视频中的翻译行为作出评价。

任务单回顾：检查学生是否完成老师设计的任务单。（1）学生观看教师制作的视频微课，课前进行自主学习。（2）收集旅游景点翻译进行研究，结合微课学习内容评价已有的官方翻译。（3）学生以“翻译工作坊”的形式开展翻译实践，并且完成翻译任务。

研讨：鼓励学生就地方文化的翻译进行研讨，并且以“翻译工作坊”的形式进行翻译交流，展示作品。（1）模拟翻译项目答辩的场景。（2）两组学生以翻译工作坊的形式展示翻译作品和翻译理念，竞争翻译项目。（3）项目答辩，一组学生扮演招标方，就翻译作品和翻译理念提出询问或质疑，并决定哪一个翻译工作坊能够竞争到翻译项目。

总结：将修改好的作品发布在各个“翻译工作坊”的微平台上，并分享链接到翻译群；从“文化翻译”角度撰写翻译实践报告。

（二）开展步骤

翻译工作坊的开展步骤分为三个部分，译前活动、译中活动和译后活动。

1. 译前活动

译前活动包括对源文的分析、源文话题的译语阅读、资料收集、微课观看等等译前活动是翻译工作坊得以顺利开展的前提。由于学生基础不够好，英语语言能力和文化转换能力参差不齐，能够保证翻译课不变为语法课的唯一办法就是在课前提升学生相关的语言能力和翻译能力，而相关背景知识的译入语阅读显得尤为重要。例如，在翻译本地某景点的时候，老师会要求学生去阅读“威斯敏斯特大教堂”的英文介绍，或者是国内著名景点的翻译。这一阶段为准备阶段。教师需要做大量的工作，向学生展示大量的翻译素材和翻译理论知识和技巧。其中，最直观的便是引进先进的微课技术。例如，这一课当中，文化翻译是一个难点。因此翻译理论中的归化、异化、翻译补偿等等策略都可以通过微课讲解。课前，学生以小组形式组成工作坊，通过协作探讨完成实际的翻译任务。课中翻译在二本院校不现实，学生需要更多的翻译辅助，例如网络、字典、百科等等。在课前翻译过程中，让学生大量接触各类真实的源语文本，并进行翻译实践，让他们充分了解翻译过程，分析转换和重构，让他们了解翻译的步骤，如文本分析、译前编辑、翻译操作、译后编辑、修订校对等等。课前通过协商和团队协作，完成最佳译本。

课前的翻译活动是体现团队协作的最佳阶段。合作学习又被称作协作学习，它以社会心理学、教育社会学等为理论基础，着重研究和利用课堂教学中人与人之间的关系，设置教学目标，以师生和生生合作为基本形式，进行小组活动。实践证明，合作学习对学习者的认知发展和学习动机的激发有着积极作用，在认知领域，合作学习可以促进学生创新性思维能力的发展，在情感领域，它可以培养学生的集体主义荣誉感、责任感和合作精神。

翻译工作坊的建设，有利于加强学生的合作学习，有效调动高校学生的个体学习主动性和团体合作性，是推动翻译工作坊建设的重要步骤。学生是认知学习的主体，每个人的翻译思路都有个人特色，因而教学要增进学生之间的合作，加强推动学生的合作学习，使学生看到那些与他不同的译文，提高知识的探索。不同的人看到的可能是事物的不同的方面，所以，并不存在唯一的标准理解。翻译更是如此，没有唯一的标准的译文。我们需要鼓励学生进行有个性特征的翻译尝试。

2. 译中活动

译中活动是研讨的阶段。根据上述翻译工作坊教学九步骤，在研讨阶段，由小组中的每个或某个成员高声朗读自己的译文，其余学生集中精力倾听，可以听两遍，第一遍对照原文倾听，第二遍对照各自的或各小组的译文倾听；并允许他们要求朗读者重复某个语段的阅读，以便提供不同于阅读者的译文、对译文进行评论或者讨论同伴们在译文中所做出的选择。许多情况下，这一阶段会引发各种卓有成效的论辩。如学生们已经熟悉所涉及的翻译技巧，就可以讨论在翻译过程中如何运用该翻译技巧，重点讨论他们翻译某个语段时在选择自认为合适的翻译方法之前的思路。这种做法有些像我们经常说的“有声思维法”。每一小组给出最终译文，教师收集所有译文并根据该课程所实施的教学目标进行评分。

同时可以设计多彩的互动，例如，鼓励班上其他小组成员提问，或者给出该篇翻译的评价。班上其他小组成员提出意见与建议。教师可以与学生探讨在学生翻译过程中遇到的一些特殊部分的翻译问题。最后，教师给学生们展示该翻译任务的参考译文。这样学生能够做一个全面的比较。

3. 译后阶段

译后阶段也是译文修改和发表阶段，译后阶段是翻译工作坊十分必要的阶段，也是决定译作质量的最关键的一步。通过研讨和合作，学生形成有个性特色的译文，同时经过修订和排版，发表在各自的翻译微平台上。

翻译工作坊的教学模式有利于培养学生的译者意识，鼓励学生积极参与翻译的整个过程，包括原文分析、资料收集、翻译述要分析、翻译、审译、质量评估等等。翻译工作坊的建设，有利于加强学生的合作学习，有效调动高校学生的个体学习主动性和团体合作性，构建以学生为主体的翻译教学模式。同时，翻译工作坊的设置可以使学生较早地体验职业翻译的过程，有利于其翻译职业能力的培养。

第三节　翻译导向的文本分析模式下的翻译教学设计

一、翻译导向的文本分析模式

翻译是一项跨文化交际行为，译文是否能被接受取决于读者的个人期待。影响读者个人期待的因素由译者的常识、交际需要、语境和社会语境构成的，达到了交际目的的翻译才能称为读者接受的译文。该模式可以用于分析研究不同的“语言和文化对”这一方法不仅有助于学生在课堂上做翻译练习，也有助于他们在社会上做翻译实践，同时促进人们对翻译做进一步研究。

除了语言模式之外，翻译过程还包括几个重要因素：发起人（INI），译者（TRL），目标文本（TT）、目标文本接受者（TT-R）、目标语（TT）、源语文本（TT）、源语文本作者（ST-P）、源语文本发送者（ST-P），和源语文化（SC）。翻译导向的文本分析但要求译者透彻理解源语文本，准确阐释源语文本，或能解释语言和文本的结构及其与源语语言系统规范的关系，还应该考虑到翻译过程中影响译者决策的一切因素，从而确定正确的翻译策略。

功能翻译理论的研究和发展一直着眼于译者培训，这一模式有两个特点：它是非常笼统的，不涉及任何具体的文本分析，因而可以用于所有的文本分析；它又是具体的，可以用来分析各种各样的翻译问题。

二、翻译导向的文本分析模式下的翻译教学设计

翻译教学过程的设计不是以提高学生的语言能力为主，而是以提高翻译专业学生的翻译转换能力为主。由此可见，此种翻译教学设计适用于英语专业的翻译课程教学。翻译教学活动的设计包括导入、翻译选材、翻译文本难易度区分、翻译问题归类、翻译质量评估等。

（一）设计翻译导入

翻译学习是实践学习，不能缩水的。据统计，54.4% 的学校开设的翻译班都是实践翻译学习。翻译课不仅要提高学生的翻译实践能力，同时也应提高与翻译相关的能力，如本族语的语言能力、外语的语言能力（包括词的色彩、词的语义特征、语法、语言变体、语域、风格、类型等等）、文化能力（百科知识）、某些特殊领域的确切知识（如婚姻法、经济政治、贸易平衡、信息技术等），以及文献与科研的技术能力（如字典的使用、参考书目的使用、信息存储等）。本族语的语言能力对于没有外语能力的学生来说更容易掌握，而翻译课上学生的本族语能力却常常因为外语的“负迁移”而受到质疑。翻译教学之前最好有一个导入部分，以话题的形式引入，提高学生的文化能力和对待特殊领域知识的理解。同时也可以培养学生的科研能力和文献搜索能力、翻译导向的文本分析能力。所有这些都将舒缓翻译课堂的紧张气氛，使学生关注翻译转换能力的培养。翻译课堂不再是以语言比较为重心的课堂。在我们的翻译教学中，我们会布置课前的预习任务，也会在课堂设计一个十分钟的导入，引导学生对翻译目的、源文本进行分析，并聆听他们对翻译述要的理解，鼓励形成多样、生动的译文。

（二）选择真实的文本用于翻译教学

翻译教学中的一个基本条件是：只有真实的文本才能用于翻译教学的材料，也就是真实情境下的材料，而非为了教学而教学选择的材料。学生应该明白与文本相关的尽可能多的信息，如最初传播的媒介、说明了原作的发起人、意图、时

间、地点等信息的影印本。因此翻译文本是不可能具体到特定来源的文本更不可能具体到单个句子。因为翻译是不能预计重点。找到篇幅合适、难度适宜的真实文本是很难的。在使用过程中，翻译课堂对翻译文本归类。通过翻译文本分析，引导学生对翻译文本归类：文本的传送者、目的、读者等等。文内因素分析也是翻译文本归类的准则。翻译课堂中老师可以选择同一主题的不同文本，也可以选择相似预设背景、共同词汇语法结构的语篇。与此同时，考虑到文化、事实、语言学知识等因素。

翻译选材的好坏是由文内因素和文外因素共同决定的。通过翻译文本归类，将文本分析模式应用到翻译讲述中，翻译讲述便可以与文本特征结合起来，学生也可以通过这一过程学会自己分析文本因素，或者是以小组讨论的形式分析文本因素。好的翻译文本选择可以减少学生在翻译中遇到的困难，不至于惊慌失措、失去动力。

（三）理性评估翻译任务和翻译文本的难易度

区分翻译任务难易度的问题是翻译学习进度评价的问题。翻译实践中，我们常假定职业译者能够熟练地掌握语言、主题和翻译过程。这样一来，难易程度就由情境中的文本特征决定。然而，翻译教学中，我们必须根据学生的熟练程度来制定翻译任务。这一熟练程度包括翻译转换能力以及他们对源语和译语的掌握。翻译任务难度的区分往往通过语言标准衡量。翻译难度是主观的，与译者和他们的工作环境息息相关。翻译教学中，翻译任务的难易度应考虑以下因素。一是源语文本的绝对难易度。二是译者的知识与能力（百科知识、源语能力、转换能力、译语能力）。三是翻译指令、语用问题、文化问题和语言问题。四是技术和工作条件。因此翻译难度归类为以下四类：文本难度，译者的难度，语用难度和技术难度。

翻译教学中，由于受到教材的限制，很难将难易度不合适的文本全部剔除出去。因此，针对难易度问题，我们采取了以下措施：

首先，文本难度主要与学生对源语文本的理解程度相关，学生可以独立通过文内因素分析察觉翻译任务的难易度，如文本内容的长度和复杂程度、预设的数量、文本结构的连贯和清晰度，源文词汇句法结构的复杂程度、瑕疵、超音段特征的数量，以及非谓语成分的数量和性质等等。译者对源文的情景越了解，那么对翻译源文本的理解也会越好。因此老师可以通过翻译导入提供源文情境的信息来降低学生理解文本的难度。

其次，翻译任务的难易度与学习者的知识和能力相关。这不仅指主题或者百科知识的难度，也可以指文化背景知识、其他文内因素等能力。学生的源语或者译语语言能力欠缺是翻译课上最大的问题。因为每个学生的源语和译语能力都是参差不齐的，不可能都达到翻译课程要求的语言能力。老师可以通过课前分配阅读任务来提高学生的语言能力，从而确保翻译文本对学生不是太难。而在翻译课堂教学中要将语言能力的教学减到最低，语言能力的教学可以延展到其他与翻译实践相关的课程中。

再次，语用难度与翻译任务的本质相关。如果真实情境下的文本并不是针对译者而是针对母语读者的，那么译者可能会对源语文本情境的理解不透彻。这种情况下，教师应当通过说教性翻译指令来降低翻译任务的难度，包括文内因素分析、译语文化的传统形式、文本功能的变化等等。

最后，文献和研究技术能够加速翻译任务的完成。如在课堂导入阶段，老师可以添加源语、译语的文本，通过平行文本（同主题、同类型、同背景的文本）的阅读，降低翻译任务的难度。在以后的阶段，可以由学生自行搜索平行文本。通过这些辅助文本，学生完成翻译任务的情况非常好。

（四）测试学生的双语转换能力

通过毕业论文的方式考察学生的语言、文化转换能力以及量化的科研能力。在试卷中包括各种类型的翻译文本以全面测试学生对翻译的掌握。改革以往的语言能力评估模式，衡量翻译质量不再以源文及其功能为唯一标准，而是要综合考虑源文与目的文本各自特定的文化语境、功能与文本特征以及翻译的社会交际功能的实现程度。

这一教学设计意在培养学生的语篇分析能力和语篇转换能力。不仅突出了译者能力的培养，而且有助于打破脱离语境、以翻译产品（译本）为中心的课堂教学，不讲思维，简单罗列“技巧分类 + 词语句子译例”。通过正确的引导和激励，教师鼓励学生尝试不同的翻译，激发学生的翻译灵感和思维。尽管并不是每一个译文都是佳作，然而，学生对“双语转换”的无数尝试才是真正提高翻译能力的前提。

翻译导向的文本分析模式统一了语言和非语言模式，为翻译学习提供了一个分析源语文本的模式，有助于提高学生翻译文本分析的思维能力。在翻译导向的文本分析模式指导下，翻译教学设计需要将语篇视为交际活动，注重文外和文内因素，旨在提高英语专业学生的翻译转换能力和翻译思维。该模式在教学实践中具有较强的可操作性，并且能够激发学生的翻译灵感和创造性，有利于形成生动、多样的译文。同时，翻译教学最开始应尽少考虑翻译策略，而在翻译学习的高级阶段才需要展开。

第七章 写作教学

第一节 写作的性质与写作的心理机制

一、写作的性质

（一）写作的含义

从历史的角度来说，写作是一种创造性的活动。根据历史的记载，早在殷商时代，我国就出现了文字，而写作就是在文字的基础上产生的。此外，人类的思维也在不断地发展进步中，其基本轨迹是原始思维→古代思维→近代思维现代思维→当代思维。当古代思维水平发展到最高阶段的时候，就有了一种创造性的活动，即写作。可以说，写作是人类思维高山的顶端。

从人类活动的角度来看，写作是一种表情达意的高级方式。美国心理学家马斯洛提出了著名的需求层次理论。马斯洛认为，人的行为动机来自自我实现的需要。他仔细分析了人类的需要，并将一系列需要按等级进行排列，从低到高分别是生理需要、安全需要、情感和归属需要、尊重需要以及自我实现需要。前三种需要是基本需要，后两种是发展需要，并且低级的需要得到满足后才能实现高级的需要。在基本需要阶段，人的活动是不自由的，而在发展需要阶段，人类更多的是追求一种精神的价值和意义，最终实现对自由的占有。表达是自由的本质内容，写作正是表达的重要方式，是人类高层次的需要。

人类的写作行为不仅是一种传情达意的表达行为，也是人类生存发展、自我实现的一种基本形式；不仅是人类接受教育的一种基本途径，更是人类生产文化、知识、精神产品的生产方式。可以说，人类的写作行为涉及人类文化生产、知识生产、精神产品的生产、人类思维原理乃至现代人类学中人的行为活动原理等各个方面。

当人类向文明社会发展时，人类的书写精神、书写行为、书写作品无疑凝聚了众多历史文化内容，隐含了人类文化生产、知识生产、精神产品生产、人类思维中许多重大的课题。对于人类写作行为的科学研究必将导致对人类文明发展机制的深入研究，导致对文化生产、知识生产、精神产品的生产内在机制、内在规律的研究，导致对人类的自我教育、自我塑造工程的审视与反思。人类书写行为与人类文明的密切程度以及人类书写行为的丰富性、复杂性、综合性从根本上决定了建立这样一门新兴学科的必要性。而写作则把各种因素都集中在人类写作行为上而加以综合性的考察，这样更有利于研究与揭示人类文化生产发展的机制、规律和工艺技术。

在英语及其教学领域，我们可以从语言输入与输出的角度进行理解，即写作作为语言的输出活动，和口语一样是一种产出性技能。写作既涉及写作结果，也涉及写作过程。如果说一篇文章写作得好，不仅是指其创造出了漂亮的文章，还指其创造的过程也非常完美。

（二）写作的属性

1. 主体性

写作往往是由个体的形式展开，所要传达的也是个体的思维方式和思维结果。写作中动机的产生、写作活动的开展及结束以及写作活动的深层支配，其都是围绕个体展开的。简单来说，写作的整个过程都是围绕个体来展开的。写作之所以具有主体性，主要是因为写作表达的是人的本性，纸笔的运用只是其外在的表征。基于此，即使某一文章、著作是由个人完成的，其也是沿着个体化的轨迹才开始运行的。由此可见，写作的本性是个体的。

2. 社会性

写作虽然是个人行为，但是社会“共同体”的体现，即写作具有一定的社会性。随着社会生产力的发展，写作经历甲骨、青铜、绢帛、纸张、网络传输等不同的阶段和书记形式，即便发展阶段不同，书记形式有所差异，但有一点是不变的，即写作对社会活动的主动参与和依赖。可以说，写作以其特有的形式直接参与社会生活。无论是诗歌、小说、散文等文学创作，还是感谢信、邀请函等日常活动，写作都与人们的生活紧密相关。一方面，人类的思维和行动受社会活动和生活形态的影响，进而社会活动和生活形态也决定着写作的走向和形态；另一方面，写作记录着社会的发展历程和不同面貌，对社会发展和社会活动起着“备忘录”的作用。

3. 独创性

首先，与动物相比，人类的写作活动具有独创性。动物不可能像人那样自己制造工具，只能根据自己的本能来活动。相比较而言，人类能够创造和使用工具，而且对工具有着依赖感。人类能够进行思维活动，能够在有限的外在现实中创造一个无限的内心世界，而内心世界又反过来制约着人的外在现实世界。“夫文心者，言为文之用心也。”古学者刘舞也一语道破了写作的本质。在这里，“为文之用心”就是说写作要认真进行思维，这也说明写作是一种思维活动。由此可见，写作是受写作主体认识、情感、意志等内在精神世界支配的活动，而不仅仅是外在的一般活动。

其次，人与人相比，每个人的写作活动都各具特色，具有独创性。任何写作都具有创造性，且任何写作都包含一种新的表达过程，涉及起源、发展、形成。即使作者在写作中使用的是二手资料，作者也能够创造出一种新的、唯一的表达形式。这是因为，在写作中作者会产生一些新的东西，这些东西是认真的且能够表达出作者的才能。当写作主体具有一定张力的思维后，他们就将自己的思维以独特的形式呈现，这也使得写作的东西更加赏心悦目，并成为独特的商品。在这一过程中，写作行为也在发生改变，即由普通的精神生活逐步上升为精神创造。

4. 实践性

写作是一种实践性非常强的主观活动，写作的目的就是为了传达思想、交流信息。实际上，最初的写作并不是要求人们为了抒发情感，也不是为了进行创作，而是为了向大家说明一些重要的事情。随着人类的不断进步，其改造世界的经验也变得更为丰富。但是，这些经验会随着持有者不断消失而消失。为了保证这些经验能够传承下来，避免后代走弯路，人们就有了一个愿望，即能够将言语传达出去，并在时间上予以固定。因此，一些记录工具、记录符号不断发明出来，这也是为了实现这些愿望做准备的。通过这一点可以知道，最初的写作与人们的社会生活是密切相关的，尤其是其具有存储信息的能力和作用。

从心理学的角度而言，写作则是生产和创造活动。最初的写作活动是为了记录和传递信息，但在写的过程中，人们发现了更加重要的东西，即精神生产。通过“写”这一活动，可以将人类虚无的精神转化为物质符号，使得虚空的意识具有了物质的形式。如果不经过“写”的活动，即使人具有丰富的意识，也无法证明其存在。可以说，写的行为证实了人内部世界的存在。

5. 交流性

人们之所以进行写作活动，从根本上来说是为了交际，因此写作具有交流性特征。写作活动作为一个开放性系统，具体包含写作主体、写作客体、写作载体和写作受体四大要素。可以说，写作的过程就是四个要素之间的交流过程。在写作产品的生产阶段，交流活动主要发生在写作主体与写作客体之间。在这一阶段，写作主体不断认识写作客体，写作客体也不断向写作主体传递自己的信息。

而在写作产品的流通阶段，具体包含以下三种交流活动。

首先，写作主体通过写作载体获得与写作客体之间的交流。也就是写作主体通过写作载体传递信息，写作受体再通过写作载体获得信息。

其次，写作主体与写作客体之间的交流。通过写作载体，写作主体达到了与写作客体的交流，这一方面加深了写作主体对写作客体的认识，另一方面也能使写作主体发现写作载体的不足，进而不断对写作载体进行完善。

最后，写作载体与写作客体之间的交流。这是一种隐性的、间接的交流，是通过写作主体的认识和实践实现的。

二、写作的心理机制

了解写作的心理机制，有助于提高英语写作教学的效果。一般来说，英语写作的心理机制涉及以下几点。

（一）由视觉到运动觉

由视觉到运动觉是书写的心理机制，视觉活动是书写训练的起点。具体来说，学生观看书上、黑板上的书写示范，在大脑里形成明晰的英文字母形象。学生形成的视觉形象越清楚、越深刻、越正确，下一步的模仿就会越顺利、越准确、越迅速。可见，书写是一个由观察到临摹、由临摹到自主、由自主到熟练的过程。虽然模仿是动觉性的，但却与视觉有着密不可分的联系。书写的基本要求是正确、快速、美观、清楚。因此，教师应清楚地意识到自己对学生的示范作用，应从教学的第一天起就为学生展现完美的书写，从而帮助学生形成鲜明、精确的视觉表象。此外，教师还要使学生养成看、想、写一体化，或动眼、动脑、动手一体化的良好书写习惯。

（二）书写技巧动型化

书写技巧动型化是指书写基本单位的自动化书写技巧，要求运笔动作连贯且迅速。换句话说，就是在书写过程中一个动作紧扣另一个动作，一个基本单位的书写动作已经自动化。可见，书写技巧的动型化其实是高度的熟练化。随着熟练程度的提高，书写单位应从单词逐步扩大到短语、分句和句子，这不仅可以明显加快写的速度，而且可以提高学习效率。为了帮助学生掌握动型化的书写技巧，教师应通过多种方式引导学生进行练习。不但要经常在纸上练书写，而且要习惯于在脑子里练书写，在脑子里经常对字母、单词、句子从书写形象上“过电影”，做到心手合一。

（三）联想性的构思能力

联想性的构思是人对种属关系、因果关系、空间关系、时间关系以及层次关系等各个事物之间的相互联系以及相互关系的认识，是写作心理活动的核心。语言是思维的工具，学生应该逐步地把英语作为思维工具来使用，以便逐步地学会把英语作为交际工具来使用。而把英语作为思维工具来使用的重要的一步，就是发展和养成英语的联想习惯。例如，由 season 联想到 spring, summer, autumn, winter，进而联想到 warm, hot, cool, cold 等；由 family 联想到 father, mother, brother, sister 等。

联想性的构思能力越发展，学生对英语上下文关联的感觉就越发达。因此，教师应重视联想性构思能力的培养。这不仅可以提高学生英语的写作能力，还可以提高学生的思维能力，进而促进学生对所学英语各个方面的牢固掌握，用活的方法把英语学活。

（四）演进式的表达技能

演进式的表达技能是联想性的构思能力的具体表现，可以把定式思维、层次想象、系统回忆和连贯言语融为一体，使学生的英语写作不仅显得有条理，而且很迅速。演进式的表达技能可以直接促进学生的推理能力、汉语表达能力以及对其他学科内容的理解，具有很强的教育意义。

第二节　写作教学的现状与原则

一、写作教学的现状

（一）教师教学现状

1. 教学改革滞后

受传统教学思想的影响，我国英语教学一直都是应试教育，这也阻碍了英语写作教学的进一步发展。近年来，虽然许多专家、学者、教师开始对学生的英语习得能力进行关注，但是因为改革力量薄弱，因此效果甚微。例如，学生英语思维能力的多方位、多角度、发散性、创造性、广阔性和深刻性仍然没有得到足够重视和训练。教师在实际授课过程中，也时常为了教写作而教写作，而未能将其与其他技能的教学有机地联系起来，从而使写作教学成为一个孤立的存在，最终使写作教学事倍功半。

2. 课程设置不合理

尽管大多数教师和学生都早已认识到了写作的重要性，但由于课程设置不合理的情况客观存在，使得写作教学仍未得到应有的重视，效果也不尽如人意。具体来说，在每单元的课文讲解、听力理解、阅读理解等方面耗费了教学的大部分时间，导致几乎没有多余的时间留给写作教学，大多数时候写作只是作为教师留给学生的课后作业存在的，这就使得写作成了可有可无的教学内容。这样的课程设置很难使学生的写作知识得到丰富，而学生的写作能力也就很难得到培养。

3. 教学方法落后

教学方法单一陈旧也是导致现有写作教学效果不甚理想的重要原因。很多教师依然沿用传统落后的结果教学法实施教学，即向学生提供不同类型的范文，对范文稍加讲解之后要求学生参照范文模仿，并要求学生在规定的时间内利用课外时间完成写作任务，最后由教师进行批改和讲评。这种教学方法过分重视写作的结果，而忽视了师生之间、生生之间的交流过程，也忽视了对学生写作问题、技巧和规律的指导。长此以往，学生就会失去写作的兴趣和动机，写作能力自然也就难以提高。不可否认，在学生学习写作的初始阶段，模仿的确发挥着重要的作用，但模仿仅仅是一种手段，创造性的写作才是写作的最终目的。因此，在教学中教师要灵活采用各种方法来培养学生的创造性写作能力，并注重师生和生生之间的沟通，重视对学生学习兴趣的培养。

4. 教学时间不足

教学时间不足一直都是制约学生写作能力提高的重要障碍。由于英语是我国的第二外语，而且英语写作教学是在英语整体教学中展开的，因此教师除了要准备写作教学之外，还要进行语音、词汇、语法、听力、口语、阅读、翻译方面的教学。这种繁重的任务量致使写作教学时间严重缺失。而众所周知，写作能力的提高需要的是长时间的训练和练习，但是由于教学时间的不足导致我国的英语学习者写作能力较低。除此之外．我国的英语教学在很大程度上都是应试教育，因此对分值相对较少的写作重视不够，这也是影响学生写作能力提高的重要因素。

（二）学生写作现状

1. 文章言之无物

英语文章的写作不仅需要学生掌握扎实的语言知识，还需要学生具有广博的文化背景知识，具备了这两个方面的知识，学生写出的文章才会言之有物。但现实情况是，大部分学生都缺乏这种综合知识，再加上缺乏实际生活需要的语料，导致了作文内容单薄、肤浅，细节不足，深度不够，从而使得整个文章的质量都不高。

2. 套用结构情况严重

我国传统英语教学应试教育倾向较为严重，所以很多英语教师都将注意力放在对学生的英语应试能力的提高上。受这种教学观念的影响，再加上学生平时缺乏必要的练习，因此在考试前常将希望投向各种作文模板。这些模板对学生的写作不可否认具有一定的积极意义，能够提醒学生在写作时注意文章的整体框架并能在一定程度上增强文章的连续性。但从长久来看，这些模板存在的弊端对学生的负面影响更大。很多学生由于写作基础薄弱，在没有真正理解如何安排组织段落和恰当使用连接词的情况下，机械生硬地套用格式，导致文章经常出现连接词误用、段落衔接不自然等问题。

3. 文章缺乏连贯性

我国学生在写作时存在的另一个突出问题是文章缺乏连贯性。例如，文章往往缺少主题句，且句子之间缺乏必要的关联词，这就使得语序混乱，表达不通顺，主题思想不够突出。我们知道，写作的最终目的是表达思想和交流，如果不能依据一定的语法规律和交际原则形成有序的网络结构，那就无法形成具有连贯性的语言表达，也就不能顺利表达思想，从而导致交际的不畅。因此，我国学生应当在平时写作训练中注意加强文章的紧凑感，形成一个有意义的篇章结构，促使交际的顺利进行。

4. 缺乏文化知识

语言学习同文化学习密不可分，一旦学生缺乏对所学语言国家的文化背景知识的了解，其语言学习就会受到阻碍。因此，要想学习和掌握英语语言，必须了解和掌握英语文化。我国很多学生虽然在一直学习英语语言，但思维依旧停留在汉语思维上，很少接触英语文化知识，因此他们的思想和思维方式比较中国化，写作也是汉语式写作。所以，大部分学生除缺乏基本的语言知识外，文化背景知识也有待提高。丰富的文化知识对写作有着显著的促进作用，它可以使学生形成西方思维，写出的文章更加本土化。

二、写作教学的原则

（一）以学生为中心

学生是教学过程中的主体，教师所有的教学活动都是围绕着学生的需求进行的。英语写作教学也不例外，必须坚持以学生为中心的教学原则。在英语写作教学中，只有充分发挥教师的主导作用，调动学生的积极性，树立以学生为中心的教学思想，才能切实提高教学质量。教师可以采取多种多样的教学活动，帮助学生积极地参与写作的过程。在这里，小组讨论是一种非常好的方式，教师可以采取提问式、复习式、卷入式、学生互助式等活动达到对学生帮助的目的。

（二）多样化

1. 表达手段

英语的表达手段十分丰富，同一意义可以使用不同的句型来表达。在写作教学的过程中，教师指导学生写作的重要途径，是引导学生学习使用不同的句型结构来表达同一意思。这不仅可以弥补学生在语言知识上的不足，而且能启迪学生的思维，从而把知识变成技能，灵活运用语言。

2. 写作文体与训练形式

从文体上看，可以写议论文、记叙文、说明文，也可以写便条、书信、通知等实用文体。从形式上看，可以用口头作文，也可以续写故事；可以写提纲训练谋篇布局，也可以写扩展段训练发散思维。此外，还可以让学生进行扩写、改写、缩写、仿写、情境作文等练习，让学生逐步掌握写作的技巧。具体来说，扩写有助于培养学生的想象力，但要求学生想象合理，做到符合原意，符合实际的要求。对于改写，可以指导学生将教材中的对话进行改写，这不仅有助于学生研读原文，更有助于学生把握文章的中心思想。当进行缩写练习时，可按照关键词一思考一讨论一复述一动笔这样的思路将课文中的关键词串联起来，然后写出本课的主题或中心思想。而在仿写练习时，可以让学生先仔细观察再临摹，最后自主写作，进而到熟练。情境作文有助于培养学生的综合能力，它要求学生把平时所学的知识点滴积累，提炼并转化为带有感情色彩的优美的文字语言。可见，每种练习形式都各有其优点，只有多做这方面的练习，才能真正提高学生的写作水平。

（三）重视写前准备

写作前有必要进行调研、收集资料、积累材料、酝酿论点及分析问题等活动。积累写作素材既是重要的写作准备活动，也是培养写作能力的重要手段。为了让学生积累更多的写作素材，以便更好地培养学生的写作能力，教师要鼓励学生在阅读范文的基础上对一些段落、句子、词块等进行背诵。背诵输入有助于克服英语写作中的负迁移，产出地道的英语表达方式。地道的英语是通过一些固定而优美的句型和英语的习惯说法来表达的。学生之间的讨论在写作过程中也具有十分突出的作用。通过讨论，学生可以获得写作的素材。头脑风暴、对话题的讨论、构思等写前活动不仅可以减轻了学生的写作负担，而且可以培养学生的写作元认知策略以及学生对写作的积极情感。

（四）任务性

传统英语写作教学往往存在教学语言脱离语境、脱离功能的现象，这样造成的消极结果有两个：一是学生虽然可以建构准确的语言形式，却无法用这些形式得体且完整地表达意义；二是所学语言脱离实际生活，无法调动学生的积极性。而任务化教学可以通过让学生完成一系列的任务达到教学目标，让学生在执行写作任务的过程中充分感受语言形式和功能的关系以及语言与语境的关系。因此，当代英语教学应当坚持任务性原则。

（五）综合性

综合性原则也就是与听、说、读相结合的原则，因为写作并不是孤立存在的。英语学习是一个系统的过程，写作只是英语教学的一部分。虽然听、说、读、写各有自己的特点，但在本质上它们之间的关系是相互依赖、相互促进的关系。具体来说，说可以为写奠定基础，而写则是说的发展；把听作为输入的方式来获取写的内容，以写来反映听的结果；通过阅读范文，学生可以获取一系列的写作资源，如语言、观点、篇章结构等资源，这些通过阅读获得的写作资源在一定程度上减轻了学生的写作负担。

（六）科学纠错

学生在写作过程中存在错误是正常的，也是不可避免的。教师对待学生错误的态度会直接影响学生写作的兴趣与动机，正确的态度可以激发学生的写作动机，反之则会打击学生的积极性。因此，教师应该宽容对待学生写作中存在的错误，鼓励学生在写作中大胆使用新的词汇，这样可避免他们为了追求语言的准确性回避使用新的语言形式。当然，对那些学生经常或集中出现的错误应当进行详细讲授，以免学生再犯错。

第三节　语料库检索工具在写作教学中的应用

语料库作为一种语言资源，能够借助计算机检索工具，为高校英语教学提供便捷的检索方法，也在一定程度上提升了学习者的学习效率，其重要性不容忽视。语料库检索工具作为一种具有高速提取、高速分析、高速总结文本特征的工具，越来越多地应用于对语言使用规律与特点的揭示，是教师改善传统英语写作教学模式的有益尝试。以下我们结合两个常用的语料库检索工具及高校英语教学过程中的实例，从检测写作中词汇使用广度和深度、总结积极词汇的用法、辨析近义词和了解词语搭配的特点这四个方面出发，具体论述常用语料库检索工具在高校英语写作教学中的应用。

一、语料库检索工具

（一）语料库检索工具应用于英语写作教学的理论支撑

语料库检索工具应用于英语写作教学最主要的一个理论支撑便是“注意”理论。认知心理学认为“注意”是一种对内部信息进行加工的主要机制，并对“注意”理论进行了广泛而深刻的研究。认知心理学认为“注意”就是通过感觉、已存储的记忆和其他认知过程对大量现有信息进行有限信息加工。语言输入过程中的语言特征是由于受到“注意”而最终转化为语言输入；理解性输入中的语言形式只有被“注意”到才会显示出来，“注意”在语言从输入到吸收的学习过程中起着重要的作用。“注意”的基本意义就是意识到了什么。他们可以把“注意”到的某些方面与其他方面进行比较分析，从而尝试着领会其重要性，也能够达到理解。

通常情况下，语言学习应该关注以下两个要点。第一，注意语言学特征。学习者没有有意识地注意输入的语言，是不能够真正地吸收输入的语言。第二，注意特征差别。学习者应当把语言输入或目标语与他们自己目前的语言体系进行比较。因而，教师在语料库检索方法的指导下，借助语料库工具能够促使学习者集中注意力，关注到语言输入或者目标语。

“注意”在语言学习的过程中发挥着重要的作用，这种作用主要体现在以下几个方面。第一，“注意”是将输入转化为长时记忆的桥梁；第二，“注意”是将输入转为内化的知识的必要条件；第三，“注意”是从注意特征到比较特征差异，到运用语言新形式的语言处理过程中的关键。影响“注意”的两个最重要的外部因素是语言输入的频率与凸显性。“注意”理论的最主要价值在于其能够揭示出哪些特征在语言输入的过程中是因为受到注意而最后转变成语言输入。

在高校英语写作教学中，教师的主要任务是利用语料库检索工具的功能，让学生注意到输入语的语言特征和词汇使用规律，引导学生探索、发现文本特征与英语本族语者的文本特征之间的差异，从而将潜在的规则转化为学生内在的知识，优化二语写作。而“注意”理论与教师的教学任务要求相吻合，因而对基于语料库检索工具的高校英语写作教学具有一定的理论指导。

（二）常用的语料库检索工具

语料库检索工具最主要的一个功能便是关键词检索（KWIC）。检索工具能够提供关键词所在的语境，为关键词的分析提供更加便捷、更加直观的语境。目前，国内相关研究经常提到的语料库检索工具主要有 WordSmith Tools，AntConc，Concordance，Range。除此之外，PowerGREP 是一个功能强大的文本查询和处理软件，主要用于搜索文本文件或编码文件的信息。以下我们在调查的过程中，选用了 AntConc 和 Range 这两种语料库检索软件作为此次研究实例分析的辅助性检索软件。

1. AntConc 检索工具

AntConc 共包含检索、检索定位、文件查看、词丛、搭配、词表、关键词表七个程序。在高校英语写作教学与研究过程中，教师经常使用此种检索工具对常见文体特征进行观测及分析。

2. Range 检索工具

Range 工具自带三个基础词表，分别为 Baseword1. txt、Baseword2. txt、Baseword3. txt。Baseword1. txt 由英语中出现频率最高的 1000 个单词组成（实际为 999 个词族），Baseword2. txt 由英语中出现频率最高的 1001 ～ 2000 个单词组成（实际为 987 个词族），Baseword3. txt 是 Coxhead 制定的“学术词汇表”，其中包括除上述 2000 个最常用词汇以外的 570 个大学常用学术词汇。研究者可以利用此工具在三个词表基础上进行文本词汇深度和广度的对比分析。

二、语料库检索工具在写作教学中的应用研究

（一）研究背景

英语写作是英语学习过程中的一种主要输出方式，对英语学习者而言极为重要。高校英语写作教学通常是通过“学生写 - 教师评”的互动活动，期望学生的写作能力得到一定的提高和改善，这种传统写作教学主要关注的是教学法、篇章结构和写作中的各种错误分析等。此种教学方法耗费大量的时间，所产生的成效较低；且学生主要依靠死记硬背的方法来提升自身的写作能力，学习效果不佳。因此，利用有效的方法突破这种教学模式，引导学生关注、注意语言词汇使用特点，增强学生写作过程中的主观能动性，一直是大学英语教师不断探讨的问题。近年来，语料库研究的成果正被广泛地应用于二语教学。作为一种新的研究方法或一种新的思维方式，语料库建设突飞猛进，不同类型、不同用途的大、中、小型语料库相继问世，为语言教学和研究提供了大量可靠的语言素材。与此同时，相应的语料库工具也不断开发出来。近几年，我国一部分研究者关注于此方面的

研究，在英语教学过程中引入基于语料库检索工具的文本分析方法，通过使用便捷高效的语料库检索工具对文本进行观测及分析，重点关注学生及英语本族语者在语言、词汇方面的使用特征及使用规律，并帮助学生迅速理解文本的内在含义。

随着语料库语言学的出现，语言研究发生了较大改变。自 20 世纪 90 年代以来，语料库的重要性日趋明显。语料库在外语教学中的作用主要体现在作为参考工具与研究工具等方面。一些学者强调 WordSmith Tools 工具在外语教学研究中具有广泛的应用前景，同时总结了数据驱动学习在词汇教学中的优点。对我们开展基于学习者语料库的第二语言习得研究具有重要的方法论意义。

由此可见，近年来与写作相关研究主要是围绕借助语料库技术构建写作教学网络平台、通过对比学生语料与本族语写作语料研究语言使用各个方面的特点及其差异、语料库驱动下的各种语言现象研究和写作教学新模式探索等方面进行了研究。众多相关研究的目的都是鼓励师生在真实的语言环境中通过自我探索，发现语言使用的规律，更准确地掌握和运用英语，因此可以看出语料库技术在英语写作教学中起着重要的作用。与此同时，近年来语料库作为一种包含大量真实语言资源的工具，在语言教学过程中发挥着越来越重要的作用；相关学者利用语料库检索工具对语言特征进行了相关统计分析，这在较大程度上减少了高校英语教学的盲目性。

从整体上讲，国内大量的相关研究证实了将基于语料库方法的文本分析引入高校英语教学中能够有效提升课堂教学的效率。以下我们主要利用 BNC 语料库及搜集的网考作文语料，讨论语料库检索工具这种新的信息技术手段在英语写作教学中的意义及应用。

（二）语料库检索工具在写作教学中的应用研究

语料库检索工具的出现为高校英语写作教学提供了一个崭新的平台，在便捷的语料库检索工具的基础上，英语教师可以充分利用语料库中大量的、丰富的、有代表性的英语本族语语料以及相关知识，结合写作教学中的实际需要、知识的广度与深度，引导学生根据语言的真实使用情况来了解、运用语言，在语言输出环节准确使用词语，以求达到真正的语言学习。与此同时，运用自行创建的英语学习者语料库，借助语料库检索工具，和母语语料进行详细对比，能够指引学生发现写作涉及词汇的使用错误特征。

1. 词汇使用的广度

学生经常会抱怨自己在写作过程中所运用的词汇仍旧处于低级水平，对自身在写作中词汇使用的广度及深度没有深刻的认识。实际上，教师在写作教学中可以利用学生的作文语料，借助 Range 工具来解决这个问题。引导学生利用语料库词汇分析工具 Range 分析作文中的用词广度和深度，并对不同学生或不同班级的作文词汇在三个词表中出现的频率进行量化对比，以此检验写作中词汇使用的广度、深度以及教学方法的优劣。为此，我们对采用不同写作教学模式的两个班级学生的作文词汇及词表词汇出现频率进行量化分析。为研究便捷，我们将两个班级分别设置成 A 班、B 班。

分析结果显示，A 班学生所写作文中有 87.74% 的词汇是 Baseword1.txt 词表中的词汇，6.18% 是 Baseword2.txt 词表中的词汇，只有 1.56% 是 Baseword3.txt 词表中的词汇；B 班学生所写作文中有 83.17% 的词汇是 Baseword1.txt 词表中的词汇，5.23% 是 Baseword2.txt 词表中的词汇，但有 7.03% 是 Baseword3.txt 词表中的词汇。通过对比分析，我们发现 B 班学生对大学各科教材中最常用的学术词汇掌握较好，学有所用，因此 B 班写作教学模式更有效。

除此之外，Rang 工具还可以检测学生作文中某个词使用的频率以及不同作文中某个词使用频率的差异，引导学生进行对比。同时，教师应该注意写作过程中的词汇使用规律与特征，为写作教学提供有针对性的反馈，更好地改进写作课堂教学。

2. 积极词汇的使用方法

语料库检索工具能够为学习者提供具体的语境，显示出词汇的不同搭配形式，进而帮助学习者发现明显的语言表述形式，引起学习者的注意，最终促使语言知识的内化。通过接触和感受真实的语言用法，总结出英语本族语者的词语使用规律，并进行模仿和学习。获得对语言的真实认识，并将它正确地用于写作中，学习效果会优于根据直觉或语法书提供的例句。此种数据驱动的方法能够指导学生进行大量语料库数据观察，概括并归纳出语言的使用现象，自主发现语言的基本规则、意义表述形式、词汇的特点，进而实现有效产出的目的。

3. 同义词和近义词

传统的高校英语教学往往从语义及句法的角度出发对近义词进行辨析，缺少充裕的实例。写作教学中发现学生不能恰当使用有些动词，甚至存在多用、少用和误用现象，和英语本族语者的使用呈现出显著差异。例如，在对近义词 small 和 minor 的用法进行辨析的时候，学生较容易掌握单词的概念意义，但对单词的附加意义却很难掌握。语言中有很多词需要研究它所在的语境所呈现出的一种特殊语义氛围，语料库检索工具可以直观地将相关语料使用语境呈现在面前，引导学生注意词汇使用的不同语境，进而分析、内化成为理解性输入，最终通过写作达到有效输出。从这个例子中，我们通过语料库检索工具能够轻易看到 small 和 minor 这两个近义词在使用方法上的差异，使学生一目了然，进而节省了大量的时间。

4. 词语搭配的特征

高校英语教学通常会从目标语中出现频率最高的词汇及其核心内涵、常用搭配着手，这是因为使用频率最高、最普遍的词汇通常具有更高的教学价值。目前的英语教科书未能提供一个词语使用的具体语境，词汇教学仍然以中文对应词为参照，死记硬背用法而忽视这些词在英文中的搭配特征，不了解搭配和类连接在词语搭配中的重要性。搭配和类连接的概念最早是由Firth提出的。搭配是词语之间的“结伴关系”，词语的固定伴侣就是搭配词。类连接是词类、语法层面的词语之间的结伴关系，类连接与语言的句法方面有密切关系。在课堂教学过程中，教师运用语料库检索工具将词语的搭配特征凸显出来，分析学生与英语本族语者在常用词语类连接、搭配等方面的差异，以指导学生关注到词汇使用之间的区别，使学生认清在使用该词语时存在的问题及其缘由，为学生的二语写作提供更加直观、更加有效的建议。

除此之外，语料库检索工具在写作教学中可以引导学生检索作文中高频词汇的使用，并与母语高频词汇进行对比，考察写作词汇是否存在过多或过少使用的现象，分析学生词汇使用和掌握情况，达到提高英语写作教学有效性的作用。

语言输入频率和凸显是输入质量的体现，频率越高、凸显性越强的输入形式越能引起学生注意，因而越有利于语言的内化。语料库方法对二语写作教学中的注意产生了积极的影响。当然无论把哪些语料库工具应用到英语写作教学中，教师都应该提供相关的背景知识，并在理论和技术方面作宏观指导，以避免盲目性。

总而言之，语料库检索工具在高校英语写作教学中发挥着至关重要的作用。借助语料库工具吸引学习者注意语言的真正特性能够促进语言学习，并能实现真正意义的语言学习。以上我们主要从写作教学中词汇使用广度和深度、积极词汇的用法、近义词辨析和词语搭配的特征这四个角度出发，对语料库检索工具在英语写作教学中的应用进行探讨。我们借此旨在抛砖引玉，鼓励更多的教师在英语写作教学过程中充分重视自然的目标语语料，引导学生注意目标语语料的特征，并根据实际情况恰当、准确使用语言、通过这种方式，教师才能够以全新的教学手段及教学视角来优化英语写作教学，使语料库检索工具真正成为英语写作教学的辅助工具，并使之在为英语写作教学服务的过程中发挥更重要的作用。

第八章 阅读教学

第一节 阅读性质与阅读模式

一、阅读性质

（一）阅读的含义

阅读不仅仅是一种语言活动，更是一种复杂的思维活动，其本质是从书面材料中获取信息并对其进行理解，从而提取其内涵意义。阅读是信息加工的认知心理过程，即对信息进行选择、分类与解释的过程。在阅读过程中，读者必须依据自己已掌握的信息、知识和经验，对语篇进行加工，从而了解整个语篇的含义。阅读过程是一个十分复杂的心理过程，所以要想提高阅读水平，除了要掌握一定的背景知识外，还要深入把握一些阅读策略，这样读者才能充分利用语篇信息，对语篇结构进行深层次的分析，进而检测自己的预测。

（二）阅读的心理机制

1. 文字→语音→意义

在阅读能力发展的早期，其都会经历一系列的过程。首先是由眼睛看到文字，然后在人脑中会形成视觉影像，同时引起高级神经的活动，进而产生语音，并伴随着听觉活动，最终产生被理解和接受的意义。与汉语不同，英语的形音联系紧密，因此从文字到语音再到意义这一过程的分离情况也是非常明显的。正是由于这一情况，致使从字母到拼写这一传统的教学模式成了一种固有的习惯。一般情况下，字母是没有意义的。如果读仅仅是靠从一个字母到下一个字母的读，那么这个读就是没有意义的读。从文字到语音再到意义的阅读单位可能是单词也可能是词组或者短句，但是句子单位的阅读会受到发音动作的影响，因此一般速度不是很快。

2. 声读→理解

这里的声读不仅包含出声的读，还包含不出声但声带活动的读，这主要是靠唇、齿、舌等这些发音器官的活动，也包含内心里的默读，即这些发音器官是不活动的。这三种情况虽然程度不同，但是都没有脱离声音对读的速度的影响和制约。在初学英语时，声读的最明显形式是朗读，而朗读能够帮助读者理解文本，加深对文本的印象，是一种积极有效的读书形式。但是，朗读也存在着某些局限性，它不利于默读能力的发展。因此，在大学英语阶段，应该着重默读的培养，因为默读可以直接帮助学生理解文本的意义。

阅读心理学也指出：要读懂文字，根本不需要说出文字内容，因为这种将书面语解码为口语的过程并不能帮助学生进行直接理解。因此，有效的阅读与声读、口语、语音其实并无太大的联系，反而阅读速度慢恰恰都是因为采用声读或者口语的形式阅读造成的。

高效的阅读很大程度上是可以跳过文字一声音这一步骤，他们只需要看到一部分甚至是少部分的文字符号就能理解整个文本，这样的阅读理解过程明显速度是非常快的。目前，高校学生的阅读速度还是明显偏低的，因此在教学中应该着重这一方面的培养，尤其是需要全面认识声读到直接理解文本的发展规律。

3. 视觉信息 + 非视觉信息

很多人认为，在读的过程中，不仅视觉信息会起作用，非视觉信息也会起到一定的作用。其中前者是指用眼睛来感知文本信息；而后者是起潜在作用，由大脑提供的，它主要包含阅读者全部知识的总和，即文化背景知识、生活经历、逻辑常识、知识修养等。人们之所以能够一看到文本就能理解其意义，主要是因为视觉信息和非视觉信息联合并用的结果。

非视觉信息是对视觉信息的加工。在非视觉信息中，最重要的是文化背景知识。尽管阅读中学生会遇到新的单词和语法知识，但是由于有充足的文化知识，他们也可以顺利地完成阅读。非视觉信息的重要意义在某种程度上否定了阅读只是同文字打交道，从而借助视觉进行活动的看法。因此，在训练阅读的时候，应该将大脑训练置于眼睛训练之上，从而培养学生从意义和理解上驾驭文字的能力。

二、阅读模式

（一）自下而上式

自下而上的理解模式是一种传统的阅读理解理论，起源于 19 世纪中期。传统阅读理论认为，阅读活动是从因素、字母、音节等这些最小的语言单位开始的，先理解这些语言单位，然后理解单词、句子，最后理解段落、篇章，整个过程是一个由低到高、自下而上的理解过程，是从文字符号到文字意义的加工过程。可以看出，自下而上的模式认为阅读是从字词的解码开始，一直到获取文本的意义为止。也就是说，阅读过程是一个从左向右对字母一词一句子一语篇的有组织、有层次性、自下而上的理解过程。对字母的识别是对篇章理解的基础，对词的理解能够促进对句子的理解，对句子的理解是进行篇章理解的重要条件。因此，在这种模式下，阅读者要想理解语篇，首先需要具备一定的语言知识。

自下而上的阅读模式强调语篇本身的作用，认为阅读中学生所遇到的问题是语言知识层面的问题，学生对于单词、句子结构等的不熟知是影响阅读理解的重要因素。

传统的英语阅读教学受到自下而上模式的影响，教师对于阅读教学的安排主要是按照句子一语篇的顺序进行，由低到高、由简到繁进行教学信息的处理。在这种模式下，英语阅读教学的主要任务是提高学生的语言知识能力。

自下而上的阅读教学模式带有自身的局限性。这种教学模式虽然说明了信息加工中线性模式对于阅读研究的影响作用，但是却忽视了阅读过程中各种信息间的相互作用。因此，阅读教学中忽视了学生语篇外信息提取的能力，受到越来越多的争议。

（二）自上而下式

自上而下的阅读模式是在认知心理学的影响下发展起来的，最早出现于 20 世纪 60 年代后期。

概念能力，指的是读者能够将零散的阅读进行汇编与集合，从而形成概念的能力。

背景知识能力，指的是读者已经具备的常识知识以及对某一领域或话题的知识。

处理决策能力，这种能力在整个阅读过程中都有体现，具体包括阅读技能（如略读、寻读、查读等）、句法知识、语义知识、篇章结构知识。

在阅读过程中，读者的这三个方面能力是相互作用的，需要其使用逻辑思维能力进行文字的理解。自上而下的阅读模式认为读者并不是被动接受文字意义，而是依据自身的知识进行主动的意义理解与建构。因此，自上而下模式是一种读者驱动型的阅读模式。

（三）交互式

上述两种阅读理解模式都是一个单向的信息处理过程。而有研究表明，阅读中的信息传递实际上是双向的。

在阅读过程中，认知和感知同时进行，清晰和模糊得以连接。阅读始于对视觉信号的加工（即自下而上的阅读模式），当语言文字被识别出来以后，学生既有的与之相关的语言知识和常识的背景图式就开始发挥作用，解释信息（即自上而下的阅读模式）。由此可见，交互式语篇理解模式将阅读过程视为自上而下和自下而上两种过程模式的结合，揭示了信息双向传递的特点，更符合认知和阅读的规律。

另外，交互式阅读模式中有一个十分重要的理论，即图式理论。图式是指人们对于物体、事件或者情形等一般性概念的抽象表征。例如，每个人都对 house 的概念有一个抽象的表征，这一表征可以因为人们加上不同的修饰词而发生变化，如 elegant house, enormous house 或者 ramshackle house, squalid house 等。图式理论认为，“阅读图式”可以分为以下三种。

第一，形式图式，即读者对语篇结构的熟悉程度，也就是读者的语篇知识。例如，相关研究发现，读者对于按照时间顺序或单向结构展开的描写文章的接受程度较高。这在一定程度上说明了文章结构对于读者阅读吸收的影响。

第二，内容图式，即读者对语篇内容的熟悉程度，也就是读者的背景知识。内容图式包括：语篇中涉及的专业性知识；特定文化或亚文化的生活方式、社会制度等方面的知识。读者对于语篇的理解在一定程度上受限于自身的背景知识。如果阅读者的背景知识丰富，在阅读中便能将更多的注意力放在高级阶段的信息处理上，从而提高对语篇的理解。同时，背景知识还是对语言基础知识欠缺的补偿，从而保证读者对语篇的正确理解。

第三，语言图式，即读者所掌握的语言知识以及对于语言的运用能力。

图式在语言理解过程中的作用十分重大，它能够说明人的理解过程。在本质上说，人类进行事物理解的实质是一种释义。在释义的过程中，参与者通过自己图式知识的参与，进行信息的分析、推理、对照、综合等活动，最终达到知识的运用与沟通，从而解决问题。

具体到阅读活动来说，图式理论认为，阅读对象即文章本身不具有任何意义。意义存在于读者的脑海里，取决于读者阅读过程中对大脑中相关图式知识的提取状况。

阅读理解就是选择和激发能够说明输入信息的图式与变量约束的过程。也就是说，阅读理解首先是输入一定的信息，然后在记忆中寻找能够说明这些信息的图式，当足以说明这些信息的图式被找到或者是某些图式被具体化以后，我们就说产生了理解。

在理解过程中，加工的层次是循环往复同时逐步递进的。随着阅读行为的进一步加深，更高层次的图式会被激活，理解的循环就得到了更进一步的发展，产生对句子的理解以及对语段与篇章的理解。图式在阅读加工中的一个最重要作用就是它的预期作用，读者正是依靠图式的这种预期作用在阅读中进行推理的，从而填补篇章信息本身的某些空白，并最终理解文章。相反，如果读者大脑中没有相关图式，或者虽然具备了相关图式，但是由于某些原因而未能启动，那么文章内容的各个方面就得不到解释说明，新的信息与已有知识无法沟通，那么这篇文章对于读者来说是不连贯的，并且是不可理解的。

第二节 阅读教学的现状与原则

一、阅读教学的现状

（一）教师教学现状

1. 教学观念错误

英语教学的最终目的是语言的运用。具体到英语阅读教学中，就是指导学生能够从具体的语篇材料中获取有用信息，也就是英语阅读教学要培养和提高学生的阅读能力。

英语阅读教学中的一个很严重的问题就是教学观念落后。虽然很早就开始倡导大学英语教学改革，而且一直在实施，但在实际教学中，很多大学英语受传统教学思想的影响依然保持着陈旧的教学观念。在他们看来，知识的传授是教学的重点，也是他们在教学中的主要任务，所以他们便在教学中一味地讲解生词、逐句逐段分析语篇，然后核对答案，而没有认识到学生才是教学的主体，也忽视了对学生阅读理解能力的培养。

阅读是一项重要的语言技能，阅读能力的培养对学生分析、思考和判断能力的提高，以及学生学习兴趣的激发、视野的开阔、语言运用能力的提高、人文素养的培养有着重要意义。大学英语教学必须摆脱陈旧的教学观念，接受新的教学思想，以促进英语阅读教学更好地发展。

对此，英语阅读教学必须更正教学观念，将阅读作为一种实用的语言技能进行教授，传授学生语篇、语言、文化等知识，提高学生的思考能力、分析能力、判断能力，拓宽学生的视野，激发学生对阅读、英语乃至英语文化的兴趣，提高英语综合运用能力和人文素养。

2. 教学方法落后

就目前来看，我国英语阅读教学依然采用的是传统的单一、陈旧的教学方法。这种教学方法以应试为导向，不仅无法突出学生的主体作用，更无法满足当下学生的实际需求，因而难以激发学生的学习兴趣，培养良好的阅读习惯，最终导致阅读课程收效甚微，不能很好地促进英语阅读教学的改革与发展。尤其是在一些教学条件落后的偏远地区，英语教师对阅读教学的重视不够、研究不足、实践不多，更加难以形成科学合理的教学方法，教学质量也令人担忧。虽然我国的英语教学中一直提倡多样的英语教学方式，但是在实际的英语阅读课堂上，教师单一的教学方式严重阻碍了学生阅读学习的兴趣，最终影响了英语阅读的教学效果。了解了这一点，教师在具体的阅读教学过程中，应该实行多样化、针对性的教学工作。

3. 课程设置不合理

在英语阅读教学过程中，还存在着课程设置不合理的问题。这种不合理性主要表现在教学目标和教学计划的缺失。在我国很多学校的英语教学中，都没有明确为阅读教学设立具体的教学目标。同时还有很多学校将英语阅读作为整体教学中的一个成分，并未专门为其开设课程。这种将阅读作为附属品的课程设置，不能保证教师的阅读教学时间，因此在根本上不能提高学生的整体阅读能力。

4. 教材设计不合理

教材是教学的重要指导性资料，在一定程度上影响着教师的教学内容、教学方向。但是纵观我国英语教材，其在设计上存在着不合理的状况，在整体上缺乏内在的连续性。

具体来说，高校教材则注重阅读技能的训练。虽然从表面上看，教材设计本着层层深入的原则，在教学的不同阶段侧重性和针对性都十分明显，同时也符合学生具体的学习和认知规律。但是却存在重要的过渡问题，也就是前一个学习阶段和后一个学习阶段缺乏一定的承接性。

这种教材脱节的现象在一定程度上影响了教学效果，对英语阅读教学也有负面影响。此外，从教材内容上看，入选或入编的主题和篇章的结构性不足，所选社会科学主题、人文科学主题和自然科学主题在量的方面不均衡，主题筛选的广度和深度都有待于进一步提高。教材的这种编写，缺乏与学生生活的联系性，因此学生对其的兴趣便得不到提高。

（二）学生阅读现状

1. 受母语思维影响

受文化与思维方式的影响，英汉两种语言在遣词造句上也有很大不同。例如，英语句子中只能有一个谓语动词，动词受形态变化的约束，是句子的中心，并借助一些连接词把句子的其他各个语法成分层层搭架，呈现出由中心向外延扩展的“分岔式”结构。而汉语一般通过多个动词的连用或流水句形式，按照时间的先后顺序和事理推移的方式，把一件件事交代清楚，呈现出一线形的“排调式”结构。再如，中文习惯于将次要的描述性信息放在句子的前部，而将重要的信息放在句子的后部。与之相反，英文句式的表达特点是将重要信息放在句子前部，而将次要信息置于句子的后部。学生如果对中英句式上的这种差别熟练掌握，在阅读中就可以适当分配注意力，提高阅读的速度和效率。

2. 阅读观念错误

长期以来，很多学生对英语阅读存在着一些错误认识，具体体现如下。首先，一些学生将词汇量等同于阅读能力，片面地认为词汇量大就意味着阅读能力强。实际上，阅读不仅仅是词汇量的问题，还受到词义把握、句子结构、语法知识、语篇分析等多方面能力的影响。其次，有些学生把阅读速度等于阅读能力，但事实并非如此。阅读能力不仅包括阅读速度，还包括理解的准确率。有的学生阅读速度快，理解程度却很低。虽然读完了，可是并没有抓住重要的细节和文章大意，这样就不能说他的阅读水平高。对此，在阅读学习中，学生应当树立正确的阅读观念，既不能一味求快，也不能用扩大词汇量来代替阅读练习，而应从多个方面入手来全面提高阅读能力。

3. 阅读习惯不良

高质量的阅读离不开良好的阅读习惯，而不良的阅读习惯对阅读理解会产生不容忽视的阻碍作用。下面是一些常见的不良阅读习惯。首先，阅读视野狭小，不以句子为单位，习惯一个词或几个词地阅读。其次，不能按照文章的顺序进行阅读，时常发生跳读；换行时，不能迅速定焦看清文字。再次，边读边将所读内容在心里翻译成汉语，然后再继续阅读后面的内容。最后，有的学生喜欢在心里默读或者唇读；有的学生喜欢用笔或手指着阅读；还有的学生喜欢不断回头重复阅读。这些不良的阅读习惯不仅影响了阅读的速度，更影响着思维的连贯性以及理解能力。因此，教师应指出并帮助学生克服自身的毛病，培养正确的阅读习惯，以帮助提高阅读的效率。

4. 背景知识欠缺

学生是教学的主体，是影响教学效果的主要因素。因此，学生方面存在的问题很大程度上制约着英语阅读教学的顺利开展。就目前来看，我国学生普遍缺乏英语文化背景知识，对英语国家的历史、地理、文化等不了解，从而制约了英语阅读教学的顺利开展。例如，同一种动物在英汉两种文化中可能具有不同的含义。龙在中国具有悠久的历史，它既可以呼风唤雨，也可以主宰自然。此外，龙还是皇帝的化身，皇帝被称为“真龙天子”，其后代则是“龙子龙孙”。总之，汉语中的“龙”具有至尊至上的感情色彩，蕴含着“权威、力量、才华、吉祥”等褒扬的语义。但是，这样一种吉祥的动物在英语中却是一种长有翅膀、有爪子的、喷火的类似鳄鱼或蛇的怪物，是邪恶的象征。可见，丰富的英语文化背景知识能促进学生英语阅读能力的提高；反之，背景知识的缺乏则会造成阅读理解的误解或困难。所以，学生平时应进行广泛阅读，多了解英语国家的背景知识，这样才能保证阅读理解的准确性。

二、阅读教学的原则

（一）因材施教

每个学生都有自己的个性，学生与学生之间又存在着差异，学生的个体差异直接影响了学生的阅读进程。因此，教师应注意满足不同水平学生的特殊需要，力争使每个学生都能相应地发展阅读技能。对于一些阅读成绩不佳、甚至自暴自弃的学生，教师可以先给他们简单的阅读材料，并逐步增加难度，让他们看到自己的点滴进步，还要经常表扬、鼓励他们，帮助他们重新建立起学习的信心。而对于一些基础好的学生，课堂上的阅读常常满足不了他们的阅读欲望，教师应向他们布置一些富有挑战性的阅读任务，以满足其阅读欲望。总之，教师要认真分析学生情况，结合每个学生的特点，在教学中有意识地对不同的学生提出不同的要求，采取不同的方法，真正做到因人而异、因材施教。

（二）层层设问

提问是课堂教学的必然环节，但提问应讲究一定的原则和策略，不能盲目发问，否则会影响提问的初衷。因此，在英语阅读教学中，教师要坚持层层设问原则，提出的问题必须具有一定的层次性，问题由易到难、由浅入深，使学生通过回答简单的问题获得自信，在回答较难的问题时更愿意开动脑筋、积极思考，挑战自我，获得成功。如此一来，学生便可在教师的引导下逐步提高阅读理解的能力。

（三）流畅与准确并举

在英语阅读教学中有一种普遍的现象，有的学生明明具备完善的英语知识系统和技能，然而在阅读的流畅度方面却表现得不尽如人意。这是因为他们过于注重阅读的准确性，就失去了阅读的流畅度。准确度和流畅度是阅读教学中较为鲜明的矛盾，然而教师一定要找到解决这对矛盾的对策，才能达成教学目标。

在阅读教学中，教师要在准确度和流畅度二者之间找到一个平衡点，帮助学生在这两方面同步提升。实际上，提高学生的阅读速度，其目的就在于提高其阅读的流畅度。在阅读中，教师要指导学生有意识地摆脱词汇识别目标的束缚，从而将大部分的精力放在阅读材料的内容和意义上。另外要强调的一点是，“反复阅读”是提高阅读速度的有效途径。教师指导学生通过反复阅读一篇文章，就会惊喜地发现学生阅读的准确度和流畅度都在不断提升。并且，对于同样一篇阅读材料，快速读两遍比慢读一遍容易取得更好的效果。

（四）速度调节

阅读速度和理解能力因人而异。既有阅读速度快、理解能力强的学生，也有阅读速度慢、理解能力差的学生。换言之，阅读速度的快慢不一定等于理解能力的好坏。在训练阶段，教师应加强一般阅读技能的训练和语言的基础知识，适当控制学生的阅读速度。教师应根据教学的进程设置不同的阅读速度，在最初进行阅读教学时，可以适当放缓阅读速度，侧重对材料进行有效的理解。当学生词汇量增加，语义、句法知识增加，语感增强和阅读技能提高以后，阅读速度自然会随之增强。这个阶段教师就可以进行相应的限时训练，加强训练的强度，进而完成阅读教学的目标。速度调节原则的出发点就是要求教师在阅读教学过程中做到张弛有度，根据不同阶段的教学目标做相应的调整。教师切忌一味地追求提高速度，而忽略了学生的理解程度。

（五）多多益善

如果说循序渐进原则是对阅读材料“质”的要求，那么多多益善原则则是对阅读材料“量”的要求。我们知道，语言学习是一个漫长的积累过程，需要足够的积累才能达到质变，实现语言应用自动化。这就要求英语阅读教学必须使学生接触大量的语言材料，锻炼、总结、积累足够的阅读技巧、经验、语感等，才能够达到一定的语言理解和运用水平。因此，学生要想熟练掌握阅读技能，提升阅读理解水平，大量的练习和积累是必不可少的。

（六）激发兴趣

兴趣激发原则也是阅读教学中不可忽视的重要原则。无论是何种学习，抓住学生的学习兴趣才能得到最好的效果，因为兴趣可以激发一个人对事物的热情，调动一个人的积极性。学生对阅读是否有浓厚的兴趣是教学成败的关键。学生对阅读产生了兴趣，便会积极主动地投入到阅读的学习中。因此，教师要注意教学内容的适当变换和教学形式以及手段的多样化，尽量避免教学活动的枯燥乏味，使阅读教学经常保持新鲜感，使学生学会阅读，乐于阅读，变被动阅读为主动阅读。

第三节 应用语言学视域下阅读教学的创新

一、技巧教学

为了帮助学生的阅读更加顺利进行，教师在教学中要多向学生传授一些阅读技巧，具体来说分为以下几种。

（一）阅读前的技巧

1. 语法以旧引新

语法知识对学生阅读具有重要的影响作用。只有语法知识掌握得扎实了，学生在阅读过程中才会通畅顺利，准确理解文意。一般来说，课文中的语法知识一般会同时出现在几个单元中，据此教师可以不断地、重复地提及重复出现或之前已经学过的语法，以帮助学生巩固知识、增强记忆。需要注意的一点是，由于学习难度的自然规律，即难度是渐进不断增强的，因此教师可以通过旧的语法知识，引出新的语法知识，在学习新语法知识的时候也复习旧的语法知识。

2. 了解文化背景

学生在阅读文章时不仅是学习里面的语言知识，也是对文章涉及时代文化知识的了解和学习。这种学习从某种程度上来说比学习语言知识本身更加重要，因为学生只有充分了解文化背景，才能真正顺利有效地实现沟通。因此，教师在阅读教学前，应向学生介绍一些与文章相关的社会文化背景知识。这不仅能使学生更好地了解阅读的内容，还能使学生学习到异域文化知识，激发其阅读兴趣。例如，在教授与Easter有关的课文时，教师就有必要在课前准备一些相关的资料介绍展示给学生，并与学生进行相关的讨论，以唤起学生已有的知识和生活经验，激发学生的兴趣，并提问："What do you know about Halloween？"让学生交流观后感，得出一个大致的结论："It's an autumn festival."然后再进入课文，一步步地解决问题，这样课文也就很容易理解了。

3. 预测情节

情节预测对阅读的顺利完成也有重要帮助。具体来说预测文章情节不仅可以巩固学生对已有知识的掌握，还可以培养学生的逻辑推理能力，为学生准确地把握文章的主旨大意提供有利帮助。教师可以在课前让学生根据题目或一些关键词，大胆想象，合理预测，从而激发学生的好奇心，引发学生阅读的积极性。

（二）阅读中的技巧

阅读中的教学是整个阅读教学中最重要的环节。学生在阅读过程中会用到一些阅读技巧，教师应该及时向学生传授这些技巧，以便提高学生的阅读速度。具体来说，学生在阅读中用到的技巧主要包括以下一些。

1. 略读

略读的目的主要是通过对文章大致内容的阅读尽快了解文章的大意。通常来说，略读只需选读每段的首、尾句，有时只要指出段落的主题句，抓住阐述主题的主要事实或细节即可。

2. 扫读

扫读不要求学生仔细阅读整篇文章，只需从上到下迅速搜索所需内容即可。这种寻找文章中的特定信息或特定词组的方法，可以有效提高阅读的速度和效率。在扫读过程中，学生可以忽略那些与题目无关的信息，积极寻找那些与题目要求相关的信息。

3. 跳读

跳读可以帮助我们快速进行语言信息的比较、筛选，而且对语言敏感度以及信息捕捉能力也有很好的促进作用。跳读多用于阅读目的比较明确时，学生只需要针对阅读目的在正文中进行相应的查找和阅读即可，其他信息可以跳过不看。例如，如果想知道在什么地点发生了何事，学生可以格外关注文章中关于方位和事情经过的内容。又如，学生在做阅读理解题时，可以根据问题提供的线索，再回到文中去，明确到哪里去寻找所需的相关信息。

4. 信息转换

为了把文章中的信息保留在记忆中，可以进行信息转换，从而加深印象。在阅读教学中常使用的转换方式有以下一些方式：表格、地图、图画、树形图、循环图、流程图、条形统计图、添加小标题、圆形分格统计图表、按年代顺序再整理。

5. 寻找主题句

理解文章的关键是确定文章的主题思想，而要想确定主题思想，首先要确定主题句。主题句往往是文章大意的概括，句子结构较为简单。主题句的位置非常灵活，一般有三种情况：位于段落开头、位于段落中间、位于段落结尾。英语的表达习惯一般先给出观点和想法然后再对观点进行具体阐述。因此，主题句一般位于段首。主题句有时也会位于段落的中间，此时段首的句子一般是对主题的铺垫，而主题句之后的段落则是对主题的进一步阐述。有时候，主题句也会位于段尾，文章的开头部分作者是对细节问题的描写，并逐层根据内容概括出文章的主题。但是在某些文章中，尤其是多段文章中，无论是段首、段尾还是段中，我们很难找到明显的主题句，实际上这类文章的主题句是融入了段落中，需要学生仔细捕捉文章细节，概括文章大意。

6. 推理判断

阅读少不了推理判断活动，因为不是所有所需信息都是能从文章字面上能看出来的。可见，推理判断对学生的要求较高，它是一种深层阅读要求，学生应以理解全文为基础，以各个信息为出发点，对文章逐层进行分析，最后准确地推断总结出文章的中心思想。推理判断主要有直接推理判断和间接推理判断两种。直接推理判断相对简单，它要求学生大致了解文章的意思，并根据所提供的信息合理地推断文章的结论。间接推理判断则比较复杂，学生要自己观察、推理，根据文章的深层内涵推测作者的态度和文章的主题等。

（三）阅读后的技巧

在英语阅读教学中，阅读后的阶段也是一个重要环节。很多教师在阅读的时候认为阅读教学已经结束，对阅读后的教学没有给予足够的重视，这是不可取的。实际上，阅读后的环节也是对知识的巩固过程，教师应及时设计一些与课文内容有关的活动，为学生提供能充分发挥其创造力和想象力的机会，让他们自如地表达读后的感受。概括来说，阅读后的教学方法主要有以下几种。

1. 复述

其前提是学生对阅读材料有了一个大致的了解，并清除了生词障碍。教师可以让学生根据图片和关键词来复述阅读材料的大致内容。

2. 转述

它针对的主要是对话性质的语篇。教师可以引导学生使用第三人称将对话性的语篇转述为描述性的语篇。

3. 填空

它是指学生在阅读完某篇文章之后，教师将文章的大体内容写出来，并在关键信息或细节部分留出空白让学生填补。学生在填写这些内容时，既可以巩固阅读的内容又可以提高自己的语言组织能力。需要注意的是，教师要保证所留空的答案最好是可以用不同词和短语来填写的，进而有效提高自己的知识运用能力。

4. 写作

这里的写作是指阅读材料的续写和仿写，因此对学生水平要求较高。具体做法是，教师可让学生根据课文内容写作文章的摘要。如果课文是叙述性的文章，教师可以安排学生续写文章，以培养学生的发散思维，扩展学生的想象力。

二、语篇教学

语篇教学法是英语阅读教学中的一种重要教学方法。根据图示理论，当学生对某一体裁、题材的语篇材料有所了解，就会对其可能涉及的内容、遣词造句、框架结构有一个整体的认知，下次再遇到这类阅读材料时，就能将脑海中对应的图式调出来以辅助阅读理解。因此，英语阅读教学应该从整体入手，然后到局部，最后再回归到整体的一种阅读教学方法。下面就对语篇教学法的具体实施情况进行具体的说明。

（一）解析语篇体裁

对特定的语篇体裁有所了解，有助于对文章内容进行合理、快速的预测。从某种意义上来看，篇章结构的语篇分析是语篇教学的重点，因为这样不仅可以培养学生的阅读理解能力，而且还可以提高学生的语言综合运用能力。

在英语阅读教学中，阅读材料的体裁是多种多样的，但归纳起来，英语阅读材料多以记叙文和说明文为主。记叙文主要包括故事、传奇、传记等，说明文主要涉及科学技术、自然灾害、环境保护、饮食文化等。

在进行记叙文阅读教学时，教师要引导学生了解记叙文的特点，并让学生据此进行阅读，同时要提醒学生注意事件发生的过程，引导他们抓住文章的主要内容，从而使他们准确理解文章内容。此外，教师也可以帮助学生记忆文章中的某些细节信息，以使学生根据这些信息来复述文章，减轻学生理解和复述课文的困难。

在进行说明文阅读教学时，教师首先要让学生对说明文有一个整体的了解，包括说明文的性质、说明文的描写重心等。教师还可以按照解释、对比、举例、数字、分类和因果等对说明文做进一步的分类，以使学生深入地理解和把握说明文的特性以及写作展开的手法。

（二）激活背景知识

背景知识对语篇的正确理解有着重大的意义，因为它是理解一定语篇必须具备的外部语境。背景知识的激活有助于学生对文章的深层理解，也有助于掌握文章的中心思想和把握作者的写作目的以及思想倾向。其中，激活背景知识的一种有效手段就是提问。由于上面已对提问教学法进行了详细讨论，这里不再赘述。

（三）进行整体理解

词句知识是语篇学习的基础，更是培养语篇阅读理解能力的基础，所以语篇教学除了篇章结构、相关背景知识，还包括词句知识。同一个单词处于不同的句子中会有不同的含义，句子也是如此，同一个句子处于不同的语篇中也会表达不同的含义和交际功能。所以，句子也必须放到具体的语境中去考察，否则脱离了语境的句子就无法确定其交际功能，也不能起到应有的交际功能。英语阅读教学不应仅局限于句子层面，而应突破句子的范围，着眼于句子在整个语篇当中的作用。

总体来讲，如果不影响阅读理解，在处理词、句子和语法时没有必要逐句释义，同时也要培养学生依据上下文揣测词义的能力，使学生能够在语篇的基础上把握词句含义，将词句回归到语篇语境当中。

（四）逐段消化吸收

在这一环节中，教师要将课文中的语言点，如常见短语、句型以及固定搭配等指示出来，指导学生造句练习，以使学生能够熟练掌握和运用。需要注意的是，这一环节的实施要遵循精讲多练的原则，并且教师还要有意识地向学生说明段落主题句经常出现的位置、段落的构成、每一段在语篇中的作用等，以使学生从整体上来理解和把握各个段落的意义及作用。

（五）综合训练巩固

将所学知识内化为语言技能、将语言技能转化为英语交际能力是语篇教学的主要目的。所以，当学生对语篇的内容、结构以及融合的知识有了一定的了解和掌握之后，教师就要有意识地引导学生进行整体吸收和运用，鼓励和指导学生根据篇章所提供的信息进行交际活动，如转述、缩写等，围绕作者观点进行讨论，围绕重点词汇和句型进行说写活动等，让学生处在交际的情境中，训练学生的语言表达能力，培养学生的实际交际能力。

三、交际教学

所谓交际教学法，即运用交际的策略来培养学生的阅读理解能力。交际教学法对英语阅读教学有两个意义：第一，交际教学法能充分调动学生的积极性主动性，既能活跃课堂气氛，利于自由愉快、灵活多变学习方式的创建，又可以开阔学生的思维，有助于学生交际能力的形成。第二，学生在获得交际能力的同时，也能检查和提高自己分析、归纳、总结的能力和阅读理解的能力。下面是交际阅读教学法的具体实施步骤。

（一）预读

当发现学生的阅读面比较狭小的时候，教师可以在预读环节，从学生熟悉的日常话题着手，引出主题、列出关键词句，使学生充分联想和想象，以引起学生兴趣。学生在回答各种问题的过程中，就会了解到文章相关的背景知识。

（二）阅读

阅读环节可以让学生快速阅读课文并回答问题，掌握文章主旨思想，也能加深他们对课文主题的理解以及对各段落大意和段与段之间的联系或文章的整体结构的把握。

（三）读后

教师在读后环节可以设计一些检验学生是否获得课文主要内容和信息的练习，通过回答一系列问题，学生会加深对文章主题的理解。

在阅读教学过程中，教师还可以采用角色扮演、情境对话等方法巩固学生所学词汇、语法。在课堂上，师生要尽量运用英语进行交际。

四、文化讨论

在阅读教学中，教师可以适时导入文化知识，将英语文化分为若干细小的主题，定时组织全班学生针对特定的主题进行讨论，并在此过程中给予及时的监督和指导。经过讨论和头脑风暴，学生不断积累文化背景知识，并且可以有效地解决某些跨文化交际问题。不同的文化主题，学生把握和讨论的难度不同。教师首先要确定一个合适的可以引起学生兴趣的主题，另外还要在整个讨论过程中处于支配和控制地位。随着讨论的主题数量的增多，学生掌握的文化背景知识也相应地增多。所以，教师应该循序渐进地增大文化主题的难度。文化讨论法的具体作用如下所述。

（一）锻炼逻辑思维

面对一个话题，学生只有认真分析、思考，才能得出有说服力的结论。面对同一个文化主题，学生会形成不同的观点、提出不同的结论。通过不同结论的比较，学生自然而然地就发展了自己的逻辑思维能力。

（二）发展交际能力

在讨论中，语言表达是一个关键环节。讨论就是对话。只有将自己的思想用语言清晰地表达出来，对方才可以理解，进而给予适当的回应。思想在交际者之间来回传递，就是交际的过程。

（三）增强获得文化知识的信心

只要学生认真思考、分析、得出结论，并在讨论中自由地表达自己的见解，都会体验到一种满足感，他们了解文化的信心也会增强。

（四）提高团队合作能力

讨论活动不能缺少规则的约束，否则就沦为闲谈。真正有效的实质性讨论建立在良好的讨论秩序的基础之上，秩序是需要学生共同维护的。不仅如此，学生还要遵循既定的讨论规则。

第九章 网络测试

第一节 四级网考对学生英语学习反拨效应的影响

研究证实四级网考在提升学生综合能力方面发挥着一定的反拨效应。针对网考而采取的“以网考促学习”的教学模式在学生听力能力提高方面更是起到了促进作用。以下研究旨在了解四级网考对学生各项技能的促进作用，也为四级网考的效度调查从被试者角度提供数据支持。与此同时，为非英语专业学生参与未来的四级网考提供宝贵的经验，也为高校英语教学提供一定借鉴。

一、语言测试反拨效应概述

（一）国内外在反拨效应方面的研究

反拨效应（washback or backwash）又被称作“反拨作用”，具体指的是语言测试对教师的教学活动及学生的学习活动所带来的巨大冲击及影响，同时还指语言测试对教育者、课程设置、人才培养等所产生的不可预计的影响。

各方学者早期对反拨效应的研究主要集中于对课程大纲、教材、学生学习、课堂教学方法的研究，三分之二的研究是对教师教学方法的反拨效应。20 世纪 90 年代以来，反拨效应的研究采取了对教学材料的分析、课堂观察个人和小组访谈以及对教师话语的分析等不同的方法研究反拨效应。近几年，反拨效应研究的一个主要趋势便是研究者不再局限于对反拨效应的具体描述，而是试图解释产生反拨效应的原因。

截至目前，国外相关学者对语言测试反拨效应的研究重点渐渐由探究“测试对教与学所产生的影响”转变至“测试对社会发展、教育体系及处于这些体系中的个体所产生的影响”，从各个维度出发对语言测试的反拨效应进行深入的探究。这些研究主要集中以下三个方面，一是在反拨效应的作用；二是影响反拨效应的因素；三是减少负面反拨效应、提高正面反拨效应的方法等。研究对象主要是大型国际标准化测试，如 TOEFL、IELTS 等。研究方法主要采用课堂观察、问卷调查、个人访谈等。

研究语言测试所产生的影响是近 20 年来语言测试领域的一个重要课题。国内对语言测试的反拨效应研究较多。由于网考反拨效应研究起步晚，因此针对四级网考各维度的研究较少，而且网考反拨效应实证方面的研究更少。近几年才陆续有学者对这方面进行了深入的研究。有专家从宏观的角度探讨大学英语四级网考的意义和反拨效应；有的从理论基础、教学目标、教学程序、运用策略及教学评价五个方面研究四级网考反拨效应下的大学英语视听说教学模式；有的探讨听力测试对大学英语教师教学的反拨效应。这些研究对促进英语教学改革，培养学生综合能力都有重要的参考价值。但是针对某一特殊群体的研究，如艺术类学生，目前还没有。基于这样的背景，我们基于四级网考的结果，对艺术学生进行了有针对性的研究，通过研究四级网考对艺术类院校学生的反拨效应，为艺术类学生参加四级网考提供及时、有益的反馈信息。与此同时，此项研究有利于推动以听力为主、基于计算机网络的非英语专业院校英语教学模式的改革，为非英语专业学生综合能力的提升摸索出一条有效的渠道。

反拨效应研究是一个新的研究领域，迄今为止也不过二十余年的时间。“反拨效应”指语言测试对教与学带来的冲击和影响，同时还指语言测试对课程设置、教育者以及人才培养等所带来不可低估的影响。语言测试一方面在很大程度上能调动学生学习英语的积极性，使他们在课堂上积极主动地与教师配合，更好地完成教学大纲规定的教学内容和要达到的水平，提高了教学质量；另一方面，使教师重点关注增强测试知识的教学及训练，持续完善教学方法及教学手段，助推高校英语教学的深层发展。

（二）四级网考的内容

与传统笔试相比较，大学英语四级网考在考试方式、题型设置、考察侧重点、出题方向等各个方面发生了较大的变革。四级网考较笔试最明显的差别是考试的媒介由纸质变成了电脑。考生自始至终要面对计算机屏幕听音频、看视频、阅读文章和跟读或口语回答问题，与此同时还要利用键盘完成写作。网考的最大变革就是题型的设计和题材的选择。新的考试题型分为两大类，与听力相关的题型分值占 70%，其中包括 25% 的听力理解和 45% 的综合听力，综合听力又包含单项选择、听写、跟读、回答问题、结构以及写作等题型。2008 年，我国开始推行网考试点，到目前已经先后进行了多次的四级或六级考试，涉及 200 多所学校，对于推进高校英语教学改革，促进英语教学的信息化起到了很大的作用。当前，四级网考基本上覆盖全国各个高校。

二、四级网考对学生英语学习反拨效应的影响研究

（一）研究模型和性质

具体而言，我们将研究模型概括为4P模式，即参与者—认识—过程—产出（participants-perceptions-processes-products）。该模型假定大学英语四级考试对考试参与者（领导、教师和学生）、他们对该考试及其反拨效应的认识、他们的教学过程（正常的课堂教学和以考试为目的的训练）以及他们教学的产出（考生在大学英语四级考试中的写作和口语部分的表现）等会产生影响。

在该研究模型的基础上，我们对反拨作用的机制进行了深入分析，将参与者细化为“学生”“教师”“教学管理者”及“试题设计者”，从这四个角度出发来探究大学英语四级网考对学生英语学习的反拨作用。所设置的研究模型中还包括了对试题设计者因素的研究，因为大学英语四级网考尚处在发展阶段，试题设计者对四级网考的反拨作用的认识和研究能够完善考试内容、形式、信息反馈等方面，从而提高四级网考的考试效度（test validity）、教学后效（washback effect）和社会效应（social impact）。

大范围测试的反拨作用实际上是一个动态发展的过程，大体包含了三个阶段，即早期反拨作用、中期反拨作用和后期反拨作用。其中，早期反拨作用表现出测试的相关资料和信息有限，大部分的教学尚未受到影响，只有部分的教学受到影响，由此引发的改革略具盲动性。中期反拨作用表现出经过一段时间之后，测试的相关材料和信息有一定量的积累，正向反拨效度增加，教师和学生能在测试的方向指导下合理地教与学，提高语用能力。后期反拨作用表现出多数教学参与者仍以提高语用能力为主，但部分教学参与者的教学偏向于答题技巧而忽视能力培养，致使正面反拨作用的发挥反而有所降低。由于四级网考当前尚处于试点的阶段，各方面的信息及资料并不完善，因而我们通过对试点高校内的一部分教学管理者、教师、学生进行了考察，以期窥探四级网考的整体反拨作用。

（二）提出问题

通过此次研究，我们预计解决以下几个问题。

第一，大学英语四级网考的相关人员对该考试本身及其反拨作用有何认识？他们对促进四级网考对大学英语听力教学正向反拨作用有何建议？

第二，大学英语听力教学有什么特征？大学英语四级网考对听力教学有何影响？其影响是怎样产生的？

第三，为进一步发挥四级网考的正向反拨作用，教学管理者应从哪些方面完善其教学管理？

第四，为了进一步发挥四级网考的正向反拨作用，试题设计者应该从哪些方面出发来完善四级网考有关试题？

（三）研究方法

为准确解答上述问题，我们邀请了相关人员参与此次研究，这些参与者包括 CET 考试人员（含试题设计者、试点高校的相关负责人），来源于高校的一部分教学管理者、高校英语教师、学生。数据收集采用了课堂观察、访谈和问卷调查三种方法。其中，课堂观察和访谈属于定性研究，针对性较强；问卷调查是定量研究，信度较高，且有助于增强研究结果的概括性。这些研究方法都经过多次实验论证并反复修改，具有较高的信度和效度。除此之外，这三种方法互相印证，从多个角度进行检验，进而确保了研究的质量。以下对这三种研究方法进行具体探究。

1. 课堂观察

课堂观察是此次研究中所使用的一种主要研究方法。根据 Ullmann 和 Geva 的“目标语课堂观察细目表”，设计了大学英语听力教学课堂观察细目表。该表为分析型五度量表。主要内容包括听力课堂上教师和学生使用英语的情况；课堂教学时间的分配；呈现的听力知识；训练的听力技巧；课堂上使用的材料及呈现方式；教材的完成情况；教学设备的情况；学生课堂活动的参与度；课堂教学活动的类型；教师给予学生的反馈等。

此次研究所选择的学校中包括 2 所教育部规定的四级网考试点高校。为深入研究，对未参与过网考的一部分英语教师进行了 160 学时的听力课堂观察和记录。课堂观察的目的是了解四级网考前大学英语听力课堂教学的特征。同时，还对 2 所高校参与四级网考的 20 名教师听力课堂教学进行了 64 学时的课堂观察和记录，目的在于掌握四级网考对这些教师的听力教学产生的反拨作用。

2. 问卷调查

问卷调查是此次研究过程中所使用的除此之外一种研究方法。在研究的过程中，我们参考了 Alderson 和 Wall 的“反拨效应假设”理论及辜向东的五份“大学英语四级考试反拨效应实证研究”的问卷调查表，设计出“大学英语四级网考对听力教学的预期反拨作用研究”的教师问卷、学生问卷、教学管理者问卷和“大学英语四级网考对听力教学的早期反拨作用研究”的教师问卷、学生问卷、教学管理者问卷共 6 份。问卷中的题项含五度量表、填空、多项选择和开放型问题等。“大学英语四级网考对听力教学的预期反拨作用研究”问卷内容主要包括大学英语四级传统笔考的性质特征及其正向反拨作用和负向反拨作用；未参加过四级网考的教师的听力课堂教学情况；对大学英语四级网考反拨作用的预测。“大学英语四级网考对听力教学的早期反拨作用研究”的问卷内容主要包括大学英语四级网考的性质特征；正向反拨作用；负向反拨作用；听力课堂教学情况；促进大学英语四级网考对中国大学英语听力教学正向反拨作用的建议等。在研究过程中，对四级网考非试点校的 50 名教师及 500 名学生进行了问卷调查。同时，此次研究还对网考试点校参与网考管理和组织工作的 8 名教学管理者、参加过四级网考监考工作的 20 名教师及 500 名参加过四级网考的学生进行了问卷调查。最后，使用统计软件（SPSS）对问卷调查的结果进行数据分析。

3. 个人访谈

个人访谈也是此次研究的一种主要研究方法。访谈是在 2 所试点学校内进行的，对象包括 5 名负责大学英语四级网考的领导、接受了课堂观察和问卷调查的 10 名教师和参加四级网考的 40 名学生。为了使访谈尽可能自然，避免误解，没有进行录音或录像，只在访谈过程中笔录了要点。最后，我们将笔录的内容输入电脑中，使用统计软件（SPSS）对数据进行归纳分析。

（四）调查结果分析

1. 四级网考对教师与听力教学的反拨作用

通过对教师的个人访谈及问卷调查，发现在高校英语听力教学方面，参加过四级网考的教师和未参与过四级网考的教师之间存在明显的差异。而在网考的正向反拨作用方面，教师的观点没有呈现显著性差异。因此，可以得出大学英语四级网考对大学英语听力教学产生了明显的正向反拨作用。调查结果显示，78% 的教师都肯定了四级网考的必要性，86% 的教师对命题形式和内容给予了肯定的评价，并认为现行的四级网考比传统的笔考更能测出应试者的语言应用能力。一些教师认为，任何考试进行改革时，效度将是永恒的主题。因此，四、六级考试改革应在确保考试公平、公正的前提下，提高考试的效度，即更有效地测出其应测的语言应用能力。同时，四级网考改革在很大程度上提升了四级考试的效度，产生了积极的正向反拨作用。四级网考在高校英语听力教学中所产生的反拨作用集中表现在以下几个方面。

第一，四级网考在听力教学材料与内容方面所产生的反拨作用。调查发现，90% 的教师在授课过程中都加入了视听说材料，内容包括短篇新闻、中长篇对话和视频等等，他们认为这样的授课材料与内容不仅有时效性而且更贴近生活。除此之外，视听说材料为学生提供了语境，更有助于提高听力理解能力。全部的教师均认为随着网考的实施，有必要修订现行的大学英语听力教材。还有教师建议用视听说教程替代听说教程，测试时增加视频题量。除听力环节外，许多教师表示会在听力教学中辅导学生练习口语，纠正语音语调，加强跟读、发音的练习。由此可见，四级网考的一个重要反拨作用便是拓展了听力教学的内容，添加了语音环节，更新并完善了教学材料。

第二，四级网考在听力教学方法方面所产生的反拨作用。通过研究，全体被调查教师都认为随着网考模式的实施，听力教学方法会发生改变。多数教师都认为四级网考中听力比重大，促使学生课下进行大量的听力练习，所以在教学方法上出现了重心的转移，从讲授教学内容转移到给学生以听力自主学习策略的指导，从而使他们能够在课下进行高效的听力自主学习。72% 的教师在授课过程中采取了任务型教学法、习明纳尔教学法（Seminar）等教学方法；42% 的教师认为情境教学法（Situational Language Teaching）在视听说教学中比较适用，主张学习英语必须通过真实的交际情境能够有效调动学生学习英语的积极性。一位教师在访谈中说道："在缺乏英语语言环境的条件下，视听说教学能整合出具有社会性、真实性、趣味性及多样性的教学内容，为学生营造了一个动态的、变化的、较为真实自然的语言学习环境，极大地激发了学生的学习兴趣，提高了学生参加各项教学活动的主动性。"

第三，四级网考在听力课程设置方面所产生的反拨作用。调查结果显示，96% 的教师认为应该增加听力课程的课时，91% 的教师提出了减少听力课班额的建议，比如由 60 人 / 班缩减成 30 人 / 班，以提高授课效果。

除此之外，个人访谈、问卷调查的结果还证实，四级网考在高校英语教学目标、教师的教学态度方面产生了一定的影响，且这种影响会随着学校及教师而有所差异。上述问卷调查和个人访谈结果只是反映了部分教师的看法和观点，为验证其与现实的教学情况是否吻合，我们分析了对参加了四级网考的教师进行的课堂观察结果，并与未参加四级网考的教师课堂观察结果进行了样本检验。结果发现参加过网考的教师听力课堂中的单纯音频听力练习明显减少，视听说听力练习明显增多。同样，语音指导、跟读练习、语言运用方面也有显著性增加。在策略指导方面，从数据表面来看，略有增加，但通过样本检验分析，并不存在显著性差异。这种状况与我们在问卷调查及个人访谈中所得出的分析结果保持一致，证实了所搜集的数据具有一定可信度。

2. 四级网考对学生及其学习过程、产出的反拨作用

根据学生个人访谈、问卷调查的数据，发现大学英语四级网考对学生学习产生了一定的正向反拨作用。所有参加过大学英语四级网考的学生都肯定了四级网考的必要性，并认为虽然现行的四级网考比传统的笔考难度更大，但考试对应

试者的能力要求更加综合，更能测试出运用英语的综合能力。相关数据显示，参加网考的学生和未参加网考的学生在这一问题上不存在显著性差异，他们普遍认为四级网考对听力学习会有积极的作用。除此之外，79% 的学生认为四级网考听力测试中所选用的语言与现实生活中可能听到的话语更为一致；95% 的学生认为四级网考听力试题所涉及的话题更广；92% 的学生认为四级网考在英语听力方面的要求为英语学习（特别是听力学习）带来了更大的动力。

但是，学生在四级网考的形式及内容方面的观点却存在较大的差异。38% 的学生认为听力部分的测试比例非常大，23% 的学生认为较大，45% 的学生认为合适。关于网考检测实际能力的可信度问题，58% 的学生认为一般，因为“很多不太熟悉电脑操作的同学不适应这种考试形式，影响真实水平的发挥”。这和 79% 学生认为使用电脑进行考试的操作难度较大的看法相一致。学生认为四级考试听力的语速比较快（85%），答题时间短且答过的试题不能返回修改（91%），变相增加了试题难度（94%）。调查结果显示，四级网考对学生学习过程产生了重要的影响，这种影响集中反映在以下四个方面。

第一，有相当一部分学生为了真正掌握四级网考的操作方法，提前进行了相关的网考模拟练习。他们主动找时间登陆一些网考模拟网站上进行练习，如加拿大灵通集团开发的四级网考网站（http：//www.speak2me.cn/index.php/honor/luweKpIAeb=z0）。除此之外，学生们还可以学习使用英文来接收及发送电子邮件，用英文进行网络聊天，浏览英文网站，渐渐尝试英文网上阅读。

第二，75% 的学生开展了大量的听力练习，特别是视听练习。正如一位学生在访谈中说道：“我现在经常去专业的英语听力网站练习英语听力，网上收看 BBC、CNN、CCTV-9 等英语节目，了解英语视频的特点，熟悉一些热点题材，多积累一些时事新闻或热点话题讨论的专题节目知识。”另一位学生在问卷中写道：“本人的经验是多进行英文听写练习，虽然听写训练有点枯燥，有时感觉让人崩溃，但听写练习多了，考试中的听力和听写应该不在话下。”还有一位学生在问卷中写道：“我每周看一两部经典英文电影，或网站上的英语视频，先不看字幕听一遍，然后看着英语字幕再听两三遍，再作笔记来扩大记忆空间。”

第三，大部分学生学习了各种各样的计算机操作技能，例如网上学习、快速打字、跟读录音等。如一位学生所说：“我平时经常练习英文录入，这样可以提高四级网考中的考试速度，也不至于自己紧张。”

第四，92% 的学生反映自身在参加四级网考之前，进行了大量的跟读练习，如跟读《新概念英语》内的文章，而后进行复述。学生认为这样提高了自己的句子跟读能力，纠正了自己的发音，同时还模仿了标准的语音语调。

总而言之，四级网考在学生的听力学习过程中发挥了积极的正向反拨作用。学生更重视听力学习，投入的时间明显增多，听力学习的方法明显改善，增加了跟读的口语训练，提高了自身的听说能力。

3. 四级网考对教学管理的反拨作用

通过对参与了网考试点工作的教学管理者的访谈及问卷调查的研究结果表明，大学英语四级网考对听力教学和学生的学习产生了正向反拨作用。教学管理者都指出国际上大规模考试，如 TOEFL，GRE，GMAT，BEC 和 IELTS 等考试，都全部或部分采用了网考的形式。因此，四级网考顺应了国际上大规模考试的要求，是大势所趋。除此之外，92% 教学管理者认为四级网考更符合《大学英语课程教学大纲》的规定，更能实现大学英语课程教学目标，更能提高学生的英语综合能力，特别是听说能力。87% 的教学管理者认为四级网考能大量节约各种考试成本，免除了试卷印刷、扫描、保管环节，能节省大量人力物力，有利于环境保护。所有管理者都认为网考采取的是一人一机一套题的考试方式，考题从题库中随机抽出，因此能有效地防止日益严重的作弊现象，考前泄密或在考试过程中利用通信手段作弊的现象有望杜绝。研究结果还证实，四级网考对高校英语教学管理产生了正向反拨作用，这种正向反拨作用集中体现在以下四个方面。

第一，四级网考逐步完善了高校英语的教学资源及硬件设施。教学管理者都认为四级网考的实施要求各高校进一步加强信息化教学的硬件建设和资源建设。通过对部分高校教学管理者的问卷调查，我们发现一部分高校尚不具备全方位推广四级网考的基本条件，其中一个重要的原因便是这些高校的机房及网络配置并不能满足网考的要求。对试点院校的调查表明，网考试题内容的传送需要专用的网络系统，现在的网考（CBT：computer-based test）与 TOEFL 等基于国际互联网的网考（IBT：internet-based test）不同，四级网考只是在局域网内进行。因此，四级网考对机房和网络的配置有着较高的要求。所有的教学管理者都表示在可能的情况下要尽快购进所需的硬件和配置，以满足四级网考的要求。已有一部分高校已经购置了网考所需的部分硬件和配置。同时，这些试点高校均采取措施优化及完善教学资源，购进了大量的视听说材料及相应的配套设施，以提高高校英语听力课程的教学质量。

第二，四级网考有效推动了高校英语听力教学改革，完善了高校英语听力教学及其测试体系。教学管理者一致认为，考虑到英语教学大纲对语言应用能力的重视及英语四级网考中听力理解分数比重的增加，大学英语听力教学必须不断地改革，从而调动师生参与听力教学的积极性，不断提高教学效果，切实提高学生听力技能和表达技巧。一部分试点院校以四级网考为发展契机，对以往高校英语听力的课程设置、教学内容、教学方法、教学模式等进行了改革，在授课内容中增加了视听教学及语音教学的环节。同时，试点高校参照四级网考的考试内容和模式，改变了校内测试的考试内容和形式，加大了听力考试分值比例、添加了视频考试形式，增加了在线视频 BBC，CNN，CCTV-9 等选材，同时增加了语音测试和口语测试，综合测试学生的语言应用能力。

第三，四级网考增强了立体化教材的建设及应用。85% 的教学管理者提出了加强教材建设的建议，认为目前听力教材内容比较正式并偏重书面用语，与现实生活有一定的距离，学生学习兴趣不高，主动性、积极性较差。而四级网考内容与日常生活联系紧密，非正式的内容和生活化的词汇非常多。因此，加强立体化教材的建设就尤为重要。当前，已经有一部分高校在分级教学过程中全部使用了立体化教材，并将按照实际状况渐渐全面推行立体化教材的应用，以为学生营造更加真实、更加合理的语境，最大限度上提升学生的听说能力。

第四，四级网考在一定程度上扩展了学生在听力方面的自主学习空间。所有教学管理者认为要提高英语听说水平，一方面需要教师在课堂上的组织引导和学生的积极参与，另一方面主要依赖学生的大量实践。四级网考对学生的听说能力有了更高的要求，而课堂上由于受课时的影响，学生参与练习的机会非常有限。为弥补传统课堂听说训练的不足及强化听力能力意识和习惯的培养，一部分高校在教学管理中要求学生在规定的时间内，借助网络平台，进行听力自主学习，增强自主学习能力。与此同时，组织学生参加一部分和英语学习相关的群体性活动，如按时收看 CCTV-9 播放的英语节目、开办主题沙龙、开办讲座、开展英语辩论赛等，这些活动有效提升了学生对听力知识的应用能力，拓展了学生的听力自主学习空间。

（五）提升四级网考正向反拨作用的对策

通过问卷调查及个人访谈的形式，教学管理者、教师、学生及参与研究的试题设计者针对如何提供四级网考的正向反拨作用提出了以下几条建议。

1. 强化网络及硬件设施建设

通过问卷调查，一部分教师提出了在四级网考的过程中经常会出现一些突发状况，且这种突发状况的发生频率远远高于传统纸质考试。四级网考对设备要求高，技术依赖性强，一旦出现问题，监考人员可能无计可施。有一部分学生在问卷里反映了因登陆失败和电脑故障而未完成考试的经历（电脑黑屏、无法输入答案、电脑重启、无法登陆等）。因此，为保证四级网考的效度，必须不断完善用于网考的网络和硬件设施，创造安全、便捷、高效的考试平台。除此之外，在正式推行四级网考的时候，应该建立对应的应急机制，以使学生在公平良好的考试氛围中充分发挥出自身的最佳水平。

2. 完善软件及试题设计

通过调查，我们发现试点学校所开展的四级网考也暴露出网考软件存在一定的缺陷。如一位教师在问卷中写道："阅读题的问题很多，许多考生忘记翻页，误以为只有在页面上显示的几个问题"。因此，该老师建议设计考试界面时加上提示标志。学生在访谈中也反映："所有的题目都已经预设了答题时间，而且很短，如果在答题时间内没有答出，或不能通过键盘及时输入答案，将自动进入下一题，不能回头再答卷。我们已经习惯了自己安排时间，对此很不适应。"我国部分学者也发现了网考软件的问题："此次试点高校分别采用四种不同的考试软件，这些软件由清华大学出版社、上海外语教育出版社、外语教学与研究出版社和高等教育出版社软件研发。考试软件不统一使各地考试难度不一，影响考试的信度与效度"。因而，为了解决上述缺点，应该统一考试软件的设计单位，对考试软件进行优化，完善相应的软件设计。

从试题设计的角度来看，一些教师指出跟读题测试并不具备太大的意义，还不如延长自我陈述及回答问题的时间。还有老师指出"听力比重过大，由于写作等测试建立在听力理解的基础上，如果学生听力水平不够，会导致其他技能测试失败"。因而，有必要采取措施完善四级网考的试题设计，以提升考试的信度及效度，精准、客观地测验出学生的英语应用能力。

3. 加强四级网考题库建设

四级网考最突出的一个优势便是一人、一机、一套题，这种考试方式能够有效预防作弊现象，但同时也要求设置大量的测试题。一位教师在访谈中说："我个人认为题库仍然规模太少，在一次考试中就能看到一些题在好些学生电脑上重复。"一个学生也在访谈中说："当时我惊讶地发现旁边那个同学和我做的 repeating 是一样的，正好我的速度比他慢一点，这就等于，我能听三遍…"。为保证考试的公平和效度，必须增加题库中的试题量。同时，四级网考的听力材料要求用鲜活、原汁原味的材料，如 VOA、BBC、CNN、CRI（China Radio international）等，不能删减。材料来源狭窄，时效性较强，其难度、语速、长度也各不相同，这就要求很多试题设计者参与四级网考的试题设计，同时从各个渠道尽可能多地收集测试语料。选择测试语料需要有科学依据，难易度要相当，尤其是视频材料，其难度、语速、长度要尽量统一。试题完成后，必须经过等值处理，使不同的试卷之间具有可比性。四级网考题库中必须要存在一些大量的科学有效的测试题，才能够实现四级网考的最终目的，提升四级网考的信度及效度。

综合以上论述，网考作为一种新型的考试形式，对高校英语口语教学起到了导向作用。虽然四级网考目前仍旧处于发展阶段，但是已经为一部分高校的大学英语听力教学带来了本质性的影响，且其所产生的正向反拨作用远远大于负向反拨作用。传统的笔考侧重考查阅读能力，网考则强调英语实用能力和综合应用能力的测试，所以大学英语四级考试的主流发展趋势应是网考模式，但受上文分析的种种因素的制约，全面推广网考仍是一个较长的过程。基于网考要求，我们对试点学校的学生开展了基于听说能力培养的以网考促学习、提高学生英语综合能力的教学改革与实践，改革措施主要侧重于基于网考的教学模式改革、教学评价改革以及自主学习改革，旨在优化教学模式，提高学生英语综合运用能力。通过对试点学校学生有针对性的教学和实践，我们探索出了一条在计算机和网络教学模式下，改进非英语专业英语教学，提高非英语专业学生的英语综合能力的有效途径。此次研究结果将为四级网考对学生综合能力培养的作用方面提供有说服力的解释，同时也为同类院校艺术生英语教学提供有益的借鉴。这里需要指出的是，此次研究属于对四级网考的早期反拨作用的研究，进行后续的历时研究将有助于加深对四级网考考试效度的了解，促进四级网考发挥更大的正向反拨作用，并能有效地促进大学英语听力教学的改革，从而提高学生的英语综合应用能力。

第二节　测试与训练系统在四级网考培训中的应用

近年来，考虑到我国高校学生普遍存在英语听说能力不高的现象，教育部颁发了《大学英语课程教学要求》，强调听说能力在未来社会发展及国际交往过程中所发挥的重要作用，并以此为依据进行了高校英语教学改革。2008 年，开始试行的大学英语四级网考加大了听说部分的比例，体现出我国教育部门对语言应用能力的重视，因此当前主要的教学目标之一是培养学生听说能力。网考是近年来兴起的信息技术应用于教育测评领域的方式之一，最早由国外引用，从 2008 年开始大规模在我国进行试点应用。

当前，信息技术在优化教育教学方面的应用越来越广泛。随着大学英语四级网考的逐渐普及，针对网考的各种考试与培训系统越来越引起研究者、系统开发人员的重视。各方学者已经认识到高校英语的教与学更需要创造信息化的环境，通过应用信息技术来优化高校英语教学的过程，进而培养出具有较高听说能力的创新型人才。在此背景下，由外语教学与研究出版社推出的高校英语测试与训练系统（又称 iTEST 系统）应运而生，其宗旨是“以练促学，以测促教”。该测试与训练系统在一定程度上缓解了学生对网考试题陌生、无法有针对性进行测试与训练的情况，同时也在一定程度上缓解、减轻了教师从命题、模拟考试到阅卷过程中人力和财力的投入。以下我们主要通过详细介绍针对大学英语四级网考所研发的测试与训练系统，着重介绍该系统的特征及其在四级网考培训中的运用，得出对该系统的评价、应用建议及改进措施，以期为其他院校开展四级网考培训提供珍贵的经验。

一、教育信息化、测试与训练系统的相关知识

（一）教育信息化的理念

国家教育部印发的《教育信息化十年发展规划（2011—2020）》中提到，充分利用现代技术设备支持教学，促进教师与现代技术的接轨。通过大力倡导教育信息化使信息技术与教育融合发展的水平显著提升。2018 年，教育部正式发布《教育信息化 2.0 行动计划》，积极推进“互联网 + 教育”发展，构建网络化、数字化、智能化、个性化、终身化的教育体系，推动我国教育信息化整体水平的提升。各项政策措施的制定，为教育信息化与高校英语教学的融合提供了有力支撑。

教育信息化理论的核心内容是将信息技术和课程有机结合起来，通过创造或者营建信息化的教学环境来推行新型的教学方式和学习方式，进而充分调动学生的学习积极性及主动性，实现培养创新型人才的目标。教育信息化强调要运用信息技术去优化教育教学过程，真正有效地将信息技术与课程进行整合，使信息技术能够支持教学情境创设，进而启发学生进行思考，实现资源共享、协作学习等目标。

（二）高校英语测试与训练系统

高校英语测试与训练系统是一个综合测试管理平台，囊括了大量高质量的英语试题库资源，为高校提供了专业化的在线测评平台。该系统集测试、自主训练、教学、科研平台于一体，可全面满足高校英语教学在线标准化英语测试、个性化英语技能训练、专业化测试分析与教学诊断以及开展课题研究等的需求，并以其权威、科学、便捷、真实和测教研相结合的特点助力高校英语教学。

通过对高校英语测试与训练系统的使用，得出该系统是自主学习教程中至关重要的补充。在自主学习模式下，学生容易失去方向，也摸不清自己的水平。测试系统中丰富的标准化训练与测试能让学生更了解自己的不足之处，从而更有针对性地练习，真正达到自主学习的效果。

1. 高校英语测试与训练系统的体系和结构

高校英语测试与训练系统集平台、试题库、支持、服务于一体，功能齐全，

系统结构相对完备科学，界面简洁，使用方法极为简单。

高校英语测试与训练系统的学生界面由个人设置、我的验证码、学校通知、班级注册、测试记录、学习记录、我的题库、插件下载、软件调试、用户指南组成。学生可以通过测试记录查看模考题的答题情况；通过学习记录查看各个训练与考试题型的试题总数、已练题数、未练题数、练习完成率以及练习正确率。学生可以按照自身的英语水平、学习进度等，来选择练习和测试、自我管理，这在很大程度上实现了真正的自主学习和练习。

高校英语测试与训练系统的教师界面极为简洁明了，由个人设置、学校通知、学校考试管理、班级注册、插件下载、用户指南、试卷管理、阅卷、查看测试记录、班级论坛等组成。教师通过班级通知对班级或个人练习、考试进行相应的通知，通过试卷管理进行组卷、添加或借用试卷并发布考试；通过阅卷批改主观试题并通过查看测试记录了解学生学习或考试状况，进而给以相应的指导。查看学习记录主要是了解学生基础、专项等的练习情况针对学生的学习特点进行评价。教师可以通过班级论坛这个模块对学生进行问题解答，还可以对班级成员进行科学管理。

高校英语测试与训练系统使用起来极为便捷，学生可以通过任意一台连接到校园网的计算机使用该系统，完全不受地点及时间的限制，学生甚至可以运用课下时间在宿舍内使用。由于该系统的考试资料较为丰富、组卷方式极为科学灵活，学生完全可以利用该系统进行大量练习，进而提升自身的英语学习成绩。

2. 高校英语测试与训练系统的特征

高校英语测试与训练系统是率先对试题进行预测试，以确保其科学性的一个测试平台；唯一提供专业考试数据统计分析的测试平台；唯一实现教学、测试与科研相结合的测试平台；首个全真模拟大学英语四级网考的测试平台。其中，针对大学英语四级网考培训，该系统显示出以下几个重要特征。

第一，高校英语测试与训练系统通常进行分块设计，循序渐进。高校英语测试与训练系统分三大模块，即语言基础训练、专项能力训练以及模考中心。教师可以根据学生的学习特点为他们安排个性化、有针对性的测试与训练；学生也可以根据自己的学习特点从基础到专项再到模考循序渐进地进行自主学习与训练，检测自己学习的效果。

第二，高校英语测试与训练系统的测试内容相对较为丰富，呈现形式多种多样。该系统基于网考题型和内容设计测试与训练题目，题型从音频单选听力练习、视频单选听力练习到音视频听力填空练习；从口语跟读练习到视频综合练习；内容多样，访谈、采访等音、视频材料以原语料形式呈现，营造出真实的听说训练环境。

第三，高校英语测试与训练系统支持自动组卷、借用试卷，能够快速出题。

参照大学英语四级网考，创建真实测试环境，帮助学生熟悉网考操作和考试流程；采用大学英语四级网考口语评测技术标准，确保口语评测结果准确，具有指导性。

第四，高校英语测试与训练系统支持机器阅卷，并提供了明晰易读的成绩报告，有助于开展针对性的分析研究。客观题由机器批阅，教师重点批阅主观题目。阅卷结束之后，系统自动提供每个学生的成绩报告。教师利用系统自动提供的考试数据，对成绩进行个性化分析，从而对学生学习特点进行有针对性的辅导。

二、测试与训练系统在教学中的应用

（一）测试与训练系统的应用及成效

1. 高校英语测试与训练系统的应用

高校英语测试与训练系统作为一种主要的四级网考培训工具，的确在日常教学、网络测试过程中发挥了至关重要的促进作用。近年来的各种在线测试与学习系统的题型一般都是单选题、多选题、判断题和填空题等客观题型，相比之下，主观题型很少。高校英语测试与训练系统正好弥补了这个缺陷。除以上题型外，该系统还设计了基于音视频材料的跟读题型、填空题型、写作题型等。高校英语测试与训练系统在网考培训过程中，主要具有以下几个方面的作用。

（1）模拟训练手段

利用高校英语测试与训练系统构建集教师教学、学生学习、练习、测验一体的教学平台，以便在课程教学课时有限的状况下，为学生提供一个能够自主学习、自主练习、资助测验的网络学习环境，以巩固学生课堂上学习到的基础知识，使他们能够熟练运用新知识。课堂教学时间有限，因此课外在线学习将是一个不可缺少的学习手段。任何在线形式的教育要想保证高质量，必须将教师以及传统的教育过程纳入在线模式之中。学期伊始，教师为学生制定了网考模拟训练计划，其中包括有针对性的基础、专项练习和每周两次的模拟考试；每次模考中，每个学生的弱项均将是下一周基础、专项训练的重点。在模考中发现问题，利用基础、专项训练进行巩固，二者在动态中相互补充，提高学生的听说能力。利用高校英语测试与训练系统，教师真正实现了从出卷、审卷、监考到阅卷、成绩归档的整个考试流程的信息化管理。

（2）形成性评估手段

高校英语测试与训练系统作为一种新型的学习系统，成为日常教学中 的一种形成性评估手段。该系统能够记录学生的基础、专项训练、模考、考试的所有成绩，因此不失为一种高效的学习过程评估手段，其中教师作为指导者、监督者等要起到指导、监督的作用。跟读题型可以测试学习者语音、语调、对英语发音规则的掌握、流利性和语法能力。跟读题型对口语教学和学生课后的口语练习有着良好的反拨作用。由于课堂教学时间有限，因此学生口语练习较少，口语一直是学生最薄弱的环节。口语辅导、口语考试需要大块的时间和大量的教师，我们利用高校英语测试与训练系统解决了这个问题。每周给学生布置跟读练习；教师定期检查登记成绩作为形成性评估的一部分；期中进行一次大型口语考试，间接地帮助学生提高口语能力。相关学者的调查结果发现，学生对网考中的跟读题型的有效性评估为 3.01，说明该题型难度大、紧张程度大、适应程度低，计算机熟练程度对考试成绩影响较大。这在一定程度上证实了利用高校英语测试与训练系统能够进行课外口语在线练习，这种练习成效也成为形成性评估系统的一个重要组成部分。

（3）个性化学习

根据《大学英语课程教学要求》的相关规定，个性化教学及自主学习在学生学习过程中发挥着重要的作用。但是大学英语教师普遍存在教学任务重、科研压力大的现象，导致他们课外没有足够的时间和精力进行个性化辅导。加之，所教班级学生人数普遍偏多，个性化教学和辅导难以真正实现。同时，一般情况下，课堂教学与课外指导相比，更受各大高校的重视。

高校英语测试与训练系统作为教师指导监督下以学生为中心的主要学习手段，充分考虑到学生的个人需求。在这个系统下，教师根据每个学生的学习特点，安排课下任务，让学生自己选择题数、自主选择训练时间、自主评估学习效果，学生提交后，立刻会收到自动反馈；遇到问题利用教师定期、在线答疑或课堂提问解决。通过这种方式，学生能够实现真正意义上的自主学习，还能够有效培养及提升学生的自主学习能力。

2. 高校英语测试与训练系统的使用成效

某二本院校的材料工程专业、服装工程专业、艺术专业的工科和艺术系同学经过半年的 iTEST 课外辅助测试与训练，于 2018 年参加了全国大学英语四级网络考试（IBT-band 4），随后又参加了同年的全国大学英语四级笔考（CET-band 4）。考试结果显示，学生的网考通过率为 62%，艺术类学生的网考通过率为 39.2%。与以往的考试成绩相比，均有所提升。考试结果还显示，工科学生网考通过比例接近笔试，艺术学生网考通过比例甚至超过笔试，这说明利用高校英语测试与训练系统作为网考训练的辅助系统，对学生的成绩提高有一定的促进作用。

根据学生网考的听力成绩和网考口语成绩、网考总成绩、笔试总成绩之间的相关系数来看，网考听力成绩和口语成绩呈弱相关，与其他两项成绩之间呈中相关，说明学生听力水平的提高在一定程度上带动了其他能力。从网考总成绩和笔试总成绩的有关系数来看，我们可以发现以高校英语测试与训练系统作为辅助的网考训练对四级笔试发挥了一定的助推作用。

（二）测试与训练系统的优缺点

1. 高校英语测试与训练系统的优点

教育信息化自始至终强调要运用信息技术去优化教育教学过程以促进教育教学效果、效率与效益的最大化。高校英语测试与训练系统作为教育信息化的一种主要表现形式，显示出一定的优点。

从教师（即使用者）的角度来看，高校英语测试与训练系统的优点集中表现在以下几个方面。第一，可以作为网考冲刺阶段有效的模拟训练手段；第二，指导学生进行有效的自主学习，检测学生自主学习情况；第三，可以作为电子学档，进行多元化评价，检测学生的学习效果；第四，基于测试的成绩统计进行有针对性的科研或教学研究；第五，可以实现从出卷、审卷、监考到阅卷及成绩归档的整个考试流程的信息化管理。

从宏观的层面上看，高校英语测试与训练系统具有以下几个优点。第一，大幅度节约了考试成本，有效避免了一次性印制考卷所产生的费用及后期阅卷所产生的人力成本；第二，提高了试卷审阅效率；第三，大大降低了考试组织的劳动量和考生作弊的可能，简化了考试组织的过程，提高了保密性。

2. 高校英语测试与训练系统的缺点

我们在使用高校英语测试与训练系统的过程中还发现了一些缺点。这些缺点集中表现在以下两个方面。

第一，由于网络带宽有限，使得音频等内容的传输出现了一定阻碍，最终导致视频出现延时的现象、语音出现断裂的现象。由于我们使用的是校园局域网，经常出现试题中间断网或死机等问题。

第二，题库内的试题数量有限，题目数量还需要进一步完善。我们设定了学生自选题目的百分比例，由于目前该系统属于使用初期，因此网考模拟题量有限；除此之外与真题相比缺少口语回答问题题型。

3. 注意事项

我们在使用高校英语测试与训练系统的时候，还需要注意以下几个问题。

第一，配套的网络使用环境，校园网的建设不完善，硬件投入不足将会影响该系统的正常使用。

第二，配套的计算机硬件使用环境，定期进行硬件、软件的维护，提高使用效率。

第三，对新的方法和手段不适应会导致系统的应用效果不明显。

第四，一部分教师的现代教育信息技术能力有限。若是教师的技术培训不到位，将会影响到该系统的功能的发挥。

（三）测试与训练系统的改进建议

目前，学生的四级网考成绩相对理想，但在使用过程中也遇到了一些问题。针对这些问题，可从以下几个方面出发，对该系统进行改进。第一，系统环境能够适应各种网络环境以及浏览器；第二，使内容或资源更具丰富性，美国语言学家 S. D. Krashen 的输入假设提出语言习得者只有在接触大量可理解性输入材料的基础上，才能产生输出，语言习得才有可能；第三，学生能够看到自己成绩的变化，这样能促进个性化学习；第四，搜集各个单位使用该系统所遇到的各种各样的问题，对每个单位举办一次专门的培训，介绍使用中可能遇到的问题以及解决方法；第五，增加一个资源库模块，将最新的新闻音、视频材料汇聚起来，增强学生的兴趣；第六，设置答疑热线，随时解答学生在使用该系统过程中所遇到的各种问题。

基于教学目标的测试与训练系统平台为外语教学提供了一个优质的教学环境，对深化外语教学内容和教学方法改革、推进以听说为主体的外语教学新模式，对培养学生的语言能力、交际能力和综合素质等都有着重要促进作用。因而，开发、推广及使用为高校英语教学服务的测试与培训系统是深化我国高校英语教学改革的必然选择。

总而言之，高校英语测试与训练系统能够在最大程度上迅速解决四级网考准备过程中出现的练习不足、资源有限的问题；同时，该系统也是一个有效的尝试，它对大学英语四级网考教学是一个极大的促进，对辅助学生网考测试和减轻教师工作量起着重要的作用，更重要的是该系统作为语言教学的辅助较大地提高了学生应用语言的能力，激发了学生的学习兴趣，实现了真正意义上的优化教学。除此之外，该系统突破了以往的测试理论，在实践方面积累了大量的经验，是一种科学可行的测试方案。

第三节　基于四级网考和笔考的对比研究

当前，高校英语四级网考改革在全国范围内逐渐开展。在这种情况下，四级笔考的优缺点渐渐暴露出来。以下我们对某一高校内参加 2019 年大学英语四级网考（IBCET-4）及大学英语四级笔考（PBCET-4）的考生的网考、笔考成绩进行分析，从被试者的角度分析该类学生对网考模式的适应情况。通过问卷调查了解学生对网考和笔考各类题型比较之后的反馈，进而对网考、笔考成绩进行相关性、差异性因素分析，旨在了解这些学生学习特点，为四级网考的效度调查从被试者角度提供数据支持；与此同时为其他院校学生参加未来网考积累宝贵的经验，同时也发掘其对我国高校英语教学的启示作用。

一、国内外关于网考与笔考的对比研究

当前，传统的基于纸笔的语言测试方式正逐渐转变成基于计算机的语言测试。近十几年来，计算机化语言测试由机助语言测试发展到计算机适应性语言测试，并向基于网络的个性化自适应性语言测试发展。

（一）国外学者对网考与笔考的对比研究

国外学者在网考模式是否会对考生成绩造成影响这个方面进行了深入研究。然而，由于研究者的测试技能及受测试对象之间的差异，使得所得出的结论存在较大的差异。研究者通过实验发现网考不但不会对英语写作成绩的发挥造成不利影响，而且学生网考成绩比笔考成绩要高；有的研究表明学生在笔考中的作文篇幅要长，同时在笔考中的写作成绩比网考成绩高，且二者具有显著性差异。

（二）国内学者对网考与笔考的对比研究

国内学者以四级笔考听力测试（听力理解及听写）、四级网考听力测试（听力理解和听写跟读）为主要研究对象，对这两种听力考试的题型、所测试的语言能力、难易程度、相关性等方面进行了对比研究，发现网考中听力测试的难度比笔考要大，对这批考生的区分度并不比笔考高。一些学者通过对网考和笔考作文的对比分析，发现写作媒介和题型的变化对受试者、写作文本和阅卷教师均存在着影响。一些学者从考生的角度探寻考生对网考模式及其所体现的教学理念的接受程度和总体感受，得出学生对网考模式的接受程度有待提升。还有一部分学者主要探讨了大学英语四级笔考和网考成绩的相关度，及大学英语四级网考的能力结构建模；研究发现大学英语四级笔考、网考之间存在较大的关联性，笔考的内部难度系数更加稳定，但是网考的内部相关结构更加完备。由此可见，网考以听为基础的综合题型集中检测了学生的英语综合运用能力。

二、基于英语四级网考和笔考的对比研究

（一）研究问题

此次研究是一种对比性研究或者替代性研究（a surrogate to the OPI）。如果同一批考生在笔考和网考中的成绩具有高相关度，则可证明这两个考试具有同样的效度和可替代性。因而，此次研究进行了一项对比实验，对象是某一高校内参加了2019年全国大学英语四级考试（CET-4）及全国大学英语四级网考的考生。通过研究，我们主要解决以下几个问题。

第一，网考、笔考各个项目之间具有怎样的相关性？

第二，高分组、低分组之间网考、笔考各项目之间又具有怎样的相关性？

第三，网考、笔考各项目的听力、写作、阅读以及总分之间是否具有显著性的差异？

第四，学生是否适应网考？

（二）研究结果

通过对调查结果的分析，我们得出以下几点结论。

第一，通过调查，我们发现网考听力与网考总分、笔考总分、笔试听力、笔试阅读呈高相关性；网考口语、网考阅读、网考写作与网考总分呈相关性；笔试总分与笔试听力、笔试阅读呈高相关性。

第二，通过对网考、笔考均通过的学生的各项目之间的相关性进行分析，发现网考听力与网考总分、笔考总分、笔试听力、笔试阅读分别呈高相关性。网考口语、网考阅读、网考写作与网考总分呈相关性；笔试总分与笔试听力、笔试阅读呈高相关性。

第三，高分组、低分组之间网考、笔考各项目之间的相关性调查显示，高分组的网考听力与笔试听力、笔试总分呈相关性，网考总分与笔试总分呈高相关性；而中等分数组和低分组中，只有网考听力与网考总分呈相关性；低分组的网考听力与网考写作呈负相关，网考听力与网考总分在高、中、低三组之间都呈正相关性，说明学生的听力能力提高有助于网考总分的提高；而网考写作和笔试写作在三组中呈负相关或弱相关。这是因为网考写作与笔考写作要求有很大的差异。网考听力与网考写作在三组中都呈负相关或负弱相关。

第四，网考、笔考各项目的听力、写作、阅读以及总分是否具有显著性的差异单科通过的学生中，网考写作与笔试写作、网考阅读与笔试阅读之间具有显著性差异。这一点体现出两种测试在写作与阅读方面的差异。

第五，这些学生对网考的适应性根据调查，学生对网考形式的适应情况体现在以下四个方面。一是听力理解时间较长，对学生的注意力产生了一定的影响。二是由于写作时没有文字提示，学生有种无从下手的感觉。从这一点来讲，平时的训练引导极其重要。三是网考写作没有打草稿的时间，但多数同学认为没有任何影响。四是多数同学能够适应键盘写作。这个结论和一些学者的调查结论存在一定的差异性，主要是因为学生日常生活中经常进行网上写作练习，使得他们对键盘写作极为熟悉。

第六，通过调查，我们发现学生对网考内容的适应情况集中体现在以下两个方面。一是由于平时听力练习多为各种题材的短对话、长对话，词汇难度不大，因此，大多数学生对网考中听力速度、词汇量和词汇难度之大以及跟读题型产生不适应。二是网考听力内容的选材多数同学能够适应，这与前期训练有关。

第七，通过问卷调查，对网考形式与内容进行相关性分析，我们发现网考形式适应与网考内容适应之间的相关系数为 0.492，这说明网考环境下，学生对这种考试形式的适应与对考试内容适应之间存在较高的相关性。这也就表示如果学生适应了网考的考试形式，自然便会适应网考的考试内容。

综合以上论述，通过对比研究，我们发现网考、笔考各个项目之间具有高相关性，特别是网考听力，除了和网考写作之间存在较低的相关度之外，和其他各个项目之间均高相关性，这证实了听力在网考和笔考中均发挥着重要的作用。高分组、低分组学生之间网考、笔考各项目之间也呈现差异性，两组中网考听力与网考总分都呈正相关，但三组的网考听力与网考写作之间、网考写作与笔试写作之间都呈不相关或负相关。机听与机写、机阅与笔阅分数之间具有显著性的差异。这些学生无论是对网考形式还是网考内容都不太适应。

三、对比研究对英语教学的启示

英语四级网考摆脱了传统笔考模式的弊端，广泛吸收了现代媒体技术、网络技术、信息技术等。为了让学生适应四级网考模式，高校英语教学应更倾向于基于网络环境的多媒体教学。针对网考的特征及学生在学习策略方面的转变及缺陷，教师应该关注以下几个方面的内容。

第一，教师应该重点关注认知策略及补偿策略，培养学生的整体学习策略。语言学习策略是外语学习者积极主动学习的工具。英语教师在课堂教学中培养和锻炼学生主动运用学习策略将有助于学生更有效地提高英语应用能力。在直接策略中，认知策略和补偿策略的应用上表现的差异不明显，表明在加大听力比重和增加了口语考查的四级网考备考中，与听力和口语学习相关的认知策略和补偿策略并没有得到学生足够的重视。这两项策略对弥补学生语言和文化的缺陷起着极其重要的作用。教师应立足情景语境，让学生丰富文化知识，了解英国文化渊源和中西方文化的差异。教师为了掌握学生学习策略的情况，可以通过谈话和问卷等形式调查。教师在教学中除了培养学生整体学习策略，还要避免套用单一的固定的策略，要做到因人而异和因材施教。即使是在英语学习中表现出色的学生使用后效果显著的学习策略，我们也不能期待所有学生在使用后会有同样的效果。教师应该指导学生按照自身的英语水平、学习特征、学习方法等，选择最适宜的学习策略。

第二，教师应该使用情感因素来优化高校英语口语教学的成效，注重自身教学策略的改进。大学英语教学强调在教学过程中教师对学生认知能力的掌握和学习策略的了解，从而调整教学的过程和教学方法。教师要关注情感策略的培养优化教学效果。对学生进行情感策略培训，教师要掌握学生的学习动机、认知方式类型、个性特点及学习环境等信息。具体而言，要培养学生兴趣，激发学习动机，在教学过程中加入新颖的教学内容，如英语新闻报道、英美文化资讯、文学欣赏、原声英文电影等，使用多媒体手段多维度地激发学生兴趣，提高学生跨文化交际的能力。除此之外，克服消极情绪，提高学生自信心。消极情感例如紧张、焦虑、沮丧等会降低语言存储和输出的效果，因此教师要全面优化课堂心理环境，多安排小组合作学习。教师在学生回答问题时微笑倾听和提示也会消除学生的焦虑情绪，让学生正确地认识到语言学习作为认知过程，在于学生自身的努力付出和不懈坚持。教师应该使用适宜的学习策略，以帮助学生提升自己的口语测试成绩，指导学生积极面对并准确分析学习过程中出现的挫折，同时还需要关注学生的微小进步，表扬他们在学习过程中所取得的“成功的亮点”，如出色地完成口语对话、流畅地朗读课文、优异的听写单词成绩等，调动学生对英语学习的积极性及主动性。

第三，教师应该充分利用网络立体化教学，构建互动平等、和谐友爱的师生关系。四级网考的推广要求教师更加重视多媒体网络教学，多媒体网络的学习环境包括动画、图像、视频、声音等，为学生提供了交互的学习界面。教师可以从网络下载与课程教学主题相关的视频听力、新闻报道等素材。经筛选后上传，让学生们到班级共享平台自主阅读，然后完成相关学习任务，如英文读书笔记、观后感、组织网上讨论等。在网络多媒体教学环境中，教师要转变教育观念，与学生密切合作，给予学生参与课堂活动的自主权，就能激发学生的学习积极性，进而调动学生的主动性、自觉性和创造性，让学生在有限的课堂学习中吸取养分。在课堂教学中，师生积极互动教学相长、共同发展。从根本上改变那种制约教育教学发展的，不利于学生正确人生观、世界观形成的教师角色。教师要做学生心灵的陶冶者、智慧的开启者、成长的引导者。在这种观念的指导下，教师应该侧重于学习过程的设计及组织文化的导入，指引学生进行自主学习，使学生成为学习的主体，创造和谐共生的课堂氛围，构建新型的师生关系。

第四，正确处理好高校英语教学和四级考试改革之间的内在联系。四级考试的改革推动了教学大纲在大学英语教学中的贯彻落实；促使学校重视大学英语课程，从而保证了大学英语基础阶段的课堂教学；激发了教师和学生的积极性，极大地提高了学生的语言实践能力。但是在英语教学中不能滥用四级测试。作为“压力感应器”，要摆正它在英语教学中的位置，科学适度地把握教学与四级考试的关系，考试并不是最终的目标，而是为了提升学生的听力、阅读、写作、翻译等各方面的能力，其应该为教学服务，应该尽可能不对教师及学生产生负面的影响或者压力。

总而言之，在高校英语四级考试改革的背景下，教师应该借助多媒体网络，构建口语教学的教学环境，探索新的教学方法及教学模式，提升学生的学习策略意识，培养学生的学习策略，进而促使学生从多个方面、多个角度出发提升自身的英语应用能力、跨文化交际能力。

第四节 四级网考学生适应性与焦虑情况

20世纪末期，世界范围内的大规模语言水平考试，如TOEFL，CRE，IELTS等，先后开始实行网考，这在很大程度上加速了基于计算机与网络的语言测试的发展趋向。大学英语四级考试是我国大规模的标准化英语语言能力考试之一，每年有900多万人参加，是一个社会广泛认可的大规模标准化高风险考试。为了充分保证考试的公平性和公正性，提高考试效率，适应不断扩大的考生规模，全国大学英语四级考试委员会着手进行了四级计算机化考试的研究。2008年12月，全国有53所高校被选为试点院校，首次实施大学英语网络考试。以下通过问卷调查及访谈调查的方式，探究了某高校学生对四级网考的适应性及焦虑情况。研究结果表明被调查学生多数能够适应网络考试的形式，但对考试内容感到词汇量太大、难词较多、听力内容长和跟读题型不熟练等。在此基础上，提出相应的改进措施，以提升学生的四级网考能力，进而提升学生的英语综合应用能力。

一、适应和焦虑的概念

四级网考和传统笔考相比，在题型、出题方向、考试重点等方面存在较大的差异。学生需要利用电脑完成听力、阅读、口语、写作内容的考试。网考的目的是考查学生英语的综合应用能力。

适应（adaptation）通常指的是个体调整自身的机体状况及心理状态，使二者和环境条件的要求相吻合。考试焦虑是指学生因为要运用目的语而产生的害怕心理，表现为以担忧为基本特征，以防御或逃避为行为方式，通过不同的情绪反应所表现出来的一种心理状态。实践证实，考试形式、考试内容的大幅度转型势必会对学生产生相应的影响。

焦虑（anxiety）指的是由忧虑、担忧、紧张、恐惧等负面情绪相互交织而产生的一种复杂心理异常现象。从 20 世纪 40 年代开始，焦虑成为教育心理学研究及实践关注的焦点。一般来说，焦虑是指个体由于预期不能达到目标或者不能克服障碍的威胁，使得其自尊心和自信心受挫，或使失败感和内疚感增加而形成的紧张不安、带有恐惧感的情绪状态。心理学家认为语言焦虑不是一般意义上的焦虑，而是学生因为要运用目的语而产生的胆怯心理，是影响语言学习诸因素中的主要因素。自 20 世纪 70 年代开始，有相当一部分学者开始认识到语言焦虑会对学习者的思维过程产生一定的干扰，影响到学习者的认知活动，已经成为学习者在语言学习过程中所面临的一个普遍障碍。

二、四级网考学生适应性与焦虑情况的调查研究

（一）研究过程

此次研究采用了问卷调查与个人访谈相结合的研究方法，将定量研究与定性研究有机结合在一起，以适应性、焦虑性为研究视角调查来自二本院校学生大学英语四级网考状况，以期为以后的大规模网考提供有效参考和依据。

在调查过程中，所使用的调查问卷严格按照问卷设计的基本步骤进行设计，调查问卷是按照学生对开放性问题的回答设计而成，适应性题目是基于我国部分学者所制定的问卷题目，并做出了一定改动；原始问卷设计 29 个题目，经过内部一致性检验，剔除不合格的 7 个。最后，此次研究所使用的调查问卷是由除学生个人信息 5 个题目外，4 个维度下的 17 个题目组成的问卷调查表，即问卷由三个部分组成。第一部分是学生个人信息调查，包括性别、年龄、英语学习成绩

和计算机使用年限的基本情况。第二部分是有关大学生对英语四级网考的适应性调查，包括对网考形式、网考内容的适应问题。第三部分是对学生网考焦虑的调查，包括学生对网考形式和内容的焦虑。该问卷采取 Likert 五级量表记分方式，完全赞同（5 分）、比较赞同（4 分）、没感觉（3 分）、不太赞同（2 分）、完全不赞同（1 分），并对反向题目进行了调整。

为了保障此次调查的效度，我们在考试之后的第二个星期对考生进行了问卷调查。问卷调查之后，我们又对其中一部分考生进行了开放式访谈。访谈结束之后，我们将此次调查的数据手工录入计算机，最后通过社会科学统计分析软件包 SPSS 17.0 对数据进行了描述性统计分析。

（二）研究结果

第一，调查结果显示，一半以上的学生认为听力理解时间过长会影响到自己的注意力，且写作时应该设置一定的文字提示。由于日常教学中的各种听力练习时间较短，内容单一、词汇量不大且难度系数较低，使多数同学无法适应时间长、内容丰富、词汇量大、有一定难度的网考听力。多数同学能够适应键盘写作，适应写作时不打草稿。这个结果与其他学者的调查结果有所不同，出现这种差异性的原因主要有以下两个。一方面，与平时学生经常通过网络工具（如微信、微博、QQ 等）进行广泛交流有关；而且近年来，学校加强了计算机课教学，大部分学生使用计算机年限在 9 年以上，学生的计算机运用能力较以往有较大提高。另一方面，与平时利用冰果智能写作系统、iTEST 测试系统等系统进行的大量的限时网络、书面写作练习有一定的关系。通过在这些系统中进行练习，大部分学生能够适应即时写作，但他们并不能适应缺少文字提示。从这个意义上讲，网考中需要设置相应的提示。

第二，大多数学生对网考中听力速度、词汇量和词汇难度之大以及跟读题型产生不适应。而对听力内容的选材多数同学能够适应，这与前期训练有关。通过调查，我们发现学生在“我不适应内容的选材”“我不适应词汇量太大、难词太多”“我总觉得记不过来、听后面忘前面”这三个题目中的标准差较小，说明学生在这几个项目的选择上具有一定的内在一致性。

第三，大部分学生由于第一次参加网考，对网考的信心不足，考前便感觉考题太难，导致考不过。学生会因为考试环境、硬件设备等外因而产生不良情绪。对一些同学的调查发现学生在考试中受到了环境干扰，如机器突然黑屏，耳机声音较小、无法调整而不得不临时换耳机等。还有考生表示，如果同一考场的考生录音调试通过时间稍不一致，便会导致考试不同步；在这种情况下，一部分学生还在做阅读，一部分学生已经进行到朗读答题的部分，这就会导致一部分考生怕影响到其他人或者被其他人所影响，而产生焦虑的心情。除此之外，考生考试时面对的是计算机，缺少“人性化”，这将会对考生的情绪产生一定的影响。由于前期对学生进行了几套网考模拟训练，在一定程度上减轻了学生的紧张情绪，因此大部分学生虽然有压力但没有较强的焦虑和恐惧感。

第四，四级网考侧重于测试学生的语言运用能力，由传统笔试侧重于测试学生的阅读能力转变成基于视频材料的考查，此种考查主要测试学生的听力、说话、写作能力。相当一部分同学认为 iTEST 考题难度指数较网考真题低；阅读难度大导致速度跟不上，听力中的生词太多，感觉材料难而导致注意力无法集中，从而影响做题速度和做题的准确性。

第五，通过对网考形式与内容进行相关性分析，我们发现网考形式适应与网考内容适应之间的相关系数 r=0.397，这说明网考环境下对这种考试形式的适应与学生对考试内容适应之间存在一定的相关性，但不大；学生对网考形式焦虑与网考内容焦虑之间相关系数 r=0.703，这表示对网考形式更焦虑的学生，也会对网考的考试内容更加焦虑。

第六，通过访谈，我们发现一部分学生认为使用笔考之前突击学习的方法也能够应对网考，但这种应试方法并不会产生较大的作用，进而会导致学生产生焦虑感。加之大部分学生平时的口语练习太少，因此在进行口语考试部分时，一方面大部分同学由于“说不出”或“不知怎么说”而焦虑，感觉考试结果不理想；另一方面网考出现了新的题型，即回答问题，学生对此无所适从，结果会导致错过某一题。还有一部分同学一开考发现题目难度大，立刻焦虑、紧张起来，并伴随考试自始至终。考生反映最多的问题是口语考试部分，即跟读题。此类题型重点考查学生瞬时记忆能力、通过听力获取信息和把握细节的能力以及学生的英语语音语调。由于学生平时对此类题型的练习较少，因而做起来会出现较大的难度。

（三）研究建议

由于网考与笔试相比，具有一定的难度，特别是对二本院校的学生，因而网考为这些学生带来了更大的挑战，这将会导致这些学生在网考的过程中产生一定的不适应性，严重的话会产生焦虑感。通过对某二本院校学生首次参加网考情况调查，我们发现这些学生多数能够适应网络考试的形式；但大多数学生对考试内容不太适应，如词汇量太大、难词较多、听力内容长和跟读题型不熟练等。对网考形式的焦虑主要表现在对网考没信心；对网考内容的焦虑主要表现在阅读难度导致速度跟不上；听力词汇量大、材料较笔试难而导致焦虑。针对上述问题，提出以下几点建议。

第一，教师应该帮助学生树立抗干扰能力，采取措施逐步克服学生的心理障碍。具体而言，教师在教学过程中，一方面要以听促说，以说促听，培养学生的听说技巧，扩大学生的知识面；另一方面，在平时听力教学中应注意锻炼学生的打字速度，使学生熟悉网考程序，掌握网络答题技巧，不断采取有效的教学手段来使学生的考试焦虑维持在适度的水平，以帮助学生在网考中取得理想成绩。

第二，教师应该充分利用各种教辅系统和网络资源，如课外自主学习系统、iTEST 培训与测试系统等，提升学生对网考的应试能力。网考准备初期可以利用各种教辅系统进行大量的基础练习，中后期教师需要收集时间较长、内容丰富、词汇量大、有一定难度的听力材料和外媒网站上的时事新闻材料，以供学生练习；与此同时，教师应该始终要求学生利用教辅系统进行系统的限时写作练习。利用系统中的模拟试题和网络上应用语言学理论在英语教学实践中的应用，以四级网考资源为基础进行适当的考前准备，以使学生熟悉四级网考的具体流程。通过这种方式，使学生有准备的参加四级往往，进而获取更好的成绩。

第三，教师在教学过程中，应该对英语基础较差的学生开展有针对性的语言训练，如听力训练及口语训练。大量进行听、读、叙述、复述新闻的练习，利用新闻材料来设计各种英语练习题目是非常必要的；同时由于课时量是有限的，也可以面向学生开设可以起到很好的补充作用的英语选修课，如《新闻英语阅读》《英语新闻听力》等。这些措施既能够有效降低学生对四级网考的焦虑情绪，还能够促使学生提升对网考的适应性。

第四，网考设计者应该不断提升网考技术水平及服务水平，逐步改进考试环境。具体而言，应该适当加大考生之间的距离，座位之间加隔板，减弱对视觉、听觉的相互影响，增强语音室隔音、吸音效果，减弱嘈杂环境对考生的干扰等。通过优化网络内外环境，确保网考环境“稳定、可靠、安全”。

总而言之，高校英语四级网考在试题的安全程度、考试的公正性、学生的综合能力要求等方面发挥着无与伦比的优越性。因此，当前我国大多数高校均采取有效措施来改进传统的英语口语教学模式，这将会对高校英语教学改革进程的深化发挥更好的指导作用。从高校英语教师的角度来看，一方面应不断地了解各类学生的学习特征，因材施教，因需施教，积极改进教学方法；另一方面应密切关注网考改革的动向，认真研究网考的内容与形式，大胆试点探索，逐步推进，使大学英语四级考试再上一个新台阶，使四级考试对我国大学生的英语学习可持续发展能力培养起到更大的促进作用。

参考文献

[1] 包学敏．网络语料库指导下的大学英语词汇教学[J]．湖南科技学院学报，2018（07）：127-129.

[2] 曹卓明．应用语言学的研究现状与展望[J]．报刊荟萃，2017（12）：169.

[3] 曾碧锋，唐新萍，唐文杰，刘明东．以培养大学生深度思维习惯为导向的大学英语阅读教学分析——思维导图视角[J]．考试与评价（大学英语教研版），2017（05）：110-115.

[4] 陈军．独立院校转型发展英语专业教师创新能力研究[J]．继续教育，2017（04）：58-60.

[5] 陈梦怡．COLEC 与 LOCNESS 语料库中 the government+ 情态动词使用研究[J]．黑龙江工业学院学报（综合版），2018（04）：132-135.

[6] 陈晓花．翻转课堂及其在大学英语教学中的试探性应用[J]．疯狂英语（理论版），2017（02）：81-82.

[7] 陈莹．高校英语专业本科翻译课程教学现状调查研究——评《中国高校英语专业本科翻译教学研究》[J]．高教探索，2018（11）：137.

[8] 崔倍倍．国内外应用语言学的发展历史及对比研究 评《应用语言学纲要》[J]．当代教育科学，2015（23）：80.

[9] 方卫．探讨新课程背景下的大学英语教学改革[J]．新课程研究（中旬刊），2017（01）：92-93.

[10] 方懿文．“互联网＋教育”背景下大学英语教学新模式探究[J]．才智，2017（19）：114.

[11] 费涨．程序设计课程项目教学法的探索与研究[J]．现代职业教育，2016（27）：288-289.

[12] 高玉英，刘晓燕．内容与语言融合型教学在大学英语基础阶段应用效应研究——《大学英语教学指南》指导下的课程内容改革[J]．西安外国语大学学报，2019（02）：61-65.

[13] 耿维峰．大学英语写作教学语料库的构建及应用研究[J]．现代交际，

2018（22）：132-133.

[14] 龚蒙．探讨课堂与网络下的大学英语教学模式 [J]．课程教育研究，2016（13）：113-114.

[15] 韩松．“互联网”时代背景下高校大学英语移动学习研究 [J]．校园英语，2019（15）：20.

[16] 浩悦．浅谈应用语言学的研究现状以及对学科建设的几点思考 [J]．教育现代化，2018（35）：122-123.

[17] 胡贞．应用型本科院校创新人才培养模式下的公共英语教学改革实践探究 [J]．上海第二工业大学学报，2017（02）：141-145.

[18] 黄林艳．应用型人才培养模式下独立学院大学英语教学改革——以桂林理工大学博文管理学院为例 [J]．英语广场，2016（01）：122-123.

[19] 霍晓静．浅谈“慕课”背景下高校英语教学模式的创新 [J]．宿州教育学院学报，2017（03）：106-107.

[20] 贾振东，单韧．自建小型语料库与英语四六级写作教学实践探究 [J]．辽宁广播电视大学学报，2017（04）：12-13.

[21] 姜男．“互联网 +”时代大学英语网络课程的应用 [J]．文化创新比较研究，2018（09）：85+87.

[22] 金莉．关于应用语言学方面的数据解读——评《应用语言学中的质性研究与分析》[J]．中国高校科技，2018（10）：113.

[23] 孔冉冉，陈战．基于微课的大学英语“翻转课堂”教学模式 [J]．吉林省教育学院学报，2017（05）：69-71.

[24] 冷菁．基于语料库的大学英语翻译教学模式探究 [J]．考试周刊，2018（61）：109.

[25] 李丽英．学分制下的大学英语课程教学改革研究 [J]．英语教师，2016（23）：12-14.

[26] 李霄翔，黄嫣，季月．中国英语学习者英语虚拟语气加工的 ERP 研究——以 it 引导的主语从句为例 [J]．外语教学与研究，2018（04）：556-568+640.

[27] 李彦菊．谈英语教学中口语能力的训练 [J]．情感读本，2018（08）：91.

[28] 李莹．移动学习环境下大学英语翻转课堂的教学模式探究 [J]．湖北函授大学学报，2017（07）：137-138+143.

[29] 梁燕燕．网络环境下大学英语教学模式的构建与应用——评《网络环境与大学英语课程的整合化教学模式概论》[J]．中国教育学刊，2017（09）：

111.

[30] 刘敬伟，石智．校本语料库的开发与在写作教学中的应用研究——以华北理工大学轻工学院为例 [J]．湖北函授大学学报，2016（15）：121-122.

[31] 刘喜琴．语料库辅助 EFL 自主学习的多维探索 [M]．广州华南理工大学出版社，2013.

[32] 罗红霞．语言测试的正面反驳效应对大学英语教学的启示——基于全国大学生英语竞赛的实证研究 [J]．兰州文理学院学报（社会科学版），2018（05）：89-92.

[33] 吕骏，卢达威．汉语母语者对英语量化词语义辖域的习得研究 [J]．外语教学与研究，2018（04）：542-555.

[34] 马克学．基于构建主义学习理论的高校英语教改 [J]．环球市场信息导报，2017（26）：93.

[35] 潘小燕．试论大学英语教学中翻转课堂的应用价值 [J]．疯狂英语（理论版），2017（02）：115-116.

[36] 宋蕾．浅议大学英语教学改革的目标与方向 [J]．海外英语，2016（24）：89-90.

[37] 苏仰娜，苏妍屏，付道明．移动学习环境下“教育技术专业英语”翻转课堂教学模式的构建 [J]．教师教育论坛，2017（09）：75-81.

[38] 苏颖．大学英语视听说教学中学生思辨能力的培养 [J]．教育教学论坛，2017（04）：54-55.

[39] 孙舒和．基于构建主义视域的高校英语翻转课堂教学分析 [J]．文化创新比较研究，2017（29）：65+69.

[40] 孙云．基于英汉文化差异的高职院校英语教学策略研究 [J]．延边教育学院学报，2017（06）：62-64.

[41] 王彬．高校英语口语现状及解决措施 [J]．民营科技，2016（11）：255.

[42] 王佳煦．基于构建主义视域的高校英语翻转课堂教学分析 [J]．中国新通信，2017（12）：144.

[43] 王静，卫岭．微课与当代大学英语的有效教学 [J]．吉林省教育学院学报，2017（04）：67-69.

[44] 王雅琴．“互联网 +”时代下智能手机在高职英语混合式教学中的应用研究 [J]．教育现代化，2018（50）：337-338.

[45] 魏圆．我国应用语言学研究国际化面临的困境与对策分析 [J]．经贸实践，2016（23）：203-204.

[46] 文秋芳．国家语言能力的内涵及其评价指标 [J]．云南师范大学学报（哲学社会科学版），2016（02）：23-31.

[47] 徐君．地方本科高校应用型人才培养模式下的大学英语教学改革探索 [J]．英语广场，2015（10）：64-66.

[48] 徐君．应用型人才培养模式下大学英语“四无四有”教学模式探索——以黄淮学院大英教改为例 [J]．海外英语，2015（15）：31-32+35.

[49] 薛超．基于构建主义视域的高校英语翻转课堂教学分析 [J]．文教资料，2016（24）：186-187.

[50] 杨继美．探析大学英语教学中对学生口语能力的培养 [J]．吉林省教育学院学报（中旬），2015（02）：60-61.

[51] 叶琴．基于应用型人才培养模式的大学英语教学改革探析——以黄淮学院为例 [J]．吕梁教育学院学报，2015（03）：63-65.

[52] 永春光．地方高校英语专业教师课堂话语标记使用现状 [J]．赤子（上中旬），2017（07）：123.

[53] 于翠，郑红．民办高校应用型人才培养模式下的大学英语教学转型与教师转型研究 [J]．黑龙江科学，2018（21）：110-111.

[54] 于欣宏．基于互联网分析英语阅读混合式教学模式的应用方法 [J]．山东商业职业技术学院学报，2018（02）：48-50.

[55] 俞艳珍．任务型教学法在大学英语视听说教学中的应用 [J]．教育文化论坛，2015（06）：98-101.

[56] 袁媛．基于应用型人才培养的英语教学改革——CBI 模式下的创新性英语教学 [J]．中小企业管理与科技（中旬刊），2015（01）：228-229.

[57] 张传会．应用型人才培养模式下的大学英语教学改革内外关联因素探析 [J]．黑龙江科学，2016（13）：74-75.

[58] 张东妮．基于构建主义理论的高校英语教学 [J]．吉林省教育学院学报（中旬），2015（11）：64-65.

[59] 张弘，刘俊．基于语料库的变动型模糊限制语研究 [J]．文化创新比较研究，2018（36）：84-85+87.

[60] 张会霞．基于构建主义视域的高校英语翻转课堂教学分析 [J]．英语广场，2017（09）：112-113.